新视野教师教育丛书·专业养成系列

我国教师专业素质研究报告

陶本一　丛玉豪　李　进　丁念金　主编

内 容 简 介

本书对我国中小学、幼儿园教师的专业素质做实证性的研究，主要研究两个大的方面：对专业素质的要求和专业素质现状。研究路径以调查研究为主，并基于调查，对教师专业素质的框架进行系统的构建。全书共分为七章：第一章，绪论；第二章，幼儿园教师专业素质要求研究；第三章，小学教师专业素质要求研究；第四章，中学教师专业素质要求研究；第五章，小学教师专业素质现状研究；第六章，中学教师专业素质现状研究；第七章，讨论·结论·建议。

图书在版编目（CIP）数据

我国教师专业素质研究报告/陶本一等主编. —北京：北京大学出版社，2015.1
（新视野教师教育丛书·专业养成系列）
ISBN 978-7-301-24226-1

Ⅰ.①我… Ⅱ.①陶… Ⅲ.①中小学-师资培训-研究报告-中国 ②幼教人员-师资培训-研究报告-中国 Ⅳ.①G635.12 ②G615

中国版本图书馆 CIP 数据核字（2014）第 090164 号

书　　　名：我国教师专业素质研究报告
著作责任者：陶本一　丛玉豪　李　进　丁念金　主编
策 划 编 辑：姚成龙
责 任 编 辑：郝　静　孙亚唯
标 准 书 号：ISBN 978-7-301-24226-1/G·3816
出 版 发 行：北京大学出版社
地　　　址：北京市海淀区成府路 205 号　100871
网　　　址：http://www.pup.cn　新浪官方微博：@北京大学出版社
电 子 信 箱：zyjy@pup.cn
电　　　话：邮购部 62752015　发行部 62750672　编辑部 62756923　出版部 62754962
印 刷 者：北京富生印刷厂
发 行 者：北京大学出版社
经 销 者：新华书店
　　　　　787 毫米×1092 毫米　16 开本　19.75 印张　450 千字
　　　　　2015 年 1 月第 1 版　2015 年 1 月第 1 次印刷
定　　　价：48.00 元

未经许可，不得以任何方式复制或抄袭本书之部分或全部内容。
版权所有，侵权必究
举报电话：010-62752024　电子信箱：fd@pup.pku.edu.cn

编 委 会

顾　　问　顾明远　于　漪
主　　编　陶本一　丛玉豪　李　进　丁念金
副 主 编　陈元辉　刘家春
编　　委　刘宏福　乐中保　惠　中
　　　　　秦金亮　陈隆升

目录

第一章 绪论 ·· 1
  一、研究背景 ··· 1
  二、研究目的 ··· 3
  三、研究范围 ··· 3
  四、基本框架 ··· 4
  五、研究过程与方法 ·· 7
  六、几点说明 ··· 8

第二章 幼儿园教师专业素质要求研究 ·· 10
  一、基本情况 ·· 10
    （一）目的与方法 ·· 10
    （二）调查样本情况 ·· 10
    （三）调查问卷情况 ·· 13
  二、研究结果 ·· 14
    （一）各领域各素质指标重要性程度 ·· 14
    （二）重要性程度排名最前和最后的专业素质指标 ·························· 21
  三、主要发现 ·· 24

第三章 小学教师专业素质要求研究 ·· 26
  一、第一阶段的研究 ··· 26
    （一）基本情况 ··· 26
    （二）研究结果 ··· 30
    （三）主要发现 ··· 38
  二、第二阶段的研究 ··· 39
    （一）基本情况 ··· 39
    （二）研究结果 ··· 43
    （三）主要发现 ··· 51

第四章 中学教师专业素质要求研究 ·· 54
  一、第一阶段的研究 ··· 54
    （一）基本情况 ··· 54
    （二）研究结果 ··· 59
    （三）主要发现 ··· 69

二、第二阶段的研究 …………………………………………………………… 72
　　　　（一）基本情况 ……………………………………………………………… 72
　　　　（二）研究结果 ……………………………………………………………… 76
　　　　（三）主要发现 ……………………………………………………………… 84

第五章　小学教师专业素质现状研究 ……………………………………………… 88
　　一、基本情况 ………………………………………………………………………… 88
　　　　（一）目的与方法 …………………………………………………………… 88
　　　　（二）调查样本情况 ………………………………………………………… 88
　　　　（三）调查问卷情况 ………………………………………………………… 92
　　二、研究结果 ………………………………………………………………………… 92
　　　　（一）概况 …………………………………………………………………… 93
　　　　（二）年龄维度的分析 ……………………………………………………… 100
　　　　（三）教龄维度的分析 ……………………………………………………… 107
　　　　（四）性别维度的分析 ……………………………………………………… 114
　　　　（五）职称维度的分析 ……………………………………………………… 120
　　三、主要发现 ………………………………………………………………………… 127

第六章　中学教师专业素质现状研究 ……………………………………………… 132
　　一、基本情况 ………………………………………………………………………… 132
　　　　（一）目的与方法 …………………………………………………………… 132
　　　　（二）调查样本情况 ………………………………………………………… 132
　　　　（三）调查问卷情况 ………………………………………………………… 136
　　二、研究结果 ………………………………………………………………………… 137
　　　　（一）概况 …………………………………………………………………… 137
　　　　（二）年龄维度的分析 ……………………………………………………… 144
　　　　（三）教龄维度的分析 ……………………………………………………… 152
　　　　（四）性别维度的分析 ……………………………………………………… 159
　　　　（五）职称维度的分析 ……………………………………………………… 164
　　　　（六）学校类别维度的分析 ………………………………………………… 171
　　　　（七）调查问卷二的分析 …………………………………………………… 178
　　三、具体问题 ………………………………………………………………………… 184
　　　　（一）职业理念领域 ………………………………………………………… 184
　　　　（二）职业操守领域 ………………………………………………………… 191
　　　　（三）专业知识领域 ………………………………………………………… 200
　　　　（四）专业能力领域 ………………………………………………………… 209
　　　　（五）身心健康领域 ………………………………………………………… 221
　　四、主要发现 ………………………………………………………………………… 225

第七章　讨论·结论·建议 …………………………………………………………… 236
　　一、讨论 ……………………………………………………………………………… 236
　　　　（一）教师专业素质研究的理论依据 ……………………………………… 236
　　　　（二）教师专业素质的内容领域 …………………………………………… 239

二、结论 ··· 247
　　　(一) 关于我国教师专业素质要求的结论 ··· 248
　　　(二) 关于我国中小学教师专业素质现状的结论 ·································· 258
　　三、建议 ··· 259
　　　(一) 关于研制中小学教师专业标准的建议 ·· 259
　　　(二) 关于教师专业发展政策的建议 ··· 261

附录一　重要术语 ··· 263

附录二　我国教师专业标准及专业素质要求的建议 ································· 269

附录三　调研访谈报告 ··· 285

附录四　课题组成员名单 ·· 300

参考文献 ·· 303

第一章 绪 论

一、研究背景

1. 教师专业素质问题研究的需要

教师专业素质包括教师从事教学工作必备的教育信念、教育态度、知识、能力、教育智慧和身心健康。它是素质教育的关键因素，不仅决定教育质量，而且对学生的发展、对国民素质的提高都有重大的影响。OECD（Organisation for Economic Co-operation and Development，经济合作与发展组织）在2002年的关于教师供求管理的报告中指出，"教师素质是决定学生学习（质量）的至关重要的因素"，我国在2010年7月颁布的《国家中长期教育改革和发展规划纲要（2010—2020年）》（以下简称《纲要》）也明确地对教师素质的提高提出了较高要求。

《纲要》指出，我们必须清醒地认识到我国的"教育观念相对落后，内容方法比较陈旧，中小学生课业负担过重，素质教育推进困难；学生适应社会和就业创业能力不强，创新型、实用型、复合型人才紧缺；教育体制机制不活，学校办学活力不足"等问题。其中尤为引人关注的是教师的专业素质，因为教师的专业素质在很大程度上决定着教育的质量。解决这些教育的弊病，改变教育的现状已经成为全社会共同的要求。

教育的根本任务是培养人，以人为本，以学生终身发展为本。《纲要》提出，"要促进学生全面而有个性的发展"，要达到这一目标，对教师专业素质提出了更新更高的要求。教师的专业素质在很大程度上决定了教育的质量，决定了上述教育问题改变的速度和成效。我们清醒地认识到目前我国教师专业素质还不高的现状，教师的素质水平有待提高。我们的社会发展是科学化的、与时俱进的、具有创造性，同时我们对于教师这个行业的要求也应该有所突破和创新，赋予其新的内容，紧跟社会的步伐，使之更好地面向世界，面向现代化，面向未来。研究教师专业素质，认识我国中小学教师专业素质的基本结构，建构教师专业素质发展指标，进而研制教师专业标准，以此推动教师的专业化，全面提高教师队伍的素质，已成为目前我国教师队伍建设的迫切需要。我国改革开放30多年来，经济得到较大发展，中小学教师缺少的问题基本上得到解决，但是，与发达国家的教师专业素质相比，我国中小学教师在教育理念、创新意识、知识结构、职业道德、研究能力等方面还处于较低的水平，与教师专业化的要求存在着很大的差距，难以满足人民群众对高水平的基础教育的需求，难以满足素质教育的需要。目前我国中小学教师的专业素质状况怎样？他们对教师职业具有怎样的情感、态度和价值观？如何提升教师专业素质？如何高效地培养中小学需要的优秀教师？解决这些问题的关键是必须弄清中小学教师专业素质的基本情况。所以，研究中小学教师专业素质状况，不仅是制定中小学教育政策的依据，也是提高教师教育科学性及教师在职培训有效性的需要,更是全面提高中小学教师素质的需要。

2. 国际背景

通过研制和颁布实施教师专业标准,推动教师队伍的专业化,以此提高教师队伍的专业水平,已成为世界教师队伍建设的潮流。自1966年联合国教科文组织(UNESCO)和国际劳工组织(ILO)在《关于教师地位的建议》(Recommendation Concerning the Status of Teaches)中,提出作为一种职业,教师要不断经过学习掌握一定的专业知识与技能[1],倡导教师专业化之后,教师专业化逐步受到世界各国的关注。欧美各国经过相当长时间的教师教育探索,在近20年中,已经逐渐建立起相对完备的教师教育制度体系,不仅制定了教师专业标准,而且建立了与之配套的教师资格认证制度,以制度作保障,有效地推进了教师专业化发展。从20世纪80年代开始,世界各国针对本国教师发展需求,先后制定了一系列教师专业标准,经过多年的反复修订与实践的反思,已经形成了一系列较为完备的教师专业素质评价体系。各国的教师专业标准由于国情不同、教育制度不同、教育改革与发展的要求不同呈现出不同标准纬度。①以区域划分,分为国际、国家、州(省)、地区、学校等教师标准,如联合国教科文组织和国际劳工组织颁布的《关于教师地位的倡议书》,以及2004年国际培训、绩效、教学标准委员会修订的《IBSTPI教师能力标准》都是反映各国教师发展共性的标准。国家教师标准如《澳大利亚全国教学专业标准》等是该国最高的教师标准、规范教师教学的最高规定。州标准是根据地方教育发展与教育制度不同而制定的区域性标准,如美国、澳大利亚各州的标准等。②以内容划分,分为通用标准和具体学科分类标准。例如,2002年澳大利亚昆士兰州教师注册局公布的《"教师教育"毕业生专业标准》包含五种通用标准。③以学段划分,分为幼儿园、小学、中学教师专业标准,由于各国教育制度不同,各学段儿童年龄不同,故而教师标准也有着差异。④以专业发展阶段划分,分为职前教师、合格教师、优秀教师等,教师专业发展的划分标准是专业知识、技能、经验的成熟与进步程度。

另外,法国、德国和日本也研制了自己的教师专业标准,推进了本国教师队伍建设的步伐。

3. 国内背景

我国的教师专业化工作起步于20世纪末。1994年我国颁布了《中华人民共和国教师法》,指出"教师是履行教育教学职责的专业人员",这是我国从法律的角度第一次确认教师的专业地位。2000年出版的《中华人民共和国职业分类大典》,进一步将教师归入"专业技术人员",使1994年的定位得到强化。在教师资格认定方面,1995年国务院颁布了《教师资格条例》;2000年颁布了《教师资格条例实施办法》;2001年4月教师资格认定工作进入实际操作阶段。虽然我国1994年就从法律上确认了教师的专业地位,2001年开始实行教师资格认定,但我国至今都没有建立一个全国性的、独立于教育行政部门、同时接

---

[1] UNESCO. International Labor Organization (ILO), Recommendation Concerning the Status of Teachers. Adopted by the Special International Conference on the Status of Teachers, Paris, October. 5, 1966.

受教育行政部门监督的教师资格认定机构，教师资格认定工作缺乏科学的质量评估、检测和监督系统，因而缺乏权威性。目前，我国教师专业标准的研制已进入起步阶段。2004年12月25日教育部颁布了《中小学教师教育技术能力标准》，2006年教育部师范司提出草拟《教师教育条例》，制定《教师教育机构资质认证标准》《教师教育质量评估标准》的计划，同年下达了《教师专业标准》《教师教育课程标准》研究课题任务书，这些措施将大力推动教师专业标准的研究。2010年，我国政府在《纲要》中明确提出了未来10年教师队伍高素质、专业化的要求。因此，调研中小学教师专业素质状况，研究中小学教师专业素质结构，为研制我国中小学教师实际的教师专业标准提供参照，已是当务之急。

二、研究目的

1. 研究教师专业素质的内涵和专业素质的基本结构

探讨教师的专业素质内涵，认识教师专业素质的基本结构，是制定教师专业标准、推进教师专业发展的前提条件。由于时代的发展和科技的进步，教师的职业理念、职业道德、知识结构、教学能力等多方面都有了新的要求和变化。因而，必须清晰地了解在新形势下，这些变化和要求体现在哪些方面，这些变化和要求需要中小学教师专业素质结构进行怎样的调整。

2. 了解我国中小学教师专业素质的基本情况

通过对教师专业素质的研究，了解我国中小学教师专业素质的基本状况。内容包括教师对教育基本问题的认识、情感、态度和价值观，分析他们具有怎样的教育理念，具有怎样的职业道德，具有怎样的知识结构，教学能力结构状况怎样，分析中小学教师现有的素质状况是否适应教育改革和发展的需要。

3. 规划中小学教师专业素质基本结构框架，建构专业素质指标系统

通过调研，了解我国中小学教师队伍专业化的基本情况，了解中小学教师对于教师专业发展的需求，根据我国教师专业发展的要求，借鉴中外有关教师专业素质研究的相关成果，规划中小学教师专业素质基本结构框架，建构中小学教师专业素质指标，并对指标系统进行确认研究，为研制和颁布实行我国教师专业标准提供参考。

4. 根据研究结论，对相关问题提出应对性策略

根据多种研究方法（特别是实证调研研究法）的研究，我们将获得大量有关中小学教师专业素质研究的有效数据和研究结论，我们将根据研究结果涉及的重要问题提出应对性策略，为国家制定相关教育政策提供参考，也可以为我国教师的教育工作者提供借鉴。

三、研究范围

1. 幼儿园教师专业素质研究

梳理中外幼儿园教师专业素质的基本要求，建构幼儿园教师专业素质基本结构框架，

建立幼儿园教师素质结构指标体系，通过多种研究方法修改、验证和分析指标系统，根据研究结果提出建设性意见。

幼儿园教师专业素质研究，集中于研究我国幼儿园教师专业素质的要求，即我国幼儿园教师应该达到哪些素质要求。

2. 小学教师专业素质研究

梳理国内外小学教师专业素质的基本要求，建构小学教师专业素质基本结构框架，建立小学教师素质结构指标体系，通过多种研究方法修改、验证和分析指标系统，根据研究结果提出建设性意见。

小学教师专业素质研究包括两大方面的内容：一是对小学教师专业素质要求的研究，即我国小学教师应该达到哪些素质要求；二是对小学教师专业素质现状的研究，即目前我国小学教师的专业素质的实际情况如何。

3. 中学教师专业素质研究

梳理国内外中学教师专业素质的基本要求，建构中学教师专业素质基本结构框架，建立中学教师素质结构指标体系，通过多种研究方法修改、验证和分析指标系统，根据研究结果提出建设性意见。

中学教师专业素质研究，包括两大方面的内容：一是研究并明确中学教师专业素质的要求，即我国中学教师应该达到哪些素质要求；二是中学教师专业素质现状研究，了解、分析目前我国中学教师专业素质的实际情况如何。

四、基本框架

针对教师这个至关重要的职业，各民族、各国都有对这个职业从业者的基本要求，为了继承教师职业的优良传统，我们采用文献分析法，从教育史的视角、比较的视角，对中外影响较大的教师资格要求进行了较为全面的梳理。在此基础上，运用专家咨询法、访谈法、问卷调查法、座谈法、实地调研法等，对我国中小学教师专业素质的结构情况做了多视角研究，结合我国中小学实际，设计了教师专业素质结构分析框架。

1. 继承了我国传统教师资格标准的合理因素

我国古代教育思想家对于教师素质的认识涉及的范围较全面，包括教师的道德构成、教师的职业形象、知识、能力标准等方面。我们从教育史的视角，对我国古代教师任职资格有关论述做了文献梳理。我国古代思想家认为，教师代表着社会的先进文化，是社会伦理道德的维系者，是文化知识的传承者，因此要尊崇教师，要提高教师的任职标准。

第一，注重教师道德。他们认为，道德是处理人与自我、人与社会、人与他人、人与社会的关系的行为规范。道德是作为社会的人的生存根基。作为传递人类生存经验，指导一代代青少年健康成长，为青少年未来生活做准备的教师，身上的责任十分重大，道德素质是教师标准的核心，主要内容应该包括教师个体的道德修养、职业伦理和道德教育能力等几个方面。因此选择教师必须首先注重德才兼备，师德是教师资格的首要条件，教师应该具有强烈的社会责任感。他们认为,教师不仅是学校教育的主导者,还应该是社会发展的指引者,因此教师应该具有强烈的社会责任感,教师应该以积极的态度,积极参与社会变革,履行重要的社会服务职责。

第二,注重教师的职业信念和职业形象。把教师的职业形象视为教师的条件之一。教育史上不少教育家对教师的职业形象提出过要求。

第三,渊博的知识结构。这是从古至今人们对教师的共同要求。为了达到这一要求,历代教育家们提出了许多实践策略。教师应该了解世事变化规律,精通教授的功课,能解答他人的疑惑。

第四,应具有娴熟的教学能力。教师还要掌握教育艺术,高超的教学艺术是教育能力的综合体现,教师应具有循循善诱的能力,高明的讲解能力,能体会和阐发"礼法"的精微道理。古代教育家对教师标准的许多精辟论述都给我们制定教师标准提供了许多有益的启示。

2. 吸收我国当代教师教育研究的成果

教师专业素质结构是一个多种因素、多层面构成的复合体。我国当代学者对教师素质结构的研究,为我们研究教师专业素质提供了不同的视角和坚实的研究基础。例如,林崇德、申继亮等人从心理学角度界定教师素质,认为教师素质是教师在其教育教学活动中,表现出来的对于教学成果、学生身心发展起到直接影响的重要心理品质的总和①。至少应包括职业理想、知识水平、教育观念、教学监控能力及教学行为与策略等成分。职业理想是教师献身于教育工作的根本动力,知识水平是教师从事教育工作的前提条件,教育观念是从事教育工作的心理背景,教学监控能力是从事教育教学活动的核心因素,教学行为与策略是教师素质的外化形式,5种成分相互作用,共同构成了教师素质系统的复杂且不断发展变化的动态结构。叶澜从"专业形象"这个角度论述了教师的专业素质结构,她认为教师专业素质主要包括专业精神、教育理念、专业知识、专业能力、专业智慧5项。顾明远认为教师专业素质包括3个方面:第一,职业意识,即愿意献身教育事业,热爱青少年儿童,不断提高自身业务水平;第二,业务能力,善于把知识传授给学生,并在传授知识的同时发展学生智力;第三,心理素质,有良好的心理素质,善于处理人际关系。其他学者对教师素质的相关研究,也给我们提供了有益的参考。

在上述文献研究的基础上,我们对不同学者的相关研究做了分析、归并的整理工作。例如,将职业情感、态度、职业精神等概括为职业理念;将职业纪律及教师伦理规范、职业道德、社会责任等概括为职业操守;将教学常规、文化储备、理论修养、经验积淀、学术视野等归并为知识;将教育方法、教育艺术、稳定的教学行为表现与要求等因素归并为能力;身体素质、教育情绪、物我态度、情感调适、心境状态、心理卫生等,我们将之概括为身心健康。这样,我们得到一个分界明确、范畴清晰、涵盖面广,具有较大解释力的、具有历史继承性和开放性的教师专业素质基本结构框架。

3. 借鉴了国外教师专业标准架构的相关理念成果

西方发达国家与地区在法律、经济、政策等方面推进教师专业化的同时,十分重视教

---

① 林崇德,申继亮,辛涛. 教师素质的构成及其培养途径 [J]. 中小学教育. 1998.1:10.

师专业标准的制定,意在通过建立教师专业标准指导教师专业化进程向着预期的目标发展,加强教师队伍建设、提高教师质量。但因为政治、经济、文化、教育传统等因素的差异,各国教师标准的构架和内容存在较大差异。

美国国家专业教学标准委员会制定的教师标准的基本框架为:①为高效的学生学习做准备;②为学生学习提供有利的环境;③对学生学习的促进;④通过深层动机的激发支持学生学习。这个框架的突出特征是把学生作为标准陈述的主体,使读者明白教师标准制定的原则是为了学生的发展。《英国合格教师专业标准》的基本架构为3个部分:①职业价值观和实践;②知识和理解;③教学与管理。突出的线索是职业价值观、知识与实践3个方面,通过对教师实践活动的描述展开教师标准的内容。法国教师标准分为4个方面:①学科知识;②组织、分析教学情境;③课堂行为及了解学生差异;④职业道德。但②与③可以归为教学活动范畴,所以法国教师标准主要从学科知识、教学活动、职业道德等方面展开教师标准。德国教师标准的基本架构有3种知识,4个领域,11种能力要求。澳大利亚的教师标准则分为价值观、知识、关系、实践4个方面。

各国教师标准各有其特点,但职业态度、专业知识、专业能力、专业的展开和组织形式等内容几乎是各个国家教师标准的公因式。据此,我们根据我国教育的文化传统和话语方式,构建了我国教师专业素质的基本框架,教师专业素质的构成如图1-1所示。

图1-1 教师专业素质构成

我们以此作为研究我国中小学教师专业素质的基本分析框架。关于这个分析框架,我们的基本认知有以下3个层面。

第一个层面,职业理念。这是教师专业素质的首要内容。职业理念是人们对某一职业的基本看法和价值认定,是教师对教育这个职业的基本看法。教师的职业理念以观念、信念、信条、思想等隐性的形式存在着,是教师对其职业价值的总体判断,它统摄了教师的职业操守、知识观和能力观,影响着教师专业知识的摄取、能力的结构和能力形成,决定着教学活动的发展方向和成效,影响着教学活动的效能。

第二个层面,职业操守、专业知识与专业能力。职业操守是教师从事教育职业应该遵循的具有时代特征的具体的行为规范,这种行为规范引导着教师的发展方向。教师的知识质量、能力水平,在很大程度上受制于教师的职业操守。职业操守既是教师知识的重要组成部分,对教师其他方面的知识,又具有规约和导向作用。教师的能力结构和能力发展,也受制于教师的职业操守,也就是说,教师的能力的核心是教育教学能力,这种能力受制于一定的职业规范。就存在方式而言,职业操守是一个国家或地区为教师制定的道德和行为规范,它主要是以文本的形式存在的制度性条款,直接对教师的行为发生影响。专业知识在这里主要指教师的专业知识，是教师得以从事教师职业的经验和信息储备，教师的专业知识一方面受制于教师的职业价值观，另一方面也受制于职业操守和自身的能力，职业价值观越先进，职业操守越好，能力越强，教师获得的知识越多，整合能力也越强，所以职业理念、职业操守与专业知识、专业能力紧密相连。专业能力是一个人在行为或活动中表现出来的稳定的心理特征，教师的教育能力是教师在教育教学活动中表现出来的行为趋向，是教师职业理念、职业操守和相关知识在教师教育过程中的外在表现。职业操守、专业知识、专业能力之间的关系不是平面的或者线性的简单连接，而是多种思想、多重道德规范、多种知识的不规则的复合结构。因此，对于他们之间的关系陈述，我们不能简单地用"谁主要谁次要"进行价值判断，而应分别从他们在教育活动中的实际存在和效能进行功能分析，从而设计符合现实状况、具有实践意义的教师标准目标体系。

第三个层面，身心健康，主要提出了教师身体健康和心理健康方面的要求。洛克说，"健全的心智寓于健康的身体，这是对人生幸福一个简短而充分的描述"；"身衰体弱的人，即使有了正确的途径也无法取得进展"；"我们要有自己的事业，要得到幸福，必须先有健康的身体"。我们在调研的基础上，根据当前中小学教师身心健康的实际问题，提出了教师身体健康和心理健康的要求。这样，教师标准的5部分从职业理念、职业操守，到专业知识、专业能力，最后到身心健康，从而构成教师专业发展的总要求。

五、研究过程与方法

1. 总体情况

本课题研究分为两个阶段，两个阶段研究的总体情况见表1-1。

表1-1 两个阶段研究的基本情况

阶段	时间	主要研究方法	调研地区
第一阶段（前期研究）	2006.9—2010.4	文献研究法 比较研究法 访谈法 问卷调查法 统计分析法	北京、上海、天津、重庆、辽宁、山东、浙江、广东、江苏
第二阶段	2010.5—2011.6	访谈法 比较研究法 问卷调查法 统计分析法	四川、贵州、河南、山西、福建、山东

2. 研讨会和座谈会情况

课题组于2008年11月16日、2009年5月12日、2009年7月11日召开3次教师教育专家会议，听取教育专家对研制发达地区教师专业标准的建议。同时，课题组还征求了部分著名专家的意见。召开中小学教师座谈会12次；中学生座谈会7次；召开中小学校长座谈会2次；访谈教育行政领导和教育专家11人次。课题组取得大量录像、录音等第一手调查资料。

3. 问卷调查基本情况

问卷调查基本情况见表1-2。

表1-2 问卷调查基本情况

阶段	调研地区	问卷数量/份		
		幼儿园教师	小学教师	中学教师
第一阶段	北京、上海、天津、辽宁、山东、浙江、广东、江苏、重庆	1 264	4 008	6 100
第二阶段	四川、贵州、河南、山西、福建、山东	—	1 568	5 112
样本总数		1 264	5 576	11 212

此外，第二阶段的研究在问卷调查方面还设计了问卷二并实施了问卷二的调查。问卷二是针对中学教师的，主要集中于研究中学教师专业素质的具体的、实际的表现，即把中学教师在每项素质上的具体表现分为5种情况，通过调查来了解处于每种情况的教师各占多大比例，从而为了解中学教师的专业素质提供具体的、详细的数据资料。

六、几点说明

1. 教师专业素质的研究是制定教师专业标准的基础

教师专业标准是教师职业的基本要求和行为准则。每个时代、每个国家都要根据其时代、社会的要求制定出科学的教师标准作为培养和考核教师的依据。而教师专业标准的制定又有赖于对教师专业素质的了解，不了解教师专业素质的层次结构、内容和要求就无法制定教师的专业标准，因此可以说，教师专业素质要求的制定是制定教师专业标准的基础。

2. 本项研究的两个阶段

本项研究始于2006年9月，完成于2011年6月，历时近5年。这一过程分为两个大的阶段：2006年9月—2009年4月为第一阶段，此阶段的课题任务是来自上海市教育委员会"建设教师教育高地"中的一个子项目。由陶本一教授和他的3名博士生完成，历时3年半。这一阶段的主要任务是调查分析我国东部地区，即经济发达地区教师素质的现状，在此基础上，着手进行教师标准的研究。这一阶段所调查的地区是渤海湾地区、长江三角洲地区、珠江三角洲地区。尽管在某些方面，也还存在诸多问题，但就整体而言，其调查质量处在全国同类研究的前列。从某种程度上来说，东部发达地区的教育标准代表着中西部地区发展的方向。在该阶段课题组组织了由上海师范大学教育学院的十余名博士生组成的3个调查组，分赴除京、津、沪外的3个地区（渤海湾——沈阳、大连；长江三角洲——南京、苏州、南通、杭州、嘉兴；珠江三角洲——东莞、厦门等）共计十余个城市进行调查，历时一个多月，收集了大量的数据及丰富的样本，进行了初步的整理和分析。在这基础上我们召开了专家组会议，倾听他们的意见和建议。

2009年5月—2011年夏为第二阶段。在进一步完成原有研究计划的同时，同步进行由教育部师范司委托我校开展《我国教师专业素质研究》课题任务，课题组修改研究计划，在原有研究基础上进行了我国中西部地区教师素质现状的调查。课题组根据中国统计年鉴（2009年、2010年）中地区经济、教育发展程度的数据进行分析，选择中西部地区若干个省，如人口大省河南、四川；经济欠发达地区，如贵州等。

将这两个阶段的成果结合起来，加以综合归整分析和研究，由此可以显现出我国教师专业素质的整体情况，这对于研究教师教育等各方面的问题奠定了一个比较清晰、扎实的事实基础。

3. 本项研究仍有待于进一步完善

本项研究仍然有着不少缺陷，第一，调查取样还不够广泛，中部、东部、西部取样不够对称，取样的比重仍然偏向东部地区。第二，虽然因取得教育机构主管单位支持，进而取得广大教师的支持，使他们能真心诚意地参与课题组的工作，以取得大量真实的数据，但还有不少工作需要做。第三，有些教师样本的采集比较困难，如幼儿教育的教师，各地教育机构对他们注意较少，因而采集的样本也比较少，有些地区甚至是空白，无法形成报告。

任何研究都有一个不断改进的过程，具有开放性，本项研究也是如此，尤其是由于存在上述缺陷，因此本项研究仍然有待于完善。我们将在现有研究的基础上，继续开展研究，以试图对我国教师专业标准的制定与完善、对我国教师专业素质的提升起到较大的作用。

第二章 幼儿园教师专业素质要求研究

本章研究幼儿园教师专业素质的要求,即幼儿园教师应该达到哪些素质要求。通过调研等方法,制定一个幼儿园教师专业素质的框架。

一、基本情况

(一) 目的与方法

1. 研究目的

通过对我国部分发达地区幼儿园教师的问卷调查,了解他们对于我国幼儿园教师专业素质的基本看法。通过对相关调研数据的比较、研究,确认和分析我国幼儿园教师应该达到的专业素质要求,为进行我国幼儿园教师专业素质现状的研究提供依据和框架,为制定我国幼儿园教师专业标准提供客观依据。

2. 研究方法

关于幼儿园教师专业素质要求的研究,第一阶段的研究方法主要是文献研究法、比较研究法、访谈法、问卷调查法、统计法,辅助性的研究方法有专家研讨法等。第二阶段的研究方法主要是访谈法、比较研究法、问卷调查法、统计分析法。

(二) 调查样本情况

调查样本都是在职幼儿园教师,样本总数为1 264人,现将样本的分布情况阐述如下。

1. 调查样本的地区分布

本次在渤海湾、长三角和珠三角对幼儿园教师专业标准的内容进行调研,共取回问卷1 264份,其中渤海湾736份,占58.2%;长三角437份,占34.6%;珠三角91份,占7.2%。渤海湾的样本人数占了大多数,见表2-1。

表2-1 调查样本的地区分布

分布地区	人数/人	百分比
渤海湾	736	58.2%
长三角	437	34.6%
珠三角	91	7.2%
总数	1 264	100.0%

2. 调查样本的年龄分布

受访教师的年龄状况：20 岁及其以下为 18 人，占 1.4%；21～30 岁为 599 人，占 47.4%；31～40 岁为 513 人，占 40.6%；41～50 岁为 122 人，占 9.7%；50 岁及其以上为 10 人，占 0.8%；系统缺失 2 人，占 0.1%，见表 2-2。从表 2-2 可以看出，受调查城市中 21～40 岁年龄的幼儿园教师占了幼儿园教师队伍的绝大部分。

表 2-2 调查样本的年龄分布

年龄	人数/人	百分比
20 岁及其以下	18	1.4%
21～30 岁	599	47.4%
31～40 岁	513	40.6%
41～50 岁	122	9.7%
50 岁及其以上	10	0.8%
总数	1 262	99.9%

注：表格中的总数不包括系统缺失人数。百分比是各段人数/（总数+缺失人数）。全书同。

3. 调查样本的教龄分布

关于受访者的教龄构成：1 年以下为 107 人，占 8.5%；1～5 年为 332 人，占 26.3%；6～10 年为 223 人，占 17.6%；11 年及其以上为 600 人，占 47.5%；系统缺失 2 人，占 0.1%，见表 2-3。从表 2-3 可以看出受访者主要为 1 年以上教龄的幼儿园教师，他们的观点应该具有一定的可靠性。

表 2-3 调查样本的教龄分布

教龄	人数/人	百分比
1 年以下	107	8.5%
1～5 年	332	26.3%
6～10 年	223	17.6%
11 年及其以上	600	47.5%
总数	1 262	99.9%

4. 调查样本的学历分布

在 1 264 位受访者中，博士学历为 4 人，占 0.3%；硕士学历为 11 人，占 0.9%；本科学历为 507 人，占 40.1%；专科学历为 677 人，占 53.6%；中专学历为 59 人，占 4.7%；系统缺失 6 人，占 0.4%，见表 2-4。从表 2-4 中的数据可以看出受访者学历呈"中间大、两头小"的形态。其中本科生和专科生占多数。

表2-4 调查样本的学历分布

学历	人数/人	百分比
博士	4	0.3%
硕士	11	0.9%
大学本科	507	40.1%
大学专科	677	53.6%
中专	59	4.7%
总数	1 258	99.6%

5. 调查样本的职称分布

受访教师的职称构成状况：幼（小）教高级为466人，占36.9%；幼（小）教一级为243人，占19.2%；幼（小）教二级为74人，占5.9%；幼（小）教三级为17人，占1.3%；其他为297人，占23.5%；系统缺失167人，占13.2%，见表2-5。从表2-5数据可以看出，幼（小）教一级以上职称的教师占了绝大部分，且他们基本上是具有一定经验的教师，因此他们的意见较有代表性。

表2-5 调查样本的职称分布

职称	人数/人	百分比
幼（小）教高级	466	36.9%
幼（小）教一级	243	19.2%
幼（小）教二级	74	5.9%
幼（小）教三级	17	1.3%
其他	297	23.5%
总数	1 097	86.8%

6. 调查样本的健康状况分布

受访教师的健康状况：健康为1 030人，占81.6%；一般为206人，占16.3%；较差为26人，占2.1%；系统缺失2人，占0.1%，见表2-6。从表2-6的数据可以看出，受访教师的健康状况较好。

表2-6 调查样本的健康状况分布

健康状况	人数/人	百分比
健康	1 030	81.5%
一般	206	16.3%
较差	26	2.1%
总数	1 262	99.9%

7. 调查样本的任教学科分布

在学前主要的 7 门课程中，受访者的学科构成：语言为 253 人，占 20.0%；健康为 87 人，占 6.9%，科学为 125 人，占 9.9%；社会为 74 人，占 5.9%；艺术为 106 人，占 8.4%；其他为 425 人，占 33.6%；多学科为 185 人，占 14.6%；系统缺失 9 人，占 0.7%，见表 2-7。从表 2-7 的数据可以看出，语言、其他、多学科 3 门学科的教师占了幼儿园教师的大部分。

表 2-7 调查样本的任教学科分布

任教学科	人数/人	百分比
语言	253	20.0%
健康	87	6.9%
科学	125	9.9%
社会	74	5.9%
艺术	106	8.4%
其他	425	33.6%
多学科	185	14.6%
总数	1 255	99.3%

(三) 调查问卷情况

1. 调查问卷的形成

本次调查研究所使用的问卷经历了如下环节，第一，梳理我国有关幼儿园教师素质结构研究的相关文献，借鉴西方发达国家幼儿园教师专业标准的合理内容，结合我国幼儿园教师教育的成功经验，设计幼儿园教师专业素质调查问卷。第二，举行专家研讨会。我们多次邀请我国著名教师、教育专家讨论幼儿园教师专业素质的具体要求、问卷及其教师专业素质分析框架等问题，根据专家意见，对问卷进行调整与修改，形成问卷初稿。第三，试测与修改。在专家讨论和修改的基础上进行问卷试测。在试测的基础上我们再次进行修订和改写，最终形成该调查问卷。

2. 调查问卷的领域划分、题目和答题形式

(1) 领域划分

我们将幼儿园教师的专业素质要求划分为职业理念、职业操守、专业知识、专业能力、身心健康 5 个领域。

(2) 题目

每个领域包括若干个素质指标，每个素质指标以一个题目的形式来表示。共 55 个指标，问卷的主体部分即由表示这 55 个指标的 55 个题目组成，具体分布如下：

①职业理念，主要是对幼儿园教师的教育观念、教育基本思想方面的素质要求，包括9个题目，即6个指标；②职业操守，主要是对幼儿园教师的职业道德、职业习惯方面的素质要求，包括11个题目，即11个指标；③专业知识，主要是对幼儿园教师从事教育工作所需要的知识方面的素质要求，包括17个题目，即18个指标；④专业能力，主要是对幼儿园教师从事教育工作所需要的能力方面的素质要求，包括15个题目，即17个指标；⑤身心健康，即对幼儿园教师的身体健康和心理健康方面的素质要求，包括3道题，即3个指标。

（3）答题形式

答题的实质是要求调查对象确认每项素质的重要性程度。每道题的答题都采用五级量表的形式，即分为如下5级，如图2-1所示。

您认为教师职业的重要性：

图2-1 调查问卷的答题形式

二、研究结果

（一）各领域各素质指标重要性程度

1. 职业理念领域中各指标的重要性程度

职业理念领域各指标的认同度见表2-8。

表2-8 职业理念领域各指标认同度

排序	指标	样本数/人	认同度
1	指标1	1 259	99.6%
2	指标6	1 257	99.5%
3	指标7	1 257	99.5%
4	指标8	1 258	99.5%
5	指标9	1 257	99.4%
6	指标2	1 256	99.3%
7	指标3	1 253	99.2%
8	指标4	1 252	99.1%
9	指标5	1 251	99.0%

表2-8的直观效果图如图2-2所示。

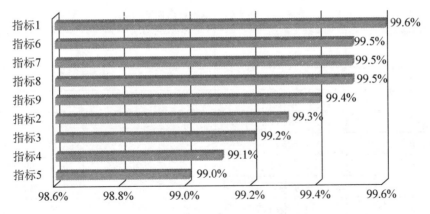

图 2-2 职业理念领域各指标认同度

其一，在职业理念领域的 9 个指标中，重要性程度的认同度在 99.0%～99.6%。其中认同度等于或高于平均值（99.3%）的有 6 个指标，它们是以下几项：

指标 1（树立正确的儿童观，对幼儿的成长负责）。

指标 6（在幼儿生活中贯彻社会公正的观念，使每一位幼儿拥有平等的学习机会）。

指标 7（有强烈的生命意识，珍爱生命，关爱自然）。

指标 8（具有同情心，关怀、同情他人的不幸与苦难，关怀残疾幼儿）。

指标 9（明确教师既是教育者也是学习者，树立持之以恒的学习信念）。

指标 2（把握幼儿教育专业的特点，认识幼儿教育的价值、功能、地位、目标）。

其二，在职业理念领域，重要性程度的认同度排在前 4 位的指标依次是以下几项。

指标 1（树立正确的儿童观，对幼儿的成长负责），认同度为 99.6%，说明绝大部分幼儿园教师已经意识到作为一名幼儿园教师，应该对幼儿的成长具有强烈的责任感。

指标 6（在幼儿生活中贯彻社会公正的观念，使每一位幼儿拥有平等的学习机会），认同度为 99.5%。这一指标要求幼儿园教师在教学活动中充分体现公平公正的现代公民意识，获得较高的认同度。

指标 7（有强烈的生命意识，珍爱生命，关爱自然），认同度为 99.5%。大部分幼儿园教师认识到生命意识教育的重要性，不仅自身需要具备对生命的人文关怀，同时也要求对幼儿进行充分的生命意识教育。

指标 8（具有同情心，关怀、同情他人的不幸与苦难，关怀残疾幼儿），认同度为 99.5%。大部分幼儿园教师对幼儿同情心和关心他人的相关教育的重要性有较高的认同度。

表 2-8 中的认同度按照四舍五入规则只保留小数点后一位小数，指标 6、指标 7 的认同度高于指标 7 的认同度，但如果保留小数点后四位小数，指标 8 的认同度高于指标 6、指标 7 的认同度。图 2-1 根据表 2-8 显示的数据制作，因此指标 6、指标 7 和指标 8 的排序与表 2-8 的有所不同。以下类似的情况，如平均值的排序，与此同理。

2. 职业操守领域中各指标的重要性程度

职业操守领域各指标的认同度见表 2-9。

表 2-9 职业操守领域各指标认同度

排序	指标	样本数/人	认同度
1	指标 15	1 260	99.7%
2	指标 13	1 259	99.7%
3	指标 12	1 259	99.6%
4	指标 18	1 259	99.6%
5	指标 19	1 257	99.6%
6	指标 20	1 259	99.6%
7	指标 17	1 258	99.5%
8	指标 14	1 257	99.4%
9	指标 16	1 257	99.4%
10	指标 10	1 253	99.1%
11	指标 11	1 179	93.3%

表 2-9 的直观效果图如图 2-3 所示。

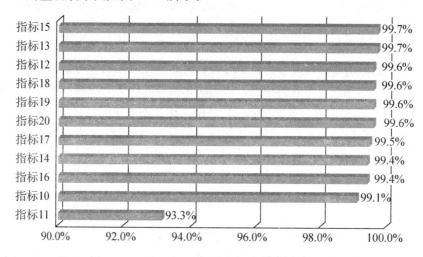

图 2-3 职业操守领域各指标认同度

其一，在职业操守领域的 11 个指标中，有 10 个指标的重要性程度的认同度在 93.3% 至 99.7% 之间。其中认同度高于平均值（98.9%）的有 9 个指标，它们是以下几项。

指标 15（在教育过程中保持稳定的情绪，不对幼儿实施简单粗暴的教育，不进行言语上的侮辱和身体上的伤害）。

指标 13（了解并尊重幼儿的差异，根据幼儿实际情况采取个性化教育手段）。

指标 12（认识到教师是对社会负责任的公民，自觉履行公民的责任和义务，以一个合格公民的标准规范自己的言行）。

指标 18（注意言行规范，举止文明，严于律己，做一名称职的班级管理者）。

指标 19（廉洁从教，反对利用职务之便牟取私利，抵制社会不良风气）。

指标 20（平等对待每一位家长/监护人，认识到家长/监护人参与幼儿园教育工作的作用，认真听取家长/监护人的意见，采纳合理建议，改善自身的教育工作）。

指标14（以赏识的态度对待每一个幼儿的点滴进步，激发幼儿的学习兴趣，增强幼儿的自信心）。

指标16（尊重幼儿的隐私权，保护幼儿的隐私）。

指标17（遵守与幼儿教育相关的、合法且合乎伦理的专业行为准则）。

指标10（熟知和掌握国家颁布的《教育法》《义务教育法》《幼儿园管理条例》《幼儿园规程》及《中小学教师职业道德规范》等法规，能在教学实践中落实）。

其二，在职业操守领域，重要性程度的认同度最高的两个指标依次是以下几项。

指标15（在教育过程中保持稳定的情绪，不对幼儿实施简单粗暴的教育，不进行言语上的侮辱和身体上的伤害），其认同度为99.7%。大多数幼儿园教师认识到教育过程中避免在言语和行为上对幼儿进行侮辱和伤害的重要性。

指标13（了解并尊重幼儿的差异，根据幼儿实际情况采取个性化教育手段），认同度为99.7%。大多数幼儿园教师对基于幼儿差异的个性化教学的重要性有较高的认同度。

其三，在职业操守领域，重要性程度认同度最低的指标是指标11（了解知识产权的基本含义，尊重和维护知识产权），认同度为93.3%。

3. 专业知识领域中各指标的重要性程度

专业知识领域中各指标的认同度见表2-10。

表2-10 专业知识领域各指标认同度

排序	指标	样本数/人	认同度
1	指标36	1 257	99.6%
2	指标24	1 257	99.6%
3	指标23	1 256	99.6%
4	指标26	1 255	99.5%
5	指标25	1 254	99.4%
6	指标21	1 253	99.3%
7	指标28	1 251	99.3%
8	指标32	1 253	99.3%
9	指标29	1 252	99.3%
10	指标35	1 251	99.2%
11	指标37	1 248	99.0%
12	指标31	1 244	98.5%
13	指标33	1 239	98.2%
14	指标30	1 235	98.0%
15	指标27	1 207	95.7%
16	指标22	1 202	95.2%
17	指标34	1 167	92.5%

表 2-10 的直观效果图如图 2-4 所示。

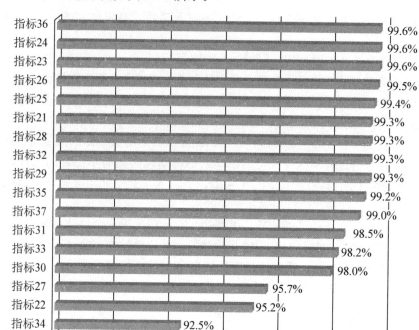

图 2-4 专业知识领域各指标认同度

其一，在专业知识领域中，17 个指标的重要性程度的认同度在 92.5%至 99.6%之间。其中认同度高于平均值（98.3%）的有 12 个指标，它们是以下几项。

指标 36（具备幼儿园一日生活活动指导的知识）。

指标 24（掌握幼儿情感、态度、认知发展特征的知识）。

指标 23（掌握幼儿生理发展特点的知识）。

指标 26（通过对幼儿的观察、交流及与家长的互动，了解幼儿个体生活情况、日常习惯、能力倾向和独特需要，以此来设计个性化的教学方案）。

指标 25（掌握引导与调节幼儿心理健康的知识和方法）。

指标 21（了解幼儿教师专业的特点，认识到幼儿教师专业需要独特的知识和技能，具有不可替代的专业特征）。

指标 28（掌握卫生保健的知识，帮助幼儿养成良好的个人卫生习惯）。

指标 32（阅读一定量的故事、儿歌、散文等儿童文学作品，提高形象思维能力）。

指标 29（具有自然环境的知识，能促进儿童认识四季特征、动植物基本特征及其他与环境有关的知识）。

指标 35（能运用游戏、自由探究、有引导的发现、创造性的戏剧表演等多种教学方法培养和提高幼儿的学习兴趣）。

指标 37（具备设计、组织实施和评价幼儿园游戏、区域活动、领域活动的知识）。

指标 31（掌握基本的数学原理，能帮助儿童认识数、量、形、时间、空间关系，发现生活中的数学，发展儿童的思维能力）。

其二，在专业知识领域，重要性程度的认同度排在前3位的指标依次是以下几项。

指标36（具备幼儿园一日生活活动指导的知识），认同度为99.6%。大多数幼儿园教师认识到幼儿园一日生活活动指导知识的必要性。

指标24（掌握幼儿情感、态度、认知发展特征的知识），认同度为99.6%。大多数幼儿园教师对幼儿情感、态度、认知发展特征方面的知识的掌握有较高的认同度。

指标23（掌握幼儿生理发展特点的知识），认同度为99.6%。大多数幼儿园教师十分重视幼儿生理发展的特点的相关知识。

以上3个指标都与幼儿学习生活息息相关，分别涉及幼儿的生理、心理和生活。

其三，在专业知识领域，重要性程度认同度最低的指标是指标34（掌握一种乐器的演奏方法），认同度为92.5%。

4. 专业能力领域中各指标的重要性程度

专业能力领域各指标的认同度见表2-11。

表2-11 专业能力领域各指标认同度

排序	指标	样本数/人	认同度
1	指标42	1 257	99.6%
2	指标49	1 256	99.5%
3	指标45	1 245	99.4%
4	指标46	1 255	99.4%
5	指标50	1 255	99.4%
6	指标51	1 254	99.4%
7	指标43	1 252	99.2%
8	指标47	1 252	99.2%
9	指标44	1 251	99.1%
10	指标38	1 148	99.1%
11	指标40	1 247	98.9%
12	指标41	1 245	98.8%
13	指标39	1 243	98.6%
14	指标48	1 244	98.6%
15	指标52	1 235	97.8%

表2-11的直观效果图如图2-5所示。

其一，在专业能力领域中，15个指标的重要性程度的认同度在97.8%至99.6%之间，其中认同度高于平均值（99.1%）的有10个指标，它们是以下几项。

指标42（通过自我与幼儿情绪的调控，为幼儿营造安全、平等、自信、友爱的心理环境）。

指标49（发现并保护幼儿的好奇心，鼓励幼儿发现问题和提出问题）。

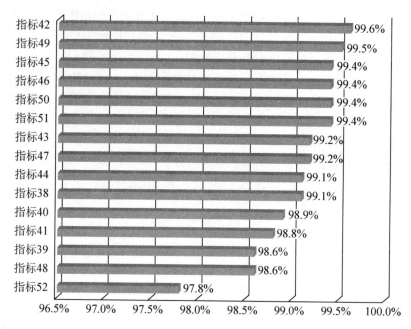

图 2-5 专业能力领域各指标认同度

指标 45（能科学设计、实施和评价幼儿健康、语言、科学、社会、艺术等活动）。

指标 46（认识游戏在幼儿认知发展和社会性发展中的核心作用，能科学设计、实施和评价幼儿园游戏和区域活动）。

指标 50（能够客观公正地评价其他教师，通过有效的方式支持团队合作与发展）。

指标 51（通过各种方式促进自己对教育实践的反思）。

指标 43（具备一日活动中幼儿安全护理与健康护理的能力）。

指标 47（了解幼儿学习方式的多样性，创造机会和条件满足每一个幼儿的不同需要）。

指标 44（掌握摔伤、火灾、地震等意外事故的急救方法，具备处理突发事件的应变能力）。

指标 38（认真细致地观察和记录幼儿活动，使观察、评估幼儿活动成为日常性的工作）。

其二，在专业能力领域，重要性程度的认同度排位最高的 6 个指标依次是以下几项。

指标 42（通过自我与幼儿情绪的调控，为幼儿营造安全、平等、自信、友爱的心理环境），认同度为 99.6%。

指标 49（发现并保护幼儿的好奇心，鼓励幼儿发现问题和提出问题），认同度为 99.5%。说明大多数幼儿园教师能认识到培养幼儿的探索精神、创新精神的重要性。

指标 45（能科学设计、实施和评价幼儿健康、语言、科学、社会、艺术等活动），认同度为 99.4%。这反映出大部分幼儿园教师认同健康、语言、科学、社会、艺术等活动对幼儿成长教育的重要性，并且要求对其科学设计、实施和评价。

指标 46（认识游戏在幼儿认知发展和社会性发展中的核心作用，能科学设计、实施和评价幼儿园游戏和区域活动），认同度为 99.4%。

指标 50（能够客观公正地评价其他教师，通过有效的方式支持团队合作与发展），认同度为 99.4%。这说明幼儿园教师对教师之间公平评价、有效合作的重要性有较高的认同度。

指标 51（通过各种方式促进自己对教育实践的反思），认同度为 99.4%。

其三，在专业能力领域，重要性程度认同度最低的指标是指标 52（了解幼儿发展和认知方面的最新研究成果），认同度为 97.8%。

5. 身心健康领域中各指标的重要性程度

身心健康领域各指标的认同度见表 2-12。

表 2-12 身心健康领域各指标认同度

排序	指标	样本数/人	认同度
1	指标 53	1 253	99.4%
2	指标 55	1 250	99.3%
3	指标 54	1 245	98.8%

表 2-12 的直观效果图如图 2-6 所示。

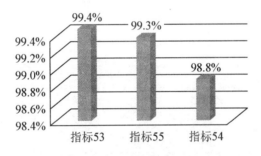

图 2-6 身心健康领域各指标认同度

其一，在身心健康领域中，3 个指标的重要性程度的认同度在 98.8% 至 99.4% 之间。其中认同度高于平均值（99.2%）的有两个指标，它们是以下两项。

指标 53（养成积极、健康、合理的生活和工作习惯）。

指标 55（有基本的心理健康知识，能够协调和控制不良情绪，有良好的心态）。

其二，在身心健康领域，重要性程度的认同度排在前两位的指标依次有以下两项。

指标 53（养成积极、健康、合理的生活和工作习惯），认同度为 99.4%。能够看出大部分幼儿园教师对形成良好的工作生活习惯有较高的认同度。

指标 55（有基本的心理健康知识，协调和控制不良情绪，有良好的心态），认同度为 99.3%。

(二) 重要性程度排名最前和最后的专业素质指标

1. 重要性程度排名前 26 位的专业素质指标

认同度排名前 26 位的专业素质指标见表 2-13。

表 2-13 认同度排名前 26 位的专业素质指标

排序	指标	样本数/人	认同度
1	指标 13	1 260	99.7%
2	指标 15	1 259	99.7%
3	指标 12	1 259	99.6%
4	指标 18	1 259	99.6%
5	指标 19	1 257	99.6%
6	指标 20	1 259	99.6%
7	指标 23	1 257	99.6%
8	指标 24	1 256	99.6%
9	指标 36	1 257	99.6%
10	指标 42	1 257	99.6%
11	指标 1	1 259	99.6%
12	指标 6	1 257	99.5%
13	指标 7	1 257	99.5%
14	指标 8	1 258	99.5%
15	指标 17	1 258	99.5%
16	指标 26	1 255	99.5%
17	指标 49	1 256	99.5%
18	指标 9	1 257	99.4%
19	指标 14	1 257	99.4%
20	指标 16	1 257	99.4%
21	指标 25	1 254	99.4%
22	指标 45	1 245	99.4%
23	指标 46	1 255	99.4%
24	指标 50	1 255	99.4%
25	指标 51	1 254	99.4%
26	指标 53	1 253	99.4%

认同度排名前 26 位的专业素质指标内容如下。

指标 13（了解并尊重幼儿的差异，根据幼儿实际情况采取个性化教育手段）。

指标 15（在教育过程中保持稳定的情绪，不对幼儿实施简单粗暴的教育，不进行言语上的侮辱和身体上的伤害）。

指标 12（认识到教师是对社会负责任的公民，自觉履行公民的责任和义务，以一个合格公民的标准规范自己的言行）。

指标 18（注意言行规范，举止文明，严于律己，做一名称职的班级管理者）。

指标 19（廉洁从教，反对利用职务之便牟取私利，抵制社会不良风气）。

指标 20（平等对待每一位家长/监护人，认识家长/监护人参与幼儿园教育工作的作用,认真听取家长/监护人的意见,采纳合理建议,改善自身的教育工作)。

指标 23（掌握幼儿生理发展特点的知识）。

指标 24（掌握幼儿情感、态度、认知发展特征的知识）。

指标 36（具备幼儿园一日生活活动指导的知识）。

指标 42（通过自我与幼儿情绪的调控,为幼儿营造安全、平等、自信、友爱的心理环境）。

指标 1（树立正确的儿童观,对幼儿的成长负责）。

指标 6（在幼儿生活中贯彻社会公正的观念,使每一位幼儿拥有平等的学习机会）。

指标 7（有强烈的生命意识,珍爱生命,关爱自然）。

指标 8（具有同情心,关怀、同情他人的不幸与苦难,关怀残疾幼儿）。

指标 17（遵守与幼儿教育相关的、合法且合乎伦理的专业行为准则）。

指标 26（通过对幼儿的观察、交流及与家长的互动,了解幼儿个体生活情况、日常习惯、能力倾向和独特需要,以此来设计个性化的教学方案）。

指标 49（发现并保护幼儿的好奇心,鼓励幼儿发现问题和提出问题）。

指标 9（明确教师既是教育者也是学习者,树立持之以恒的学习信念）。

指标 14（以赏识的态度对待每一个幼儿的点滴进步,激发幼儿的学习兴趣,增强幼儿的自信心）。

指标 16（尊重幼儿的隐私权,保护幼儿的隐私）。

指标 25（掌握引导与调节幼儿心理健康的知识和方法）。

指标 45（能科学设计、实施和评价幼儿健康、语言、科学、社会、艺术等活动）。

指标 46（认识游戏在幼儿认知发展和社会性发展中的核心作用,能科学设计、实施和评价幼儿园游戏和区域活动）。

指标 50（能够客观公正地评价其他教师,通过有效的方式支持团队合作与发展）。

指标 51（通过各种方式促进自己对教育实践的反思）。

指标 53（养成积极、健康、合理的生活和工作习惯）。

表 2-13 所示的 26 项专业素质指标的认同度为 99.4% 及其以上,说明其中的内容在绝大多数幼儿园教师的认识中占有重要的地位。

2. 重要性程度排名最后的专业素质指标

在全部的 55 项指标中认同度排名后 13 位的专业素质指标见表 2-14。

表 2-14 认同度排名后 13 位的专业素质指标

排序	指标	样本数/人	认同度
55	指标 34	1 167	92.5%
54	指标 11	1 179	93.3%
53	指标 22	1 202	95.2%
52	指标 27	1 207	95.7%
51	指标 52	1 235	97.8%

续表

排序	指标	样本数/人	认同度
50	指标30	1 235	98.0%
49	指标33	1 239	98.2%
48	指标31	1 244	98.5%
47	指标39	1 243	98.6%
46	指标48	1 244	98.6%
45	指标41	1 245	98.8%
44	指标54	1 245	98.8%
43	指标40	1 247	98.9%

这13项专业素质指标的内容如下。

指标34（掌握一种乐器的演奏方法）。

指标11（了解知识产权的基本含义，尊重和维护知识产权）。

指标22（了解幼儿教师职业生涯规划和职业发展的知识）。

指标27（认识幼儿有自我发展的潜力，在可能的情况下幼儿可以实现适度超前发展）。

指标52（了解幼儿发展和认知方面的最新研究成果）。

指标30（掌握基本的自然科学知识，能帮助儿童认识声、光、电、磁、力、天文等并了解它们在人们生活中的作用）。

指标33（掌握音乐、舞蹈、美术和手工制作等基本知识）。

指标31（掌握基本的数学原理，能帮助儿童认识数、量、形、时间、空间关系，发现生活中的数学，发展儿童的思维能力）。

指标39（对每一个幼儿的具体情况进行判断与评价，据此确定每个幼儿的阶段性发展目标，制订符合每个幼儿实际状况的培育方案）。

指标48（认识教育技术对促进幼儿学习的重要性，能恰当运用多种教育技术为幼儿的学习提供帮助）。

指标41（运用各种物质条件创设有利于幼儿获得知识、发展感情和形成生活技能的物质环境）。

指标54（有基本的医药、保健知识，防治各种常见职业病）。

指标40（把评估的信息反馈给幼儿、家长及其他专业工作者，知道何时需要适当地干预或支持、引导幼儿的行为）。

三、主要发现

关于我国幼儿园教师的专业素质要求，通过调查研究，我们的主要发现如下。

1. 幼儿园教师的职业理念问题

受访幼儿教师树立了较科学的职业理念，他们认识到作为幼儿教师，具有强烈的责任感是搞好幼儿教育工作的前提条件；也认识到在幼儿生活中，贯彻社会公正的观念，使幼儿拥有平等的学习机会的重要性。对其他几条理念也有较高的认同度，这些数据说明，受访地区的幼儿教师，树立了较科学的教育理念。

2. 幼儿园教师的职业操守问题

关于职业操守，几乎受访教师都认识到，要了解并尊重幼儿的差异，根据幼儿实际情况采取个性化的教学手段。认识到在教育过程中保持稳定的情绪，不对幼儿实施简单粗暴的教育，不进行言语上的伤害的重要性。这说明幼儿教师具备了基本的职业操守。但对于保护幼儿隐私权、遵守与幼儿教育相关的、合法且合乎伦理的专业行为准则等专业性要求较高的条款认同度不高，这说明部分教师对专业性的职业操守的认识，还需要深化。

3. 幼儿园教师的专业知识问题

在专业知识领域，比较传统的要求，如"掌握幼儿生理发展特点的知识，掌握幼儿情感、态度、认知发展特征的知识，掌握幼儿园一日生活活动指导的知识"等获得了很高的认同度。相对地，要求比较专业的知识内容，认同度则相对较低。例如，对于"具备设计、实施和评价幼儿园游戏、区域活动、领域活动的知识"，"掌握基本的数学原理，能帮助儿童认识数、量、形、时间、空间关系，发现生活中的数学，发展儿童的思维能力"等专业性较强的内容，认同度相对较低。可见，就专业知识而言，受访地区教师的专业知识需要加强与更新。

4. 幼儿园教师的专业能力问题

关于专业能力，"为幼儿营造安全、平等、自信、友爱的心理环境"、"发现并保护幼儿的好奇心，鼓励幼儿发现问题并提出问题"等现代社会需要的能力，获得了很高的认同度，说明受访教师对现代社会需要的教师专业能力有一定的认识。但"了解幼儿发展和认知方面的最新研究成果"，认同度较低。说明部分教师，对某些专业能力的重要性认识不足。

传统幼儿教师的技能发生变化，如通常我们认为幼儿教师应该会演奏一种乐器，这种观念受到质疑，有相当一部分教师认为该要求不重要。

5. 幼儿园教师的身心健康问题

身心健康应作为教师专业素质的一个重要内容。现今幼儿园及中小学发生的极端事件越来越多，绝大多数事件与人的心理健康有关。教师心理健康知识极为匮乏，他们既不能调节自身的心理问题，也不懂儿童心理问题的疏导方法，更没有该方面的能力。我们在各地的调研中，受访教师强烈建议对在职教师进行心理健康教育课程的培训，他们还建议在师范大学全面开设心理辅导课程。

第三章　小学教师专业素质要求研究

本章研究我国小学教师应该达到怎样的专业素质要求。研究分为两个阶段，第二个阶段是在第一个阶段的基础上进一步提高和精进。在第一阶段和第二阶段，我们都制定了一个小学教师专业素质框架，其中第二阶段的小学教师专业素质框架是在第一阶段的小学教师专业素质框架的基础上实现的改进。

一、第一阶段的研究

（一）基本情况

1. 目的与方法

（1）研究目的

本项研究的基本目的在于，在文献研究的基础上设计教师专业素质指标，以问卷的形式展开进一步研究，以确认和分析我国小学教师应该达到的专业素质要求，从而为我国小学教师专业素质现状的研究提供依据和框架，为制定我国小学教师专业标准提供客观依据。

（2）研究方法

关于小学教师的专业素质要求的研究，第一阶段研究方法主要是文献分析法、问卷调查法和专家研讨法等。

2. 调查样本情况

调查样本都是在职小学教师，样本总数为 4 008 人，现将样本的分布情况阐述如下。

（1）调查样本的地区分布

本次在渤海湾、长三角和珠三角对小学教师专业素质要求内容进行调研，共取回问卷4008份，其中渤海湾2007份，占50.1%；长三角1 789份，占44.6%；珠三角212份，占5.3%。渤海湾的受访者占了大多数，见表3-1。

表 3-1　调查样本的地区分布

地区	人数/人	百分比
渤海湾	2 007	50.1%
长三角	1 789	44.6%
珠三角	212	5.3%
总数	4 008	100.0%

(2) 调查样本的学校类型分布

学校类型主要分为4类,样本总数为4 008人:城市小学2434人,占60.7%;县城小学292人,占7.3%;乡镇小学714人,占17.8%;农村小学155人,占3.9%;系统缺失413人,占10.3%。本次调研城市小学占了大多数,见表3-2。

表3-2 调查样本的学校类型分布

学校类型	人数/人	百分比
城市小学	2 434	60.7%
县城小学	292	7.3%
乡镇小学	714	17.8%
农村小学	155	3.9%
总数	3 595	89.7%

(3) 调查样本的性别分布

受访的教师性别比例:男教师753人,占18.8%;女教师3 235人,占80.7%;系统缺失20人,占0.5%。显然本次调研女教师占了大多数,见表3-3。

表3-3 调查样本的性别分布

性别	人数/人	百分比
男	753	18.8%
女	3 235	80.7%
总数	3 988	99.5%

(4) 调查样本的年龄分布

受访教师年龄状况:30岁及其以下为1 159人,占28.9%;31~40岁为2 089人,占52.1%;41~50岁为641人,占16.0%;51~60岁为109人,占2.7%;系统缺失10人,占0.2%,见表3-4。从调查中看出31~40岁的小学教师占了本次调研中学校教师的大多数。

表3-4 调查样本的年龄分布

年龄	人数/人	百分比
30岁及其以下	1 159	28.9%
31~40岁	2 089	52.1%
41~50岁	641	16.0%
51~60岁	109	2.7%
总数	3 998	99.8%

(5) 调查样本的教龄分布

受访者的教龄构成:1年以下为156人,占3.9%;1~5年为459人,占11.5%;6~10年为706人,占17.6%;11年及其以上为2670人,占66.6%,系统缺失17人,占0.4%,见表3-5。从表3-5中看出受访者主要为6年以上教龄的小学教师,他们的观点应该具有一定的有效性。

表 3-5 调查样本的教龄分布

教龄	人数/人	百分比
1年以下	156	3.9%
1~5年	459	11.5%
6~10年	706	17.6%
11年及其以上	2 670	66.6%
总数	3 991	99.6%

(6) 调查样本的学历分布

在 4 008 位受访者中,博士学历教师为 7 人,占 0.2%;硕士学历教师为 76 人,占 1.9%;本科学历教师为 2 928 人,占 73.1%;专科学历教师 881 人,占 22.0%;中专学历教师为 96 人,占 2.4%;高中及其以下学历教师为 5 人,占 0.1%;系统缺失 15 人,占 0.3%。本科学历教师占了大多数,见表 3-6。

表 3-6 调查样本的学历分布

学历	人数/人	百分比
博士	7	0.2%
硕士	76	1.9%
大学本科	2 928	73.1%
大学专科	881	22.0%
中专	96	2.4%
高中及其以下	5	0.1%
总数	3 993	99.7%

(7) 调查样本的职称分布

受访教师的职称构成状况:小学高级职称教师为 2 518 人,占 62.8%;小学一级职称教师为 1 177 人,占 29.4%;小学二级职称教师为 83 人,占 2.1%;小学三级职称教师为 15 人,占 0.4%;其他 136 人,占 3.4%;系统缺失 79 人,占 1.9%,见表 3-7。从表 3-7 中可以看出,受访的教师中小学一级职称以上的教师占了 92.2%。受访教师基本上是有一定经验的教师,所以他们的意见比较有代表性。

表 3-7 调查样本的职称分布

职称	人数/人	百分比
小学高级	2 518	62.8%
小学一级	1 177	29.4%
小学二级	83	2.1%
小学三级	15	0.4%
其他	136	3.4%
总数	3 929	98.1%

(8) 调查样本的健康状况分布

受访教师的健康状况：健康为 2 452 人，占 61.2%；一般为 1 385 人，占 34.6%；较差为 150 人，占 3.7%；系统缺失 21 人，占 0.5%，见表 3-8。该数据说明受访教师的健康状况比较好。

表 3-8 调查样本的健康状况分布

健康状况	人数/人	百分比
健康	2 452	61.2%
一般	1 385	34.6%
较差	150	3.7%
总数	3 987	99.5%

(9) 调查样本的任教学科分布

在小学主要的 8 门课程中，受访的 4 008 人的任教学科构成为语文为 1 494 人，占 37.3%；数学为 837 人，占 20.9%；外语为 516 人，占 12.9%；信息技术为 102 人，占 2.5%；体育为 236 人，占 5.9%；音乐为 109 人，占 2.7%；美术为 126 人，占 3.1%；其他为 315 人，占 7.9%；系统缺失 273 人，占 6.8%，见表 3-9。从表中可以看出语文、数学、外语 3 门核心科目的教师占了小学教师的大多数。

表 3-9 调查样本的任教学科分布

任教学科	人数/人	百分比
语文	1 494	37.3%
数学	837	20.9%
外语	516	12.9%
信息技术	102	2.5%
体育	236	5.9%
音乐	109	2.7%
美术	126	3.1%
其他	315	7.9%
总数	3 735	93.2%

3. 调查问卷情况

(1) 调查问卷的形成

本次调查研究所使用的问卷的形成过程大致经历了如下 3 个环节：第一，文献分析法，我们搜集了大量的相关文献，尤其是国内外关于小学教师专业素质要求的文献进行反复研究，形成小学教师专业素质结构分析框架，在此基础上设计调查问卷；第二，专家研讨，为形成和修订调查问卷，我们举行了 3 次专家研讨会，邀请国内部分著名的教师教育专家讨论小学教师专业素质的具体要求、问卷及其内容条目的问题；第三，问卷试测与修改,问卷初稿形成后,我们在上海师范大学附属小学、浦东新区部分小学进行问卷试测,根据试测中的问题对问卷进行修改、完善。

(2) 调查问卷的领域划分、题目和答题形式

① 领域划分。我们将小学教师的专业素质要求划分为职业理念、职业操守、专业知识、专业能力、身心健康5个领域。

② 题目。每个领域包括若干个素质指标,每个素质指标以一个题目的形式来表示。共55个指标,问卷的主体部分即由表示这55个指标的55个题目组成。具体分布如下:

职业理念,主要是对小学教师的教育观念、教育基本思想方面的素质要求,包括6个题目,即6个指标;

职业操守,主要是对小学教师的职业道德、职业习惯方面的素质要求,包括11个题目,即11个指标;

专业知识,主要是对小学教师从事教育工作所需要的知识方面的素质要求,包括18个题目,即18个指标;

专业能力,主要是对小学教师从事教育工作所需要的能力方面的素质要求,包括17个题目,即17个指标;

身心健康,即对小学教师的身体健康和心理健康方面的素质要求,包括3个题目,即3个指标。

③ 答题形式。答题的实质是要求调查对象确认每项素质的重要性程度。每道题的答题都采用李克特五级量表的形式描述,即分为如下5级,如图3-1所示。

您认为教师职业的重要性:

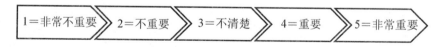

图3-1 调查问卷的答题形式

(二) 研究结果

1. 职业理念领域中各指标的重要性程度

职业理念领域中各指标的认同度见表3-10。

表3-10 职业理念领域各指标认同度

排序	指标	样本数/人	认同度
1	指标4	4 002	99.2%
2	指标1	4 004	98.7%
2	指标6	4 006	98.7%
3	指标2	4 003	98.4%
4	指标5	4 002	97.9%
5	指标3	4 003	96.4%

表3-10的直观效果图如图3-2所示。

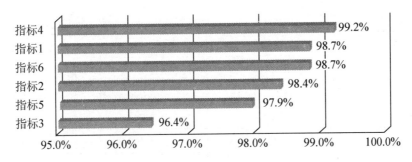

图 3-2　职业理念领域各指标认同度

其一，在 6 个职业理念领域的各个指标中，重要性程度的认同度在 96.4%～99.2%。其中认同度高于平均值（98.2%）的有 4 个指标。

指标 4（明确教师既是教育者也是学习者，坚持终身学习）。

指标 1（认识教育的价值、功能、地位、目标）。

指标 6（倡导民主精神，在教育实践中贯彻社会公正、公平的理念）。

指标 2（追求教学的成功，享受学生进步和自我发展带来的快乐）。

其二，在职业理念领域，重要性程度的认同度排在前 4 位的指标依次是以下几项。

指标 4（明确教师既是教育者也是学习者，坚持终身学习），认同度为 99.2%，说明大部分小学教师已经认识到作为一名小学教师，在当今社会中坚持终身学习的重要性。

指标 1（认识教育的价值、功能、地位、目标）认同度为 98.7%。要求小学教师对教育的价值、功能、地位、目标等有比较清楚的认识。

指标 6（倡导民主精神，在教育实践中贯彻社会公正、公平的理念），认同度为 98.7%。要求教师在教学中体现民主、公平、公正等现代公民意识。

指标 2（追求教学的成功，享受学生进步和自我发展带来的快乐），认同度为 98.4%，说明追求教学成功的理念，已为大部分受访小学教师所认同。

其三，在职业理念领域，重要性程度认同度相对较低的指标是指标 3。

指标 3（具有全球化的教育视野，树立多元文化价值观），认同度为 96.4%，说明小学教师对于"多元文化"、"全球化"的重要性的判断与其他指标相比有一定差距。

2. 职业操守领域中各指标的重要性程度

职业操守领域各指标的认同度见表 3-11。

表 3-11　职业操守领域各指标认同度

排序	指标	样本数/人	认同度
1	指标 11	4 006	99.3%
1	指标 14	4 005	99.3%
2	指标 12	4 006	99.2%
2	指标 16	4 005	99.2%
3	指标 15	4 005	99.1%
3	指标 17	4 005	99.1%

续表

排序	指标	样本数/人	认同度
4	指标10	4 006	99.0%
4	指标13	4 006	99.0%
5	指标9	4 002	98.7%
6	指标7	4 006	98.2%
7	指标8	4 006	95.6%

表3-11的直观效果图如图3-3所示。

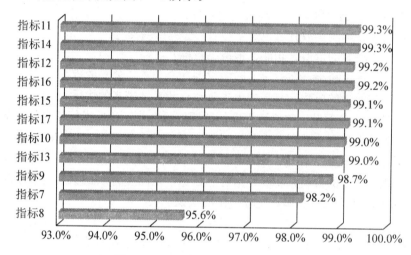

图3-3 职业操守领域各指标认同度

其一，在职业操守领域中，各个指标的重要性程度认同度在95.6%~99.3%。其中，认同度在98.0%以上的指标有10个，认同度在98.0%以下的指标有1个。

其二，在职业操守领域，重要性程度平均值排在前4位的依次是以下指标。

指标11（热爱学生，以赏识的态度对待每一个学生的点滴进步）。

指标14（注意言行规范，作风正派，严于律己），认同度为99.3%。

这两个指标得到了该领域的最高认同度，说明接受调研的小学教师基本上都认识到热爱学生、欣赏学生的进步，注意自己的职业形象对于小学教师的重要性。

指标12（不实施简单粗暴的教育，不对学生进行精神和身体上的伤害）。

指标16（认真听取家长/监护人的意见，平等对待每一位家长/监护人），认同度为99.2%。

上述两个指标都得到了较高的认同度，说明大多数小学教师已经树立了不体罚学生、不伤害学生的观念。也认识到作为一个小学教师，听取家长的意见，平等对待每一位监护人的重要性。

上述指标中，认同度相对最低的是指标8（了解知识产权的基本内容，尊重和维护知识产权，严守学术规范），认同度为95.6%，说明在所有指标中，小学教师不是十分认同该指标，可能因为目前小学教师与"知识产权"的关系不大有关。我们认为，虽然小学教师自身目前与知识产权关系不大，但作为一个为未来社会的育人者，自身具有保护知识产权的观念，才有可能培养具有该观念的学生。目前是否有必要在小学教师队伍中倡导这种观念，还需要研究。

3. 专业知识领域中各指标的重要性程度

专业知识领域各指标的认同度见表 3-12。

表 3-12　专业知识领域各指标认同度

排序	指标	样本数/人	认同度
1	指标 18	4 000	98.8%
1	指标 23	3 995	98.8%
1	指标 30	3 996	98.8%
2	指标 27	3 995	98.7%
3	指标 22	3 993	98.6%
4	指标 26	3 996	98.5%
4	指标 20	4 000	98.5%
5	指标 21	3 995	98.4%
6	指标 31	3 996	97.8%
7	指标 29	3 997	97.6%
8	指标 35	3 996	97.4%
9	指标 19	4 000	97.3%
10	指标 24	3 998	97.2%
11	指标 25	3 992	96.9%
12	指标 28	3 995	96.6%
13	指标 32	3 996	95.7%
14	指标 34	3 997	94.8%
15	指标 33	3 997	94.0%

表 3-12 的直观效果图如图 3-4 所示。

专业知识部分共有 18 个指标，其中认同度高于或等于平均值（97.4%）的有 11 个指标，依次为以下几项。

指标 18（明确教师专业需要独特的知识和技能，具有不可替代的专业特征）。

指标 23（了解学生个体的学科知识基础、学习方法、学习习惯、能力倾向等，能做到因材施教）。

指标 30（熟知学科课程标准，掌握其基本内容，并能据此进行教学）。

指标 27（熟知所教学科的学习和研究方法）。

指标 22（掌握学生心理健康引导与调节的知识）。

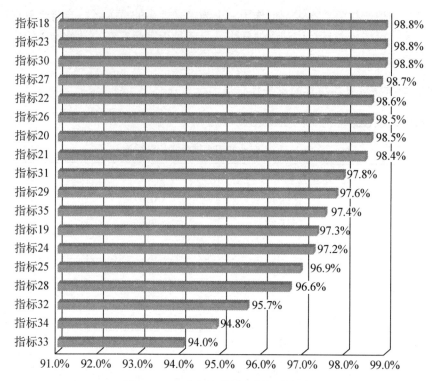

图 3-4 专业知识领域各指标认同度

指标 26（掌握所教学科的基本概念、原理及体系结构）。

指标 20（掌握低、中、高不同学段学生生理发展特点的知识）。

指标 21（掌握低、中、高不同学段学生情感、态度、认知发展特征的知识）。

指标 31（理解学科教材的体系、功能、编排方式和使用方法）。

指标 29（了解相关学科的知识及本学科在整体知识体系中的地位和作用）。

指标 35（拓展阅读面，阅读一定数量的人文、社会和自然科学书籍）。

在这些要求中，有 3 个被认为是最重要的知识指标。

指标 18（明确教师专业需要独特的知识和技能，具有不可替代的专业特征）。

指标 23（了解学生个体的学科知识基础、学习方法、学习习惯、能力倾向等，能做到因材施教）。

指标 30（熟知学科课程标准，掌握其基本内容，并能据此进行教学）。

这 3 个要求是认识教师及其职业的知识、学生的知识、学科的知识，它们属于传统教学要素的内容。种种调查结果表明大多数教师对传统教学要素的重要性有清楚的认识。

低于平均认同度的指标共 7 个，依次为以下几项。

指标 19（具有教师职业生涯规划和职业发展的知识）。

指标 24（了解学生家庭背景、社会环境及青少年文化等基本状况）。

指标 25（利用观察、座谈、调查等收集学生的有效信息并进行分析判断）。

指标 28（了解所教学科的历史、现状和发展趋势）。

指标 32（了解人类社会历史文化发展的基本常识及儿童所关注的社会文化问题）。

指标 34（具备一定的音乐、美术素养和审美知识）。

指标33（了解当今世界发展的主题和面临的主要问题）。

指标19（具有教师职业生涯规划和职业发展的知识）认同度比较低，原因之一可能与我国教师教育缺乏相应的政策引导，教师教育课程缺乏相应的课程设置有关，不少小学教师没有认识到教师职业生涯规划和职业发展的知识对于教师成长的重要性。原因之二可能与我国小学教师工作任务中压力较大有关。部分小学教师不打算终身从事小学教育，因而认为该指标不重要。

指标24（了解学生家庭背景、社会环境及青少年文化等基本状况）、指标25（利用观察、座谈、调查等收集学生的有效信息并进行分析判断）两个要求均是对"了解学生"的较高要求，这是因材施教的前提条件，也是教学过程贯彻"儿童为本"理念的具体体现。但这两个指标认同度较低，表明部分教师没有认识到其重要性。

指标32（了解人类社会历史文化发展的基本常识及儿童所关注的社会文化问题）认同度较低，可能因为该指标要求的知识内容比较宽泛，许多知识内容难以把握。这个问题从另一个角度，也反映了部分小学教师该类知识相对薄弱的现实情况。

指标34（具备一定的音乐、美术素养和审美知识）对于小学教师来说比较重要，但认同度相对较低，说明这个指标的价值在小学教育阶段还没有充分显示出来。也从一个角度反映了目前部分小学教师音乐素养、美术素养和审美知识缺乏的现实。

认同度最低的指标是指标33（了解当今世界发展的主题和面临的主要问题），认同度为94.0%。原因可能是对于小学教师而言，"了解当今世界发展的主题和面临的主要问题"这些内容对于儿童的兴趣、生活相对较遥远，与其他指标相比较，显得不重要。

4. 专业能力领域中各指标的重要性程度

专业能力领域各指标的认同度见表3-13。

表3-13 专业能力领域各指标认同度

排序	指标	样本数/人	认同度
1	指标41	3 996	99.2%
2	指标39	3 995	99.1%
3	指标42	3 999	99.0%
3	指标45	3 996	99.0%
4	指标40	3 996	98.9%
4	指标44	3 998	98.9%
5	指标38	3 996	98.8%
6	指标43	3 998	98.7%
6	指标36	3 997	98.7%
7	指标47	3 996	98.6%
8	指标49	3 996	98.4%
9	指标46	3 999	98.2%
9	指标52	3 994	98.2%
10	指标51	3 999	98.1%

续表

排序	指标	样本数/人	认同度
11	指标48	3 995	97.9%
12	指标37	3 995	96.9%
13	指标50	3 998	95.7%

表3-13的直观效果图如图3-5所示。

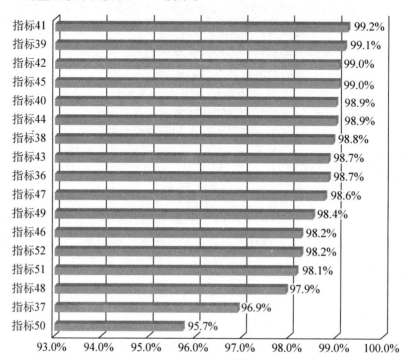

图3-5 专业能力领域各指标认同度

其一，在专业能力领域17个指标中，认同度高于平均值（98.37%）的有11个指标，它们分别是以下几项。

指标41（知道自主、探究、合作等基本的学习方式，并能有针对性地运用）。

指标39（把握知识呈现方式，激发学生兴趣，有效地组织课堂教学）。

指标42（注意知识的巩固和迁移，拓展思路和视野，促进学生创造性学习）。

指标45（对班级进行有效管理的能力）。

指标40（关注学生学习的过程，及时了解学生反馈的信息，调节教学进程）。

指标44（运用教学研讨、案例研究、课后小结等多种方法反思课堂教学）。

指标38（根据教学目标、教学内容和学生实际进行教学设计的能力）。

指标43（能运用基本的评价方法，全面评价教学过程和教学结果）。

指标36（具有与学生进行有效沟通获得信任的能力）。

指标47（根据课程、学生、教师特点正确有效地运用教育技术的能力）。

指标49（能用标准普通话开展教学活动）。

其二，在专业能力领域，重要性程度的认同度排在前6位的指标依次是以下几项。

指标41（知道自主、探究、合作等基本的学习方式，并能有针对性地运用），认同度为99.2%。

指标39（把握知识呈现方式，激发学生兴趣，有效地组织课堂教学），认同度为99.1%。

指标42（注意知识的巩固和迁移，拓展思路和视野，促进学生创造性学习），认同度为99.0%。

指标45（对班级进行有效管理的能力），认同度为99.0%。

指标40（关注学生学习的过程，及时了解学生反馈的信息，调节教学进程），认同度为98.9%。

指标44（运用教学研讨、案例研究、课后小结等多种方法反思课堂教学），认同度为98.9%。

在认同度排前6位的指标中，有5个是传统教育所重视的内容，它们分别是学习方式、课堂教学组织能力、班级管理能力、促进学生创造性学习的能力、调节教学活动的能力。这些能力对于搞好教学工作十分重要，大部分教师对这些能力的重要性有清楚的认识。

其三，在专业能力领域，重要性程度认同度较低的3个指标分别是以下几项。

指标50（了解科学发声的知识，掌握科学的发声方法，在教学活动中能正确发声），认同度为95.7%。该指标认同度相对较低，原因可能是大部分教师已经改变了教师讲授为主的课堂教学模式，教师讲授的时间在缩短，嗓子保护的重要性在降低，因而，这个要求与传统教学相比较，已经显得不甚重要。

指标37（能运用多种方法与社区、社会团体联络，获取有益的教育资源），认同度为96.9%。获取教育资源的能力对于今天的教师来说，是一种比较重要的专业能力。该指标认同度不高，可能与今天小学教育的教学模式具有相关性。课堂之外的教育资源对于以书本为中心，以课堂为中心，以教师为中心的课堂教学显得相对不重要。

指标48［写好"三笔字"（钢笔字、毛笔字、粉笔字）掌握汉字书写技能］，认同度为97.9%。该指标认同度较低，可能是因为电脑的普及，电子白板和新型健康演示材料的运用，给"三笔字"带来一定的冲击。粉笔字比较适用，但它危害健康。毛笔字是中华传统文化的精华，但它实用性不强，特别是在今天快节奏的社会生活中，毛笔字的非实用性越来越显示出来，怎样继承这一文化遗产，是值得深入研究的一个课题。

5. 身心健康领域中各指标的重要性程度

身心健康领域各指标的认同度见表3-14。

表3-14 身心健康领域各指标认同度

排序	指标	样本数/人	认同度
1	指标53	3 988	98.9%
2	指标54	3 991	97.5%
缺失	指标55	缺失	缺失

表3-14的直观效果图如图3-6所示。

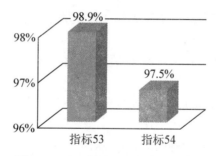

图 3-6 身心健康领域各指标认同度

身心健康领域共 3 个指标，缺失一项数据信息。存留的两个指标是，指标 53（养成积极、健康、合理的生活和工作习惯），认同度为 98.9%；指标 54（有基本的医药、保健知识，防治各种常见职业病），认同度为 97.5%。两个指标认同度的平均值为 98.2%，有较高的认同度。

（三）主要发现

1. 素质要求的总体框架合理

本专业素质指标分析总体框架平均认同度为 98.11%。这个数值是很高的，说明这个调查问卷所设计的小学教师专业素质要求条目受到调查地区教师的高度认同。该问卷设计的教师专业素质框架，可以作为进行我国小学教师专业素质现状调查的分析框架，也可以作为制定我国小学教师专业标准的重要参考材料。

2. 各个领域的重要性程度都很高

其一，我国小学教师对 5 个领域的专业素质的重要性程度的认同度都在 97.2% 与 98.37% 之间。这说明每个领域都是很重要的，在进行小学教师专业素质调查和制定小学教师专业标准时，每个领域都不能缺少。

其二，调查发现：身心健康领域的重要性程度认同度为 98.2%，这说明这个领域是很重要的。重视身心健康领域，是本书所反映的素质框架的一个重要特色。

3. 绝大多数单项素质要求的重要性程度都很高

在 55 项素质指标中，有 49 项认同度都在 96% 以上，说明各项素质指标重要性程度很高。得分率相对较低的指标项（认同度在 96% 以下）共有 5 项，它们是以下指标。

指标 8（了解知识产权的基本内容，尊重和维护知识产权，严守学术规范）。
指标 32（了解人类社会历史文化发展的基本常识及儿童所关注的社会文化问题）。
指标 33（了解当今世界发展的主题和面临的主要问题）。
指标 34（具备一定的音乐、美术素养和审美知识）。
指标 50（了解科学发声的知识，掌握科学的发声方法，在教学活动中能正确发声）。

4. 特别重要的 10 项专业素质指标

在 55 项教师专业素质指标中，重要性程度的认同度排在前 10 位的指标如下。
指标 4（明确教师既是教育者也是学习者，坚持终身学习）。

指标11（热爱学生，以赏识的态度对待每一个学生的点滴进步）。

指标14（注意言行规范，作风正派，严于律己），认同度为99.3%。

指标18（明确教师专业需要独特的知识和技能，具有不可替代的专业特征）。

指标23（了解学生个体的学科知识基础、学习方法、学习习惯、能力倾向等，能做到因材施教）。

指标30（熟知学科课程标准，掌握其基本内容，并能据此进行教学），认同度为98.8%。

指标41（知道自主、探究、合作等基本的学习方式，并能有针对性地运用），认同度为99.2%。

指标39（把握知识呈现方式，激发学生兴趣，有效地组织课堂教学），认同度为99.1%。

指标45（对班级进行有效管理的能力），认同度为99.0%。

指标53（养成积极、健康、合理的生活和工作习惯），认同度为98.9%。

5. 重要性程度最低的专业素质指标

在55项教师专业素质指标中重要性程度认同度相对较低的指标是以下几项。

指标3（具有全球化的教育视野，树立多元文化价值观），认同度为96.4%。

指标8（了解知识产权的基本内容，尊重和维护知识产权，严守学术规范），认同度为95.6%。

指标33（了解当今世界发展的主题和面临的主要问题），认同度为94.0%。

指标34（具备一定的音乐、美术素养和审美知识），认同度为94.8%。

指标32（了解人类社会历史文化发展的基本常识及儿童所关注的社会文化问题），认同度为95.7%。

指标28（了解所教学科的历史、现状和发展趋势），认同度为96.6%。

指标48 [写好"三笔字"（钢笔字、毛笔字、粉笔字），掌握汉字书写技能]，认同度为97.9%。

指标37（能运用多种方法与社区、社会团体联络，获取有益的教育资源），认同度为96.9%。

指标50（了解科学发声的知识，掌握科学的发声方法，在教学活动中能正确发声），认同度为95.7%。

指标54（有基本的医药、保健知识，防治各种常见职业病），认同度为97.5%。

二、第二阶段的研究

（一）基本情况

1. 目的与方法

（1）研究目的

本项研究的基本目的在于在第一阶段的基础上开展进一步研究，以确认和分析我国小学教师应该达到的专业素质要求,尤其注意对专业素质要求的各个领域和专业素质要求的各个单项指标的确认和分析,从而为进行我国小学教师专业素质现状的研究提供依据和框架,为制定我国小学教师专业素质标准提供客观依据。

(2) 研究方法

关于小学教师的专业素质要求的研究,第二阶段的研究方法主要是问卷调查法,辅助性的研究方法有专家研讨法、文献分析法等。

2. 调查样本情况

调查样本都是在职小学教师,样本总数为1 568人,现将样本的分布情况阐述如下。

(1) 调查样本的省份分布

调查样本的省份分布情况见表3-15。

表3-15 调查样本的省份分布

省份	人数/人	百分比
山西	159	10.1%
山东	460	29.3%
四川	379	24.2%
贵州	175	11.2%
河南	294	18.8%
福建	101	6.4%
总数	1 568	100.0%

(2) 调查样本的学校类型分布

调查样本的学校类型分布情况见表3-16。

表3-16 调查样本的学校类型分布

学校类型	人数/人	百分比
公办小学	1 558	99.4%
民办小学	10	0.6%
总数	1 568	100.0%

(3) 调查样本的年龄分布

调查样本的年龄分布情况见表3-17。

表3-17 调查样本的年龄分布

年龄	人数/人	百分比
30岁及其以下	399	25.4%
31～40岁	867	55.3%
41～50岁	239	15.2%
51～60岁	63	4.0%
总数	1 568	100.0%

(4) 调查样本的教龄分布

调查样本的教龄分布情况见表3-18。

表3-18 调查样本的教龄分布

教龄	人数/人	百分比
1~5年	195	12.4%
6~10年	303	19.3%
11~20年	812	51.8%
21年及其以上	258	16.5%
总数	1 568	100.0%

(5) 调查样本的学历分布

调查样本的学历分布情况见表3-19。

表3-19 调查样本的学历分布

学历	人数/人	百分比
博士	1	0.1%
硕士	15	1.0%
大学本科	1 047	66.8%
大学专科	461	29.4%
中专、高中及以下	44	2.8%
总数	1 568	100.0%

(6) 调查样本的性别分布

调查样本的性别分布情况见表3-20。

表3-20 调查样本的性别分布

性别	人数/人	百分比
男	325	20.7%
女	1 243	79.3%
总数	1 568	100.0%

(7) 调查样本的任教学科分布

调查样本的任教学科分布情况见表3-21。

表3-21 调查样本的任教学科分布

学科	人数/人	百分比
语文	621	39.6%
数学	486	31.0%

续表

学科	人数/人	百分比
外语	148	9.4%
物理	11	0.7%
化学	5	0.3%
生物	1	0.1%
信息技术	43	2.7%
历史	4	0.3%
地理	6	0.4%
政治	9	0.6%
体育	67	4.3%
音乐	56	3.6%
美术	45	2.9%
科学	29	1.8%
社会	19	1.2%
其他	18	1.1%
总数	1 568	100.0%

（8）调查样本的职称分布

调查样本的职称分布情况见表 3-22。

表 3-22 调查样本的职称分布

职称	人数/人	百分比
中学高级	28	1.8%
小学一级	802	51.1%
小学二级	612	39.0%
小学三级	40	2.6%
其他	86	5.5%
总数	1 568	100.0%

（9）调查样本的健康状况分布

调查样本的健康状况分布情况见表 3-23。

表 3-23 调查样本的健康状况分布

健康状况	人数/人	百分比
健康	1 013	64.6%
一般	489	31.2%
较差	66	4.2%
总数	1 568	100.0%

3. 调查问卷情况

(1) 调查问卷的形成

本次调查研究所使用的问卷的形成过程较为复杂，大致经历了如下3个环节：其一是对关于小学教师专业素质的第一个阶段的研究进行加工，第二个阶段的研究所使用的调查问卷是在第一个阶段所使用的正式问卷的基础上进一步完善而形成的；其二是专家研讨，为形成和修订调查问卷，我们举行了专家研讨会，即邀请教师教育专家讨论小学教师专业素质的具体要求、问卷及其内容条目的问题；其三是文献分析，我们搜集了大量的相关文献，尤其是国外关于小学教师专业标准的文献、国内关于小学教师专业素质要求的文献，在此基础上形成和修订调查问卷。

(2) 调查问卷的领域划分、题目和答题形式

① 领域划分。我们将小学教师的专业素质要求划分职业理念、职业操守、专业知识、专业能力、身心健康5个领域。

② 题目。每个领域包括若干个素质指标，每个素质指标以一个题目的形式来表示。共61个指标，问卷的主体部分即由表示这61个指标的61个题目组成，具体分布如下。

职业理念，主要是对小学教师的教育观念、教育基本思想方面的素质要求，包括9个题目，即9个指标。

职业操守，主要是对小学教师的职业道德、职业习惯方面的素质要求，包括13个题目，即13个指标。

专业知识，主要是对小学教师从事教育工作所需要的知识方面的素质要求，包括17个题目，即17个指标。

专业能力，主要是对小学教师从事教育工作所需要的能力方面的素质要求，包括18个题目，即18个指标。

身心健康，即对小学教师的身体健康和心理健康方面的素质要求，包括4个题目，即4个指标。

③ 答题形式。答题的实质是要求调查对象确认每项素质的重要性程度。每道题的答题都采用五级量表的形式，即分为如下5级，如图3-7所示。

您认为对教师职业的重要性：

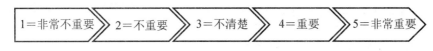

图3-7 调查问卷的答题形式

(二) 研究结果

1. 素质要求的重要性程度确认的总体情况

素质要求重要性程度确认的总均值、标准差。总均值＝4.64（注：满分为5.00），标准差＝0.43。总体上讲，调查对象对各项素质要求的重要性程度的认同度很高。

2. 每个领域的重要性程度确认的情况

小学教师专业素质 5 个领域重要性程度的确认情况见表 3-24。

表 3-24　小学教师专业素质 5 个领域重要性的平均值和标准差

领域	样本数/人	平均值/分	标准差
职业理念	1 568	4.60	0.54
专业知识	1 567	4.61	0.49
职业操守	1 568	4.65	0.47
身心健康	1 567	4.66	0.51
专业能力	1 567	4.67	0.46

其一，我国小学教师对 5 个领域的素质的重要性程度的认同度，平均值都在 4.60～4.67 分（满分为 5.00 分）。

其二，5 个领域的重要性程度从高到低依次是专业能力、身心健康、职业操守、专业知识、职业理念。

表 3-24 的直观效果图见图 3-8。

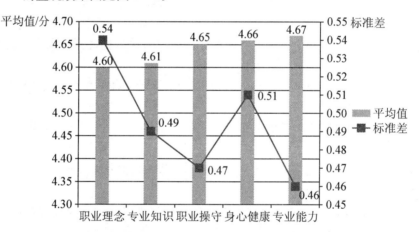

图 3-8　小学教师专业素质 5 个领域重要性的平均值和标准差

3. 各个指标的重要性程度确认的情况

（1）职业理念领域中各指标的重要性程度

职业理念中各项指标的重要性程度的平均值和标准差见表 3-25。

表 3-25　职业理念领域中各指标的重要性程度的平均值和标准差

指标	样本数/人	平均值/分	标准差
指标 8	1 568	4.46	0.72
指标 9	1 568	4.54	0.68
指标 4	1 567	4.55	0.66
指标 6	1 568	4.61	0.63

续表

指标	样本数/人	平均值/分	标准差
指标1	1 568	4.61	0.77
指标3	1 568	4.62	0.66
指标7	1 568	4.67	0.60
指标2	1 568	4.69	0.62
指标5	1 568	4.69	0.60

表3-25的直观效果图如图3-9所示。

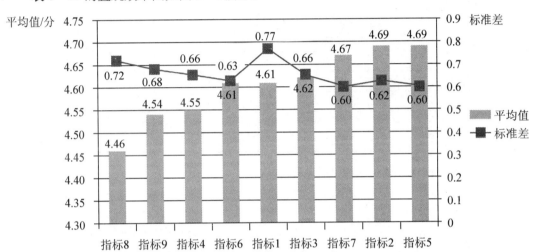

图3-9 职业理念领域中各指标的重要性程度的平均值和标准差

其一，在9个职业理念领域的各个指标中，重要性程度的平均得分都在4.46~4.69分（满分为5.00），其中，平均值在4.50分以上的有8个，平均值在4.50分以下的有1个。

其二，在职业理念领域，重要性程度的平均得分排在前3位的指标依次是以下几项。

指标5（具有强烈的生命意识，珍爱生命），平均得分4.69分。

指标2（以学生为本，提高学生的社会责任感、勇于探索的创新精神和善于解决问题的实践能力），平均得分4.69分。

指标7（树立终身学习的理念，坚持学习），平均得分4.67分。

其三，在职业理念领域，重要性程度得分最低的指标是指标8（有全球化的教育视野），平均得分为4.46分。

（2）专业知识领域中各指标的重要性程度

专业知识领域中各项指标的重要性程度的平均值和标准差见表3-26。

表3-26 专业知识领域中各指标的重要性程度的平均值和标准差

指标	样本数/人	平均值/分	标准差
指标25	1 567	4.50	0.67
指标23	1 567	4.50	0.66
指标34	1 567	4.54	0.62

续表

指标	样本数/人	平均值/分	标准差
指标33	1 567	4.54	0.62
指标38	1 561	4.58	0.62
指标24	1 567	4.59	0.63
指标39	1 560	4.60	0.58
指标31	1 567	4.61	0.59
指标35	1 567	4.62	0.60
指标32	1 567	4.63	0.57
指标30	1 567	4.64	0.56
指标26	1 567	4.64	0.57
指标36	1 567	4.66	0.55
指标27	1 565	4.66	0.55
指标29	1 567	4.66	0.55
指标28	1 567	4.67	0.55
指标37	1 567	4.67	0.54

表3-26的直观效果图如图3-10所示。

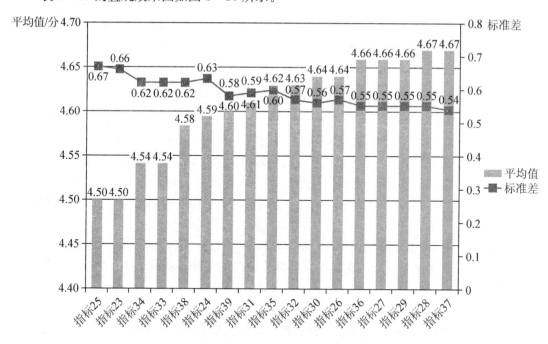

图3-10 专业知识领域中各指标的重要性程度的平均值和标准差

其一，在专业知识领域，各项指标的重要性程度的平均得分都在4.50～4.67分（满分为5.00分），即都高于4.50分。

其二，在专业知识领域，重要性程度的平均得分排在前3位的指标依次是以下指标。

指标37（认真研读学科课程标准，掌握其基本内容），平均得分为4.67分。

指标28（掌握不同年段学生情感、意志、个性品质发展特点及相关知识），平均得分为 4.67 分。

指标 29（了解学生个体的已有经验、学习方法、学习习惯与能力倾向），平均得分为 4.66 分。

其三，在专业知识领域，重要性程度的平均得分最低的指标是指标 25（了解教师职业生涯规划和职业发展的知识），平均得分是 4.50 分。

(3) 职业操守领域中各指标的重要性程度

职业操守领域中各项指标的重要性程度的平均值和标准差见表 3-27。

表 3-27 职业操守领域中各指标的重要性程度的平均值和标准差

指标	样本数/人	平均值/分	标准差
指标 13	1 568	4.46	0.69
指标 12	1 568	4.61	0.60
指标 16	1 568	4.63	0.57
指标 21	1 568	4.64	0.60
指标 19	1 568	4.65	0.56
指标 22	1 568	4.66	0.57
指标 10	1 568	4.66	0.57
指标 20	1 568	4.66	0.55
指标 18	1 568	4.67	0.55
指标 15	1 568	4.69	0.56
指标 11	1 568	4.69	0.56
指标 17	1 568	4.72	0.53
指标 14	1 568	4.73	0.53

表 3-27 的直观效果图如图 3-11 所示。

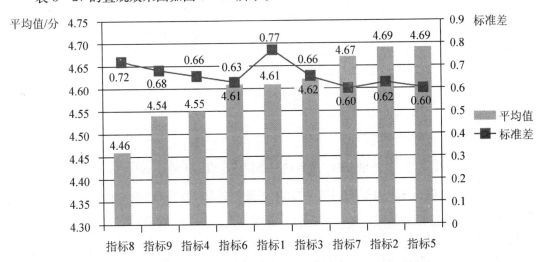

图 3-11 职业操守领域中各指标的重要性程度的平均值和标准差

其一，在职业操守领域中，各个指标的重要性程度的平均得分都在 4.46～4.73 分

（满分为 5.00 分），其中，平均得分在 4.50 分以上的有 12 个，平均得分在 4.50 分以下的有 1 个。

其二，在职业操守领域，重要性程度平均值排在前 3 位的指标依次是以下几项。

指标 14（热爱学生，以赏识的态度对待每一个学生的点滴进步），平均得分为 4.73 分。

指标 17（在道德行为和品质上为学生树立良好的榜样，为学生的发展创造良好的道德养成环境），平均得分为 4.72 分。

指标 11（了解并遵守国家颁布的《教育法》《义务教育法》《教师法》《中小学教师职业道德规范》和《未成年人保护法》等教育法规，清楚地知道教师的责任和权利，熟知学生的权利和义务，并在教育实践中加以落实），平均得分为 4.69 分。

其三，在职业操守领域，重要性程度平均值最低的指标是指标 13（了解知识产权的基本含义，尊重和维护知识产权，增强学生的知识产权意识），平均得分为 4.46 分。

（4）身心健康领域中各指标的重要性程度

身心健康领域各指标的重要性程度的平均值和标准差见表 3-28。

表 3-28 身心健康领域中各指标的重要性程度的平均值和标准差

指标	样本数/人	平均值/分	标准差
指标 58	1 567	4.61	0.61
指标 60	1 567	4.65	0.59
指标 59	1 567	4.67	0.56
指标 61	1 567	4.71	0.52

表 3-28 的直观效果图如图 3-12 所示。

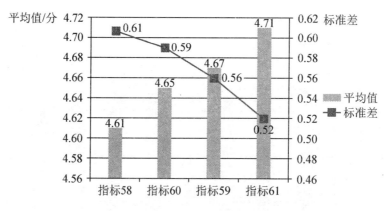

图 3-12 身心健康领域中各指标的重要性程度的平均值和标准差

其一，在身心健康领域，各个指标的重要性程度的平均得分都在 4.61~4.71 分（满分为 5.00 分），即 4 个指标的平均值都在 4.50 分以上。

其二，在身心健康领域，重要性程度的平均得分排在前 3 位的指标依次是以下指标。

指标 61（有良好的心态，具有协调和控制情绪的能力），平均得分为 4.71 分。

指标 59（有积极、健康、合理的生活和工作习惯），平均得分为 4.67 分。

指标60（重视体育锻炼，能坚持有计划、有针对性地参加各种体育活动，提高身体素质），平均得分为4.65分。

其三，在身心健康领域，重要性程度得分最低的指标是指标58（有基本的医药、保健知识，能预防常见的教师职业病），平均得分为4.61分。

(5) 专业能力领域各指标的重要性程度

专业能力领域中各指标的重要性程度的平均值和标准差见表3-29。

表3-29 专业能力领域中各指标的重要性程度的平均值和标准差

指标	样本数/人	平均值/分	标准差
指标55	1 567	4.55	0.61
指标53	1 567	4.56	0.63
指标57	1 566	4.59	0.59
指标56	1 566	4.60	0.61
指标50	1 567	4.64	0.57
指标52	1 567	4.65	0.55
指标54	1 567	4.67	0.56
指标51	1 567	4.67	0.53
指标44	1 566	4.68	0.54
指标43	1 567	4.68	0.54
指标49	1 567	4.69	0.54
指标45	1 566	4.70	0.52
指标48	1 566	4.70	0.52
指标43	1 567	4.70	0.52
指标47	1 566	4.73	0.50
指标41	1 567	4.73	0.51
指标40	1 567	4.74	0.49
指标46	1 566	4.74	0.50

表3-29的直观效果图如图3-13所示。

其一，在专业能力领域，各个指标的重要性程度的平均得分都在4.55～4.74分（满分为5.00分），即18个指标的平均值都在4.50分以上。

其二，在专业能力领域，重要性程度的平均得分排在前3位的指标依次是以下指标。

指标46（能激发学生兴趣，有效地组织和实施课堂教学活动），平均得分为4.74分。

指标40（能与学生进行有效沟通，并获得信任），平均得分为4.74分。

指标41（具有根据学生个体差异进行因材施教的能力，促进学生全面而有个性的发展），平均得分为4.73分。

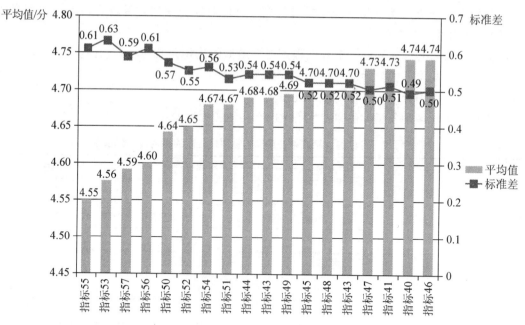

图 3-13 专业能力领域中各指标的重要性程度的平均值和标准差

其三，在专业能力领域，重要性程度得分最低的指标是指标 55（具有一定的艺术审美能力），平均得分为 4.55 分。

（6）所有单项指标重要性程度的平均得分范围

所有 61 个单项指标的重要性程度的平均得分范围是 4.46～4.74 分（满分为 5.00）。

（7）重要性程度平均得分低于 4.50 分的指标

我们认为，4.50 分是一个重要的分界线，它代表优级分数线。由于多数指标的重要性程度得分是高于 4.50 分的，只有少数低于这个分界线，因此列出，以供进一步精简素质指标时做删除的参考。

重要性程度平均得分低于 4.50 分的素质指标如下。

指标 8（有全球化的教育视野），平均得分 4.46 分。

指标 13（了解知识产权的基本含义，尊重和维护知识产权，增强学生的知识产权意识），平均得分 4.46 分。

（8）所有指标中重要性程度最高和最低的指标

重要性程度排前 10 位的指标，依次是以下指标。

指标 46（能激发学生兴趣，有效地组织和实施课堂教学活动），平均得分 4.74 分。

指标 40（能与学生进行有效沟通，并获得信任），平均得分 4.74 分。

指标 41（具有根据学生个体差异进行因材施教的能力，促进学生全面而有个性的发展），平均得分 4.73 分。

指标 47（能根据学生的学习情况，及时调整教学进程，改进教学方法），平均得分 4.73 分。

指标 14（热爱学生，以赏识的态度对待每一个学生的点滴进步），平均得分 4.73 分。

指标 17（在道德行为和品质上为学生树立良好的榜样，为学生的发展创造良好的道德养成环境），平均得分 4.72 分。

指标 43（能营造有利于学生独立思考、自主探索的学习环境），平均得分 4.70 分。

指标 48（能运用多种方法促进学生对知识的巩固和迁移，帮助学生开展自主学习），平均得分 4.70 分。

指标 45（具有根据教学任务和实际条件进行教学设计的能力），平均得分 4.70 分。

指标 11（了解并遵守国家颁布的《教育法》《义务教育法》《教师法》《中小学教师职业道德规范》和《未成年人保护法》等教育法规，清楚地知道教师的责任和权利，熟知学生的权利和义务，并在教育实践中加以落实），平均得分 4.69 分。

重要性程度排在后 10 位的指标，依次是以下指标。

指标 8（有全球化的教育视野），平均得分 4.46 分。

指标 13（了解知识产权的基本含义，尊重和维护知识产权，增强学生的知识产权意识），平均得分 4.46 分。

指标 25（了解教师职业生涯规划和职业发展的知识），平均得分 4.50 分。

指标 23（了解我国教育发展的历史和现状），平均得分 4.50 分。

指标 9（了解并热爱中华民族文化，树立批判继承的观点），平均得分 4.54 分。

指标 34（了解所教学科的历史、现状和发展趋势），平均得分 4.54 分。

指标 33（了解学生家庭背景、社会环境及青少年文化等基本状况），平均得分 4.54 分。

指标 55（具有一定的艺术审美能力），平均得分 4.55 分。

指标 4（倡导教学民主），平均得分 4.55 分。

指标 53（能根据教学需要开发学科课程资源），平均得分 4.56 分。

(三) 主要发现

1. 专业素质要求的总体框架合理

小学教师专业素质指标分析框架的重要性程度总均值为 4.64 分，获得了较高的认同度，这说明我们在研究中所确立的教师专业素质分析框架受到了被调查教师的认同，教师专业素质分析框架是合理的，符合小学教师专业发展要求。因此，这个调查问卷的专业素质结构框架，可以作为进行我国小学教师专业素质现状调查的分析框架，也可以作为制定我国小学教师专业标准的参考。

2. 各个领域的重要性程度都很高

其一，我国小学教师对 5 个领域的素质指标的重要性程度的认同度，平均值都在 4.60~4.67 分（满分为 5.00 分）。这说明每个领域都是很重要的，在进行小学教师专业素质调查和制定小学教师专业标准时，每个领域都不能缺少。

其二，调查发现：身心健康领域的重要性程度平均得分是 4.66 分，这说明这个领域是很重要的。重视身心健康领域，是本书所反映素质框架的一个重要特色。

3. 多数单项素质要求的重要性程度都很高

在 61 项素质指标中，只有 2 项的重要性程度的平均得分低于 4.50 分，这 2 项指标是以下指标。

指标8（有全球化的教育视野），平均得分4.46分。

指标13（了解知识产权的基本含义，尊重和维护知识产权，增强学生的知识产权意识），平均得分4.46分。

其他59项指标的重要性程度的平均得分都在4.50分或4.50分以上。

4. 特别重要的10项素质指标

在61项素质指标中，重要性程度的平均得分排在前10位的指标如下，在教师教育中特别要注重这10项指标。

指标46（能激发学生兴趣，有效地组织和实施课堂教学活动），平均得分4.74分。

指标40（能与学生进行有效沟通，并获得信任），平均得分4.74分。

指标41（具有根据学生个体差异进行因材施教的能力，促进学生全面而有个性的发展），平均得分4.73分。

指标47（能根据学生的学习情况，及时调整教学进程，改进教学方法），平均得分4.73分。

指标14（热爱学生，以赏识的态度对待每一个学生的点滴进步），平均得分4.73分。

指标17（在道德行为和品质上为学生树立良好的榜样，为学生的发展创造良好的道德养成环境），平均得分4.72分。

指标43（能营造有利于学生独立思考、自主探索的学习环境），平均得分4.70分。

指标48（能运用多种方法促进学生对知识的巩固和迁移，帮助学生开展自主学习），平均得分4.70分。

指标45（具有根据教学任务和实际条件进行教学设计的能力），平均得分4.70分。

指标11（了解并遵守国家颁布的《教育法》《义务教育法》《教师法》《中小学教师职业道德规范》和《未成年人保护法》等教育法规，清楚地知道教师的责任和权利，熟知学生的权利和义务，并在教育实践中加以落实），平均得分4.69分。

5. 重要性程度最低的素质指标

61项指标中重要性程度排在后10位的指标如下，在制定小学教师专业标准时，如果要进一步精简，那么考虑问题的一个角度是可考虑删除这10项指标中的部分指标，当然，在考虑实施删除时，还需要进一步谨慎地分析研究，之后再做决定。

指标8（有全球化的教育视野），平均得分4.46分。

指标13（了解知识产权的基本含义，尊重和维护知识产权，增强学生的知识产权意识），平均得分4.46分。

指标25（了解教师职业生涯规划和职业发展的知识），平均得分4.50分。

指标23（了解我国教育发展的历史和现状），平均得分4.50分。

指标9（了解并热爱中华民族文化，树立批判继承的观点），平均得分4.54分。

指标34（了解所教学科的历史、现状和发展趋势），平均得分4.54分。

指标33（了解学生家庭背景、社会环境及青少年文化等基本状况），平均得分4.54分。

指标 55（具有一定的艺术审美能力），平均得分 4.55 分。
指标 4（倡导教学民主），平均得分 4.55 分。
指标 53（能根据教学需要开发学科课程资源），平均得分 4.56 分。

6. 各个领域中重要性程度最低的素质指标

各个领域中重要性程度的平均得分最低的素质指标如下，如果在制定小学教师专业标准时要进一步精简，那么考虑问题的另一个角度是，考虑删除这几个素质指标中的前 4 个。

在职业理念领域，重要性程度得分最低的指标是指标 8（有全球化的教育视野），平均得分为 4.46 分。

在职业操守领域，重要性程度平均得分最低的指标是指标 13（了解知识产权的基本含义，尊重和维护知识产权，增强学生的知识产权意识），平均得分为 4.46 分。

在专业知识领域，重要性程度的平均得分最低的指标是指标 25（了解教师职业生涯规划和职业发展的知识），平均得分是 4.50 分。

在专业能力领域，重要性程度得分最低的指标是指标 55（具有一定的艺术审美能力），平均得分为 4.55 分。

在身心健康领域，重要性程度得分最低的指标是指标 58（有基本的医药、保健知识，能预防常见的教师职业病），平均得分为 4.61 分。

需要注意的是身心健康领域的平均得分最低的素质指标（即指标 58）不宜删除，因为身心健康领域已只保留 4 项指标，而且指标 58 的平均得分与其他领域的单项素质指标相比并不低（实际上达到 4.61 分）。

第四章　中学教师专业素质要求研究

本章研究我国中学教师应该达到怎样的专业素质,这一研究划分为两个大的阶段。在第一阶段和第二阶段,我们都制定了一个相对完整的中学教师专业素质框架,其中第二阶段的专业素质框架是在第一阶段的专业素质框架基础上的改进。

一、第一阶段的研究

(一) 基本情况

1. 目的与方法

(1) 研究目的

本项研究的基本目的在于,在文献研究的基础上设计教师专业素质指标,以问卷的形式展开进一步研究,以确认和分析我国中学教师应该达到的专业素质要求,从而为进行我国中学教师专业素质现状的研究提供依据和框架,为制定我国中学教师专业标准提供客观依据。

(2) 研究方法

关于中学教师的专业素质要求的研究,这一阶段的研究方法主要是文献分析法、问卷调查法和专家研讨法等。

2. 调查样本情况

调查样本都是在职中学教师,样本总数为6 100人,现将样本的分布情况阐述如下。

(1) 调查样本的地区分布

本次在渤海湾、长三角和珠三角对中学教师专业素质内容进行调研,共取回问卷6 100份,其中渤海湾2 644份,占43.3%;长三角2 620份,占43.0%;珠三角836份,占13.7%。其中渤海湾和长三角的调研人数占了大多数,见表4-1。

表4-1　调查样本的地区分布

地区	人数/人	百分比
渤海湾	2 644	43.3%
长三角	2 620	43.0%
珠三角	836	13.7%
总数	6 100	100.0%

(2) 调查样本的学校类型分布

学校类型主要分为5类,总计6 100人:初级中学为1 933人,占31.7%;一般高中为1 174人,占19.2%;重点高中为1 702人,占27.9%;完全中学为1 204人,占19.7%;其他学校为60人,占1.0%。系统缺失27人,占0.5%。本次调研初级中学的教师占了大多数,见表4-2。

表4-2 调查样本的学校类型分布

学校类型	人数/人	百分比
初级中学	1 933	31.7%
一般高中	1 174	19.2%
重点高中	1 702	27.9%
完全中学	1 204	19.7%
其他	60	1.0%
总数	6 073	99.5%

(3) 调查样本的性别分布

教师性别比例:男教师1 898人,占31.1%;女教师4 155人,占68.1%;系统缺失47人,占0.8%。在6 100人中,教师性别反映了目前中学女教师占了教师的多数这个现实,见表4-3。

表4-3 调查样本的性别分布

性别	人数/人	百分比
男	1 898	31.1%
女	4 155	68.1%
总数	6 053	99.2%

(4) 调查样本的年龄分布

受访教师的年龄状况:30岁及其以下为1 837人,占30.1%;31~40岁为2 606人,占42.7%;41~50岁为1 354人,占22.2%;51~60岁为281人,占4.6%;系统缺失22人,占0.4%,见表4-4。从调查中看出31~40岁的中学教师占了学校教师的大多数。

表4-4 调查样本的年龄分布

年龄	人数/人	百分比
30岁及其以下	1 837	30.1%
31~40岁	2 606	42.7%
41~50岁	1 354	22.2%
51~60岁	281	4.6%
总数	6 078	99.6%

(5) 调查样本的教龄分布

受访者的教龄构成:1年及其以下为442人,占7.2%;1~5年为1 310人,占21.5%;6~10年为1 464人,占24.0%;11年及其以上为2 842人,占46.6%;系统缺失 42 人，占 0.7%，见表 4-5。从表中看出受访者主要为 11 年以上教龄的中学教师，他们的观点应该具有一定的有效性。

表 4-5 调查样本的教龄分布

教龄	人数/人	百分比
1 年及其以下	442	7.2%
1～5 年	1 310	21.5%
6～10 年	1 464	24.0%
11 年及其以上	2 842	46.6%
总数	6 058	99.3%

(6) 调查样本的学历分布

在 6 100 位受访者中，博士学历教师为 146 人，占 2.4%；硕士学历教师为 627 人，占 10.3%；本科学历教师为 5 004 人，占 82.0%；专科学历教师为 262 人，占 4.3%；中专学历教师为 21 人，占 0.3%；高中学历教师为 10 人，占 0.2%；系统缺失 30 人，占 0.5%。其中，本科学历教师占了大多数，见表 4-6。

表 4-6 调查样本的学历分布

学历	人数/人	百分比
博士	146	2.4%
硕士	627	10.3%
大学本科	5 004	82.0%
大学专科	262	4.3%
中专	21	0.3%
高中	10	0.2%
总数	6 070	99.5%

(7) 调查样本的职称分布

受访教师的职称构成状况：中学高级职称为 1 774 人，占 29.1%；中学一级职称为 2 423 人，占 39.7%；中学二级职称为 1 744 人，占 28.6%；中学三级职称为 59 人，占 1.0%；系统缺失 100 人，占 1.6%，见表 4-7。受访教师职称以中学二级及其以上职称为主，其意见比较具有代表性。

表 4-7 调查样本的职称分布

职称	人数/人	百分比
中学高级	1 774	29.1%
中学一级	2 423	39.7%
中学二级	1 744	28.6%
中学三级	59	1.0%
总数	6 000	98.4%

(8) 调查样本的健康状况分布

受访教师的健康状况：健康为 3 554 人，占 58.3%；一般为 2 208 人，占 36.2%；较差为 290 人，占 4.8%；系统缺失 48 人，占 0.8%，合计 6 100 人，见表 4-8。该数据说明受访教师的健康状况较好。

表 4-8 调查样本的健康状况分布

健康状况	人数/人	百分比
健康	3 554	58.3%
一般	2 208	36.2%
较差	290	4.7%
总数	6 052	99.2%

(9) 调查样本的任教学科分布

在中学主要的 15 门课程中，受访的 6 100 名教师的任教学科构成：语文为 1 019 人，占 16.7%；数学为 1 045 人，占 17.1%；外语为 1 152 人，占 18.9%；物理为 505 人，占 8.3%；化学为 417 人，占 6.8%；生物为 385 人，占 6.3%；信息技术为 167 人，占 2.7%；历史为 271 人，占 4.4%；地理为 211 人，占 3.5%；政治为 297 人，占 4.9%；体育为 198 人，占 3.2%；音乐为 93 人，占 1.5%；美术为 92 人，占 1.5%；科学为 58 人，占 1.0%；社会为 23 人，占 0.4%；其他为 112 人，占 1.8%；系统缺失 55 人，占 1.0%，见表 4-9。从表中可以看出语文、数学、外语三门核心科目教师人数占了中学教师的大多数。

表 4-9 调查样本的任教学科分布

任教学科	人数/人	百分比
语文	1 019	16.7%
数学	1 045	17.1%
外语	1 152	18.9%
物理	505	8.3%
化学	417	6.8%
生物	385	6.3%
信息技术	167	2.7%
历史	271	4.4%
地理	211	3.5%
政治	297	4.9%
体育	198	3.2%
音乐	93	1.5%
美术	92	1.5%

续表

任教学科	人数/人	百分比
科学	58	1.0%
社会	23	0.4%
其他	112	1.8%
总数	6 045	99.0%

3. 调查问卷情况

（1）调查问卷的形成

本次调查研究所使用的问卷的形成过程较为复杂，大致经历了如下3个环节：其一是对关于中学教师专业素质的第一个阶段的研究进行加工，第二个阶段的研究所使用的调查问卷是在第一个阶段所使用的正式问卷的基础上进一步完善而形成的；其二是专家研讨，为形成和修订调查问卷，我们举行了3次大型的专家研讨会，邀请教师教育专家讨论中学教师专业素质的具体要求、问卷及其内容条目的问题；其三是文献分析，我们搜集了大量的相关文献，尤其是国外关于中学教师专业标准的文献、国内关于中学教师专业素质要求的文献，在此基础上形成和修订调查问卷。

（2）调查问卷的领域划分、题目和答题形式

① 领域划分。我们将中学教师的专业素质要求划分职业理念、职业操守、专业知识、专业能力、身心健康5个领域。

② 题目。每个领域包括若干个素质指标，每个素质指标以一个题目的形式来表示。共58个指标，问卷的主体部分即由表示这58个指标的58个题目组成，具体分布如下。

职业理念，主要是对中学教师的教育观念、教育基本思想方面的素质要求，包括6个题目，即6个指标。

职业操守，主要是对中学教师的职业道德、职业习惯方面的素质要求，包括12个题目，即12个指标。

专业知识，主要是对中学教师从事教育工作所需要的知识方面的素质要求，包括18个题目，即18个指标。

专业能力，主要是对中学教师从事教育工作所需要的能力方面的素质要求，包括19个题目，即19个指标。

身心健康，即对中学教师的身体健康和心理健康方面的素质要求，包括3个题目，即3个指标。

③ 答题形式。答题的实质是要求调查对象确认每项素质的重要性程度。每道题的答题都采用五级量表的形式，即分为如下5级，如图4-1所示。

您认为教师职业的重要性：

图4-1 调查问卷的答题形式

(二) 研究结果

1. 职业理念领域中各指标的重要性程度

职业理念领域各指标的认同度见表4-10。

表4-10 职业理念领域各指标认同度

排序	指标	样本数/人	认同度
1	指标4	6 080	95.8%
2	指标6	6 080	95.5%
3	指标5	6 080	95.0%
4	指标2	6 081	94.9%
5	指标1	6 080	94.7%
6	指标3	6 076	90.6%

表4-10的直观效果图如图4-2所示。

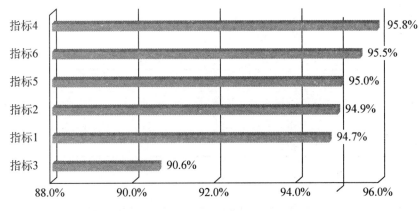

图4-2 职业理念领域各指标认同度

其一，在职业理念领域的各个指标中，重要性程度的认同度都在90.6%~95.8%。其中认同度高于平均值（94.4%）的有5个指标，它们是指标4（明确教师既是教育者也是学习者，坚持终身学习）、指标6（倡导民主精神，在教育实践中贯彻社会公正、公平的理念）、指标5（有强烈的人文情怀，同情他人的不幸与苦难）、指标2（追求教学的成功，享受学生进步和自我发展带来的快乐）、指标1（认识教育的价值、功能、地位、目标）。

其二，在职业理念领域，重要性程度的认同度排在前3位的指标依次是以下几项。

指标4（明确教师既是教育者也是学习者，坚持终身学习），认同度为95.8%。这表明中学教师对终身学习的重要性有比较清楚的认识。

指标6（倡导民主精神，在教育实践中贯彻社会公正、公平的理念），认同度为95.5%。该指标要求教师在教学中融入民主精神，体现公正、公平等现代公民意识，获得了中学教师们较高的认同度。

指标5（有强烈的人文情怀，同情他人的不幸与苦难），认同度为95.0%。该指标要求教师具有博大的人文情怀，教学中挖掘学生的同情心、同理心。中学教师对此较为认同。

其三，在职业理念领域，重要性程度认同度最低的指标是指标3（具有全球化的教育视野，树立多元文化价值观），认同度为90.6%。说明中学教师对于"多元文化""全球化"的重要性的判断与其他指标有一定差距。

2. 职业操守领域中各指标的重要性程度

职业操守领域各指标的认同度见表4-11。

表4-11 职业操守领域各指标认同度

排序	指标	样本数/人	认同度
1	指标17	6 085	96.8%
2	指标18	6 089	96.7%
3	指标11	6 077	96.5%
3	指标14	6 084	96.5%
4	指标10	6 080	96.2%
4	指标15	6 082	96.2%
5	指标12	6 086	96.1%
6	指标13	6 078	95.9%
7	指标16	6 082	95.8%
8	指标9	6 080	95.2%
9	指标7	6 084	94.4%
10	指标8	6 086	91.4%

表4-11的直观效果图如图4-3所示。

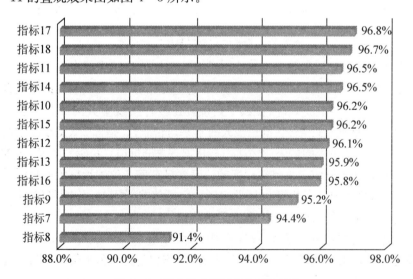

图4-3 职业操守领域各指标认同度

其一，在 12 个职业操守领域的各个指标中，重要性程度的认同度都在 91.4%～96.8%。其中认同度高于平均值（95.6%）的有 9 个指标，它们是以下几项。

指标 17（正确认识自己在团队中的位置，以宽容的态度对待他人）。

指标 18（认识团队精神在教育工作中的独特价值，积极开展合作与交流）。

指标 11（以赏识的态度对待每一个学生的点滴进步）。

指标 14（注意言行规范，作风正派，严于律己）。

指标 10（了解并尊重学生的差异，消除各种歧视）。

指标 15（廉洁从教，反对利用职务之便牟取私利）。

指标 12（不实施简单粗暴的教育，不对学生进行精神和身体上的伤害）。

指标 13（尊重学生的隐私权，保护学生的隐私）。

指标 16（认真听取家长/监护人的意见，平等对待每一位家长/监护人）。

其二，在职业操守领域，重要性程度的认同度排在前 4 位的指标依次是以下几项。

指标 17（正确认识自己在团队中的位置，以宽容的态度对待他人），认同度为 96.8%。这表明中学教师对自身在团队中所处的位置有了较客观的认识，并认识到宽容是教师操守的首要指标。

指标 18（认识团队精神在教育工作中的独特价值，积极开展合作与交流），认同度为 96.7%。该指标在凸显了团队精神重要性的基础上，融入了新课改的合作交流，得到了中学教师的认同。

指标 11（以赏识的态度对待每一个学生的点滴进步），认同度为 96.5%。该指标要求教师在课堂教学中对学生开展赏识教育，中学教师普遍对此表示认同。

指标 14（注意言行规范，作风正派，严于律己），认同度为 96.5%。此项指标指出，教师必须作为表率，注重规范自我，严于律己。大部分中学教师对此表示认同。

其三，在职业操守领域，重要性程度认同度最低的指标是指标 8。

指标 8（了解知识产权的基本内容，尊重和维护知识产权，严守学术规范），认同度为 91.4%。说明本指标在所有指标中，中学教师不十分认同。可能因为目前中学教师与"知识产权"的关系不大。我们认为，虽然目前中学教师自身与知识产权关系不大，但作为一个育人者，只有自身具有这种观念，才有可能培养具有该观念的学生。目前是否有必要在中学教师队伍中倡导这种观念，还有待研究。

3. 专业知识领域中各指标的重要性程度

专业知识领域中各指标的认同度见表 4-12。

表 4-12 专业知识领域各指标认同度

排序	指标	样本数/人	认同度
1	指标 24	6 073	96.3%
2	指标 27	6 076	96.0%
3	指标 28	6 071	95.9%
4	指标 19	6 067	95.8%
4	指标 31	6 078	95.8%

续表

排序	指标	样本数/人	认同度
5	指标22	6 075	95.5%
6	指标23	6 068	95.1%
7	指标36	6 078	95.0%
8	指标30	6 073	94.8%
9	指标21	6 078	94.6%
10	指标32	6 074	94.3%
11	指标25	6 078	93.8%
12	指标29	6 072	93.6%
13	指标26	6 073	93.4%
14	指标20	6 083	93.1%
15	指标35	6 074	92.5%
16	指标34	6 074	92.0%
17	指标33	6 077	91.8%

表4-12的直观效果图如图4-4所示。

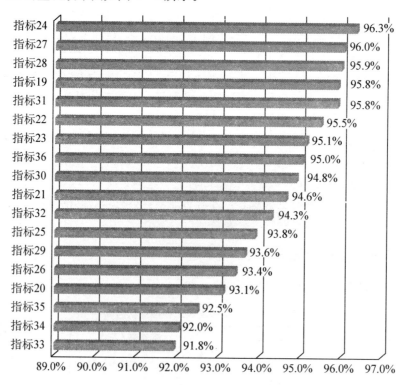

图4-4 专业知识领域各指标认同度

其一，专业知识部分共有18个指标，其中认同度高于平均值（94.4%）的有10个指标，依次为以下几项。

指标24（了解学生个体的学科知识基础、学习方法、学习习惯、能力倾向等，能做到因材施教）。

指标27（掌握所教学科的基本概念、原理及体系结构）。

指标28（熟知所教学科的学习和研究方法）。

指标19（明确教师专业需要独特的知识和技能，具有不可替代的专业特征）。

指标31（熟知学科课程标准，掌握其基本内容，并能据此进行教学）。

指标22（掌握学生情感、态度、认知发展特征的知识）。

指标23（掌握学生心理健康引导与调节的知识）。

指标36（拓展阅读面，阅读一定数量的人文、社会和自然科学书籍）。

指标30（了解相关学科的知识及本学科在整体知识体系中的地位和作用）。

指标21（掌握学生生理发展特点的知识）。

其二，在专业知识领域，重要性程度的认同度排在前5位的指标依次是以下几项。

指标24（了解学生个体的学科知识基础、学习方法、学习习惯、能力倾向等，能做到因材施教），认同度为96.3%。

指标27（掌握所教学科的基本概念、原理及体系结构），认同度为96.0%。

指标28（熟知所教学科的学习和研究方法），认同度为95.9%。

指标19（明确教师专业需要独特的知识和技能，具有不可替代的专业特征），认同度为95.8%。

指标31（熟知学科课程标准，掌握其基本内容，并能据此进行教学），认同度为95.8%。

上述5个认同度较高的专业知识指标，涵盖了学生、教师、学科、学科学习方法和课程标准等方面的基本内容，表明大多数教师认识到这些专业知识的重要性。

其三，在专业知识领域，重要性程度认同度较低的3个指标分别是以下几项。

指标35（具备一定的艺术审美知识）。

指标34（了解当今世界发展的主题和面临的主要问题）。

指标33（了解中国历史文化发展的基本常识）。

上述3个指标，是对中学教师文化素养的要求。认同度相对较低，一方面，可能因为不同学科教师对文化知识的要求具有特殊性，上述指标的要求有些宽泛。另一方面，也反映了部分教师知识面比较狭窄的情况。

4. 专业能力领域中各指标的重要性程度

专业能力领域中各指标的认同度见表4-13。

表4-13 专业能力领域各指标认同度

排序	指标	样本数/人	认同度
1	指标38	5 858	97.1%
2	指标39	5 849	96.9%
3	指标44	5 848	96.8%
3	指标41	5 839	96.8%

续表

排序	指标	样本数/人	认同度
4	指标37	5 832	96.6%
5	指标40	5 820	96.5%
5	指标52	5 718	96.5%
6	指标43	5 810	96.3%
7	指标42	5 778	95.8%
8	指标46	5 771	95.7%
9	指标55	5 733	95.0%
9	指标50	5 727	95.0%
10	指标54	5 727	94.9%
11	指标49	5 702	94.4%
12	指标53	5 662	93.8%
13	指标45	5 650	93.6%
14	指标47	5 604	93.2%
15	指标48	5 508	91.2%
16	指标51	5 485	90.8%

表4-13的直观效果图如图4-5所示。

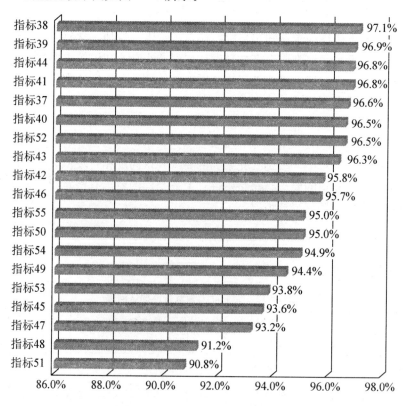

图4-5 专业能力领域各指标认同度

其一，在专业能力领域19个指标中，其中认同度高于平均值（95.2%）的有10个指标，它们分别是以下几项。

指标38（把握知识呈现方式，激发学生兴趣，有效地组织课堂教学）。

指标39（关注学生学习的过程，及时了解学生反馈的信息，调节教学进程）。

指标44（对班级进行有效管理的能力）。

指标41（注意知识的巩固和迁移，拓展思路和视野，促进学生创造性学习）。

指标37（根据教学目标、教学内容和学生实际进行教学设计的能力）。

指标40（知道自主、探究、合作等基本的学习方式，并能有针对性地运用）。

指标52（与学生进行有效沟通获得信任的能力）。

指标43（运用教学研讨、案例研究、课后小结等多种方法反思课堂教学）。

指标42（用基本的评价方法，全面评价教学过程和教学结果）。

指标46（根据课程、学生、教师特点正确有效地运用教育技术的能力）。

其二，在专业能力领域，重要性程度的认同度排在前5位的指标依次是以下几项。

指标38（把握知识呈现方式，激发学生兴趣，有效地组织课堂教学），认同度为97.1%。

指标39（关注学生学习的过程，及时了解学生反馈的信息，调节教学进程），认同度为96.9%。

指标44（对班级进行有效管理的能力），认同度为96.8%。

指标41（注意知识的巩固和迁移，拓展思路和视野，促进学生创造性学习），认同度为96.8%。

指标37（根据教学目标、教学内容和学生实际进行教学设计的能力），认同度为96.6%。

认同度排在前5位的指标是传统教育所重视的内容，它们分别是组织课堂教学的能力、调节教学活动的能力、班级管理能力、进行教学设计的能力。这些能力对于搞好教学工作十分重要。调查结果表明大部分教师对这些教学专业能力的重要性有清楚的认识。

其三，在专业能力领域，重要性程度认同度较低的3个指标分别是以下几项。

指标47（能根据学生学习状况，开发各类课程资源），认同度为93.2%。

指标48［写好"三笔字"（钢笔字、毛笔字、粉笔字），掌握汉字书写技能］，认同度为91.2%。

指标51（了解科学发声的知识，掌握科学的发声方法，在教学活动中能正确发声），认同度为90.8%。

在重要性程度认同度较低的3个指标中，指标47（能根据学生学习状况，开发各类课程资源）是我国中学教师最缺乏的能力。原因在于我国中学教育没有突破教材中心、课堂中心、教师中心的状况，教师开发课程资源的重要性没有显示出来。

指标48［写好"三笔字"（钢笔字、毛笔字、粉笔字），掌握汉字书写技能］，认同度为91.2%。该指标认同度较低，可能是因为电脑的普及，电子白板和新型健康演示材料的运用，对"三笔字"带来一定的冲击。粉笔字比较适用，但它危害健康。毛笔字是中华传统文化的精华，但它实用性不强，特别是在今天快节奏的社会生活中，毛笔字的非实用性越来越显示出来，怎样继承这一文化遗产，是值得深入研究的一个课题。

指标51（了解科学发声的知识，掌握科学的发声方法，在教学活动中能正确发声），该指标认同度相对较低，原因可能是大部分教师已经改变了教师讲授为主的课堂教学模式，教师讲授的时间在缩短，嗓子保护的重要性在降低，因而，这个要求与传统教学相比较，已经显得不甚重要。

5. 身心健康领域中各指标的重要性程度

身心健康领域中各指标的认同度见表4-14。

表4-14 身心健康领域各指标认同度

排序	指标	样本数/人	认同度
1	指标56	5 737	96.3%
2	指标57	5 735	96.1%
3	指标58	5 583	93.6%

表4-14的直观效果图如图4-6所示。

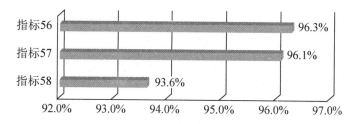

图4-6 身心健康领域各指标认同度

身心健康领域共3个指标。指标56（养成积极、健康、合理的生活和工作习惯），认同度为96.3%；指标57（有基本的医药、保健知识，防治各种常见职业病），认同度为96.1%；指标58（有基本的心理健康知识，协调和控制不良情绪，有良好的心态），认同度为93.6%。本部分3个指标都获得了较高的认同度，表明身心健康问题已成为教师专业发展所必须关注的重要问题。

6. 中学教师专业素质指标排序前18项

中学教师专业素质指标排序前18项见表4-15。

表4-15 中学教师专业素质指标排序前18项

排序	指标	样本数/人	认同度
1	指标38	5 858	97.1%
2	指标39	5 849	96.9%
3	指标44	5 848	96.8%
4	指标41	5 839	96.8%
5	指标17	6 085	96.8%
6	指标18	6 089	96.7%

续表

排序	指标	样本数/人	认同度
7	指标37	5 832	96.6%
8	指标40	5 820	96.5%
9	指标52	5 718	96.5%
10	指标11	6 077	96.5%
11	指标14	6 084	96.5%
12	指标24	6 073	96.3%
13	指标43	5 810	96.3%
14	指标15	6 082	96.2%
15	指标12	6 086	96.1%
16	指标27	6 076	96.0%
17	指标13	6 078	95.9%
18	指标28	6 071	95.9%

前18项专业素质指标分别是以下几项。

指标38（把握知识呈现方式，激发学生兴趣，有效地组织课堂教学）。

指标39（关注学生学习的过程，及时了解学生反馈的信息，调节教学进程）。

指标44（对班级进行有效管理的能力）。

指标41（注意知识的巩固和迁移，拓展思路和视野，促进学生创造性学习）。

指标17（正确认识自己在团队中的位置，以宽容的态度对待他人）。

指标18（认识团队精神在教育工作中的独特价值，积极开展合作与交流）。

指标37（根据教学目标、教学内容和学生实际进行教学设计的能力）。

指标40（知道自主、探究、合作等基本的学习方式，并能有针对性地运用）。

指标52（与学生进行有效沟通获得信任的能力）。

指标11（以赏识的态度对待每一个学生的点滴进步）。

指标14（注意言行规范，作风正派，严于律己）。

指标24（了解学生个体的学科知识基础、学习方法、学习习惯、能力倾向等，能做到因材施教）。

指标43（运用教学研讨、案例研究、课后小结等多种方法反思课堂教学）。

指标15（廉洁从教，反对利用职务之便牟取私利）。

指标12（不实施简单粗暴的教育，不对学生进行精神和身体上的伤害）。

指标27（掌握所教学科的基本概念、原理及体系结构）。

指标13（尊重学生的隐私权，保护学生的隐私）。

指标28（熟知所教学科的学习和研究方法）。

7. 中学教师专业素质指标认同度后19项

中学教师专业素质指标认同度后19项见表4-16。

表 4-16　中学教师专业素质指标认同度后 19 项

排序	指标	样本数/人	认同度
58	指标 3	6 076	90.6%
57	指标 51	5 485	90.8%
56	指标 48	5 508	91.2%
55	指标 8	6 086	91.4%
54	指标 33	6 077	91.8%
53	指标 34	6 074	92.0%
52	指标 35	6 074	92.5%
51	指标 20	6 083	93.1%
50	指标 47	5 604	93.2%
49	指标 26	6 073	93.4%
48	指标 29	6 072	93.6%
47	指标 45	5 650	93.6%
46	指标 58	5 583	93.6%
45	指标 25	6 078	93.8%
44	指标 53	5 662	93.8%
43	指标 32	6 074	94.3%
42	指标 7	6 084	94.4%
41	指标 49	5 702	94.4%
40	指标 21	6 078	94.6%

认同度后 19 项中学教师专业素质指标分别是以下几项。

指标 3（具有全球化的教育视野，树立多元文化价值观）。

指标 51（了解科学发声的知识，掌握科学的发声方法，在教学活动中能正确发声）。

指标 48［写好"三笔字"（钢笔字、毛笔字、粉笔字），掌握汉字书写技能］。

指标 8（了解知识产权的基本内容，尊重和维护知识产权，严守学术规范）。

指标 33（了解中国历史文化发展的基本常识）。

指标 34（了解当今世界发展的主题和面临的主要问题）。

指标 35（具备一定的艺术审美知识）。

指标 20（具有教师职业生涯规划和职业发展的知识）。

指标 47（能根据学生学习状况，开发各类课程资源）。

指标 26（利用观察、座谈、调查等收集学生的有效信息并进行分析判断）。

指标 29（了解所教学科的历史、现状和发展趋势）。

指标 45（组织学生开展校内外集体活动的能力）。

指标 58（有基本的心理健康知识，协调和控制不良情绪，有良好的心态）。

指标 25（了解学生家庭背景、社会环境及青少年文化等基本状况）。

指标 53（与社会交往获取教育资源的能力）。

指标 32（理解学科教材的体系、功能、编排方式和使用方法）。

指标 7（学习、理解并遵守国家宪法及《教育法》《义务教育法》等相关教育法规）。

指标 49（能用标准普通话开展教学活动）。

指标 21（掌握学生生理发展特点的知识）。

（三）主要发现

（1）本教师专业素质研究分析框架将我国中学教师的专业素质结构分为职业理念、职业操守、专业知识、专业能力和身心健康 5 个领域，该分析框架获得了很高的认同度，说明我国中学教师专业素质结构可以从上述领域进行研究、描述。本研究具有较大的认识价值，可为研制我国教师专业标准提供参考。

（2）在职业理念领域，重要性程度的认同度排在前 3 位的指标依次是以下几项。

指标 4（明确教师既是教育者也是学习者，坚持终身学习），认同度为 95.8%。

指标 6（倡导民主精神，在教育实践中贯彻社会公正、公平的理念），认同度为 95.5%。

指标 5（有强烈的人文情怀，同情他人的不幸与苦难），认同度为 95.0%。该指标要求教师具有博大的人文情怀，教学中挖掘学生的同情心、同理心。

在职业理念领域，上述 3 个指标是应该特别注意的，在制定教师专业标准和开展教师教育的过程中应该给予特别关注。

（3）在职业操守领域，重要性程度排在前 4 位的指标依次是以下几项。

指标 17（正确认识自己在团队中的位置，以宽容的态度对待他人），认同度为 96.8%。

指标 18（认识团队精神在教育工作中的独特价值，积极开展合作与交流），认同度为 96.7%。

指标 11（以赏识的态度对待每一个学生的点滴进步），认同度为 96.5%。

指标 14（注意言行规范，作风正派，严于律己），认同度为 96.5%。

在职业操守领域，上述 4 个指标应该特别注意，在制定教师专业标准和开展教师教育的过程中需要特别关注。

（4）在专业知识领域，重要性程度的认同度排在前 5 位的指标依次是以下几项。

指标 24（了解学生个体的学科知识基础、学习方法、学习习惯、能力倾向等，能做到因材施教），认同度为 96.3%。

指标 27（掌握所教学科的基本概念、原理及体系结构），认同度为 96.0%。

指标 28（熟知所教学科的学习和研究方法），认同度为 95.9%。

指标 19（明确教师专业需要独特的知识和技能，具有不可替代的专业特征），认同度为 95.8%。

指标 31（熟知学科课程标准，掌握其基本内容，并能据此进行教学），认同度为 95.8%。

就专业知识领域而言，在制定教师专业标准和开展教师教育的过程中，应该特别关注上述 5 个指标。

(5) 在专业能力领域，重要性程度的认同度排在前 5 位的指标依次是以下几项。

指标 38（把握知识呈现方式，激发学生兴趣，有效地组织课堂教学），认同度为 97.1%。

指标 39（关注学生学习的过程，及时了解学生反馈的信息，调节教学进程），认同度为 96.9%。

指标 44（对班级进行有效管理的能力），认同度为 96.8%。

指标 41（注意知识的巩固和迁移，拓展思路和视野，促进学生创造性学习），认同度为 96.8%。

指标 37（根据教学目标、教学内容和学生实际进行教学设计的能力），认同度为 96.6%。

就专业能力领域而言，在制定教师专业标准和开展教师教育的过程中，应该特别注重上述 5 个指标。

(6) 身心健康领域共 3 个指标，这 3 个指标的重要性程度都很高。指标 56（养成积极、健康、合理的生活和工作习惯），认同度为 96.3%；指标 57（有基本的医药、保健知识，防治各种常见职业病），认同度为 96.1%；指标 58（有基本的心理健康知识，协调和控制不良情绪，有良好的心态），认同度为 93.6%。因此，在制定教师专业标准和开展教师教育的过程中，身心健康领域的每个指标都应该受到特别关注。

(7) 职业理念领域、职业操守领域、专业知识领域和专业能力领域这 4 个领域重要性程度最低的指标分别是以下指标。

在职业理念领域，重要性程度认同度最低的指标是指标 3。

指标 3（具有全球化的教育视野，树立多元文化价值观），认同度为 90.6%。

在职业操守领域，重要性程度最低的指标是指标 8。

指标 8（了解知识产权的基本内容，尊重和维护知识产权，严守学术规范），认同度为 91.4%。

在专业知识领域，重要性程度最低的 3 个指标是以下几项。

指标 35（具备一定的艺术审美知识），认同度为 92.5%。

指标 34（了解当今世界发展的主题和面临的主要问题），认同度为 92.0%。

指标 33（了解中国历史文化发展的基本常识），认同度为 91.8%。

在专业能力领域，重要性程度最低的 3 个指标是以下几项。

指标 47（能根据学生学习状况，开发各类课程资源），认同度为 93.2%。

指标 48［写好"三笔字"（钢笔字、毛笔字、粉笔字），掌握汉字书写技能］，认同度为 91.2%。

指标 51（了解科学发声的知识，掌握科学的发声方法，在教学活动中能正确发声）认同度为 90.8%。

上述各指标，相对来说重要性程度较低，因此在制定教师专业标准时，如果要对指标数进行精简，那么可以考虑从上述指标中精简，即考虑删除上述指标的全部或其中的部分。

(8) 5 个领域中重要性程度最高的 18 个指标是以下几项。

指标 38（把握知识呈现方式，激发学生兴趣，有效地组织课堂教学），认同度为 97.1%。

指标 39（关注学生学习的过程，及时了解学生反馈的信息，调节教学进程），认同度为 96.9%。

指标 44（对班级进行有效管理的能力），认同度为 96.8%。

指标 41（注意知识的巩固和迁移，拓展思路和视野，促进学生创造性学习），认同度为 96.8%。

指标 17（正确认识自己在团队中的位置，以宽容的态度对待他人），认同度为 96.8%。

指标 18（认识团队精神在教育工作中的独特价值，积极开展合作与交流），认同度为 96.7%。

指标 37（根据教学目标、教学内容和学生实际进行教学设计的能力），认同度为 96.6%。

指标 40（知道自主、探究、合作等基本的学习方式，并能有针对性地运用），认同度为 96.5%。

指标 52（与学生进行有效沟通获得信任的能力），认同度为 96.5%。

指标 11（以赏识的态度对待每一个学生的点滴进步），认同度为 96.5%。

指标 14（注意言行规范，作风正派，严于律己），认同度为 96.5%。

指标 24（了解学生个体的学科知识基础、学习方法、学习习惯、能力倾向等，能做到因材施教），认同度为 96.3%。

指标 43（运用教学研讨、案例研究、课后小结等多种方法反思课堂教学），认同度为 96.3%。

指标 15（廉洁从教，反对利用职务之便牟取私利），认同度为 96.2%。

指标 12（不实施简单粗暴的教育，不对学生进行精神和身体上的伤害），认同度为 96.1%。

指标 27（掌握所教学科的基本概念、原理及体系结构），认同度为 96.0%。

指标 13（尊重学生的隐私权，保护学生的隐私），认同度为 95.9%。

指标 28（熟知所教学科的学习和研究方法），认同度为 95.9%。

在制定教师专业标准和开展教师教育的过程中，应该特别关注上述 18 个指标。

(9) 在 5 个领域中，重要性程度最低的 20 项指标是以下指标。

指标 3（具有全球化的教育视野，树立多元文化价值观），认同度为 90.6%。

指标 51（了解科学发声的知识，掌握科学的发声方法，在教学活动中能正确发声），认同度为 90.8%。

指标 48［写好"三笔字"（钢笔字、毛笔字、粉笔字），掌握汉字书写技能］，认同度为 91.2%。

指标 8（了解知识产权的基本内容，尊重和维护知识产权，严守学术规范），认同度为 91.4%。

指标 33（了解中国历史文化发展的基本常识），认同度为 91.8%。

指标 34（了解当今世界发展的主题和面临的主要问题），认同度为 92.0%。

指标 35（具备一定的艺术审美知识），认同度为 92.5%。

指标 20（具有教师职业生涯规划和职业发展的知识），认同度为 93.1%。

指标 47（能根据学生学习状况，开发各类课程资源），认同度为 93.2%。

指标 26（利用观察、座谈、调查等收集学生的有效信息并进行分析判断），认同度为 93.4%。

指标 29（了解所教学科的历史、现状和发展趋势），认同度为 93.6%。

指标 45（组织学生开展校内外集体活动的能力），认同度为 93.6%。

指标 58（有基本的心理健康知识，协调和控制不良情绪，有良好的心态），认同度为 93.6%。

指标 25（了解学生家庭背景、社会环境及青少年文化等基本状况），认同度为 93.8%。

指标 53（与社会交往获取教育资源的能力），认同度为 93.8%。

指标 32（理解学科教材的体系、功能、编排方式和使用方法），认同度为 94.3%。

指标 7（学习、理解并遵守国家宪法及《教育法》《义务教育法》等相关教育法规），认同度为 94.4%。

指标 49（能用标准普通话开展教学活动），认同度为 94.4%。

指标 21（掌握学生生理发展特点的知识），认同度为 94.6%。

在制定教师专业标准时，如果要对指标数量进行精简，那么可以考虑从上述 20 个指标中选择部分或全部进行删除。

二、第二阶段的研究

（一）基本情况

1. 目的与方法

（1）研究目的

本项研究的基本目的在于在第一阶段的基础上开展进一步研究，以确认和分析我国中学教师应该达到的专业素质要求，尤其注意对中学教师专业素质要求的各个领域和各个单项指标的确认和分析，从而为进行我国中学教师专业素质现状的研究提供依据和框架，为制定我国中学教师专业标准提供客观依据。

（2）研究方法

关于中学教师的专业素质要求的研究，这一阶段的研究方法主要是问卷调查法，辅助性的研究方法有专家研讨法、文献分析法等。

2. 调查样本情况

调查样本都是在职中学教师，样本总数为 5 112 人，样本的分布情况如下。

（1）调查样本的省份分布

调查样本的省份分布情况见表 4-17。

表 4-17 调查样本的省份分布

省份	人数/人	百分比
福建	626	12.3%
贵州	370	7.2%
河南	558	10.9%
山东	1 669	32.6%
山西	418	8.2%
四川	1 471	28.8%
总数	5 112	100.0%

（2）调查样本的学校类型分布

调查样本的学校类型分布情况见表 4-18。

表 4-18 调查样本的学校类型分布

学校类型	人数/人	百分比
初级中学	1 806	35.3%
一般中学	1 165	22.8%
重点中学	1 339	26.2%
完全中学	704	13.8%
其他	98	1.9%
总数	5 112	100.0%

（3）调查样本的性别分布

调查样本的性别分布情况见表 4-19。

表 4-19 调查样本的性别分布

性别	人数/人	百分比
男	2 144	41.9%
女	2 968	58.1%
总数	5 112	100.0%

（4）调查样本的年龄分布

调查样本的年龄分布情况见表 4-20。

表 4-20 调查样本的年龄分布

年龄	人数/人	百分比
30 岁及其以下	1 531	29.9%
31～40 岁	2 211	43.3%
41～50 岁	1 209	23.7%
51～60 岁	161	3.1%
总数	5 112	100.0%

(5) 调查样本的教龄分布

调查样本的教龄分布情况见表 4-21。

表 4-21 调查样本的教龄分布

教龄	人数/人	百分比
1~5 年	1 048	20.5%
6~10 年	1 212	23.7%
11~20 年	1 829	35.8%
21 年及其以上	1 023	20.0%
总数	5 112	100.0%

(6) 调查样本的学历分布

调查样本的学历分布情况见表 4-22。

表 4-22 调查样本的学历分布

学历	人数/人	百分比
博士	16	0.3%
硕士	246	4.8%
大学本科	4 531	88.6%
大学专科	303	6.0%
中专、高中及其以下	16	0.3%
总数	5 112	100.0%

(7) 调查样本的任教学科分布

调查样本的任教学科分布情况见表 4-23。

表 4-23 调查样本的任教学科分布

任教学科	人数/人	百分比
语文	898	17.6%
数学	864	17.0%
外语	864	17.0%
物理	440	8.6%
化学	343	6.7%
生物	293	5.7%
信息技术	162	3.2%
历史	282	5.5%
地理	258	5.0%
政治	283	5.5%
体育	170	3.3%
音乐	88	1.7%

续表

任教学科	人数/人	百分比
美术	93	1.8%
科学	9	0.2%
社会	2	0.0%
其他	63	1.2%
总数	5 112	100.0%

(8) 调查样本的职称分布

调查样本的职称分布情况见表4-24。

表4-24 调查样本的职称分布

职称	人数/人	百分比
中学高级	1 035	20.2%
中学一级	1 969	38.5%
中学二级	1 878	36.8%
中学三级	57	1.1%
其他	173	3.4%
总数	5 112	100.0%

(9) 调查样本的健康状况分布

调查样本的健康状况分布情况见表4-25。

表4-25 调查样本的健康状况分布

健康状况	人数/人	百分比
健康	3 316	64.9%
一般	1 535	30.0%
较差	261	5.1%
总数	5 112	100.0%

3. 调查问卷情况

(1) 调查问卷的形成

本次调查研究所使用的问卷的形成过程较为复杂，大致经历了如下3个环节：其一是对关于中学教师专业素质要求的第一个阶段的研究进行加工，第二个阶段的研究所使用的调查问卷是在第一个阶段所使用的正式问卷的基础上进一步完善而形成的；其二是专家研讨，为形成和修订调查问卷，我们举行了专家研讨会，即邀请教师教育专家讨论中学教师专业素质的具体要求、调查问卷及其内容条目的问题；其三是文献分析，我们搜集了大量的相关文献，尤其是国外关于中学教师专业素质标准的文献、国内关于中学教师专业素质要求的文献，在此基础上形成和修订调查问卷。

(2) 调查问卷的领域划分、题目和答题形式

① 领域划分。我们将中学教师的专业素质要求划分为职业理念、职业操守、专业知识、专业能力、身心健康 5 个领域。

② 题目。每个领域包括若干个素质指标，每个素质指标以一个题目的形式来表示。共 53 个指标，问卷的主体部分即由表示这 53 个指标的 53 个题目组成，具体分布如下。

职业理念，主要是对中学教师的教育观念、教育基本思想方面的素质要求，包括 9 个题目，即 9 个指标。

职业操守，主要是对中学教师的职业道德、职业习惯方面的素质要求，包括 12 个题目，即 12 个指标。

专业知识，主要对中学教师从事教育工作所需要的知识方面的素质要求，包括 12 个题目，即 12 个指标。

专业能力，主要是对中学教师从事教育工作所需要的能力方面的素质要求，包括 15 个题目，即 15 个指标。

身心健康，即对中学教师的身体健康和心理健康方面的素质要求，包括 5 个题目，即 5 个指标。

③ 答题形式。答题的实质是要求调查对象确认每项素质的重要性程度。每道题的答题都采用五级量表的形式，即分为如下 5 级，如图 4-7 所示。

您认为教师职业的重要性：

图 4-7 调查问卷的答题形式

(二) 研究结果

1. 素质指标的重要性程度认同的总体情况

素质指标的重要性程度认同的总体情况，我们按照常规以总均值、标准差来表示。
总均值＝4.53（满分为 5.00 分）标准差＝0.61
总均值高达 4.53 分，表明从总体上讲，本次调查中设定的素质指标的合理性程度高。

2. 各个领域重要性程度确认的情况

各个领域重要性程度的平均值和标准差见表 4-26。

表 4-26 中学教师专业素质 5 个领域重要性的平均值和标准差

领域	样本数/人	平均值/分	标准差
职业理念	5 112	4.49	0.59
专业知识	5 112	4.50	0.57
职业操守	5 112	4.54	0.56
专业能力	5 112	4.54	0.55
身心健康	5 112	4.58	0.59

表 4-26 的直观效果图如图 4-8 所示。

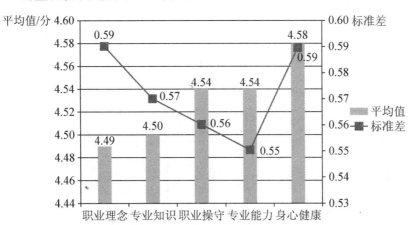

图 4-8 中学教师专业素质 5 个领域重要性的平均值和标准差

其一，我国中学教师专业素质要求的 5 个领域，重要性程度的平均得分在 4.49～4.58 分（满分为 5.00 分），其中平均得分 4.50 分以上的领域有 4 个，平均得分在 4.50 分以下的有 1 个。

其二，5 个领域的重要性程度从高到低依次是：身心健康、专业能力、职业操守、专业知识、职业理念。

其三，重要性程度相对最低的领域（职业理念领域）的重要性程度得分也达 4.49 分，说明每个领域都是很重要的。

3. 各个指标的重要性程度认同的情况

（1）职业理念领域中各指标的重要性程度

职业理念领域中各指标的重要性程度的平均值和标准差见表 4-27。

表 4-27 职业理念领域中各指标的重要性程度的平均值和标准差

指标	样本数/人	平均值/分	标准差
指标 1	5 112	4.32	1.07
指标 8	5 112	4.36	0.78
指标 4	5 112	4.40	0.76
指标 9	5 112	4.50	0.69
指标 2	5 112	4.51	0.80
指标 3	5 112	4.53	0.75
指标 6	5 112	4.54	0.68
指标 5	5 112	4.61	0.69
指标 7	5 112	4.61	0.67

表 4-27 的直观效果图如图 4-9 所示。

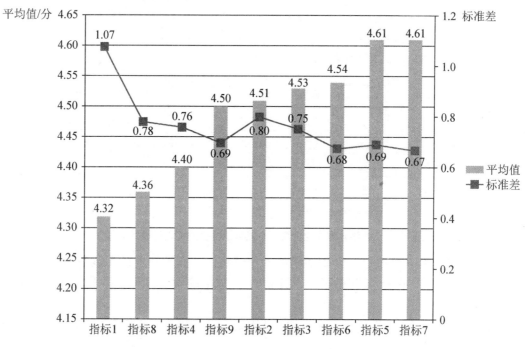

图 4-9 职业理念领域中各指标的重要性程度的平均值和标准差

其一，在职业理念领域，各指标的重要性程度的平均得分在 4.32~4.61 分（满分为 5.00 分）。其中，平均值在 4.50 分以上有 6 个，平均值在 4.50 分以下的有 3 个。

其二，在职业理念领域，重要性程度平均值排在前 3 位的指标依次是以下几项。

指标 7（树立终身学习的理念，坚持学习），平均得分为 4.61 分。

指标 5（具有强烈的生命意识，珍爱生命），平均得分为 4.61 分。

指标 6（具有人文情怀，同情、关怀他人的不幸与苦难），平均得分为 4.54 分。

其三，在职业理念领域，重要性程度平均得分最低的指标是指标 1（热爱教师职业，能体验到学生进步和自我发展带来的快乐），平均得分为 4.32 分。

(2) 职业操守领域中各指标的重要性程度

职业操守领域中各指标的重要性程度的平均值和标准差见表 4-28。

表 4-28 职业操守领域中各指标的重要性程度的平均值和标准差

指标	样本数/人	平均值/分	标准差
指标 13	5 112	4.34	0.78
指标 12	5 112	4.47	0.73
指标 16	5 110	4.48	0.68
指标 18	5 111	4.54	0.65
指标 20	5 111	4.55	0.69
指标 21	5 111	4.57	0.65

续表

指标	样本数/人	平均值/分	标准差
指标10	5 112	4.57	0.68
指标15	5 111	4.58	0.66
指标17	5 111	4.58	0.64
指标11	5 112	4.58	0.68
指标19	5 110	4.60	0.63
指标14	5 108	4.62	0.64

表4-28的直观效果图如图4-10所示。

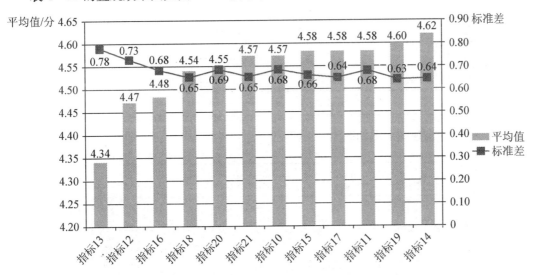

图4-10 职业操守领域中各指标的重要性程度的平均值和标准差

其一，在职业操守领域，各个指标的重要性程度平均得分在4.34~4.62分（满分为5.00分）。其中，平均得分在4.50分以上的有9个，平均得分在4.50分以下的有3个。

其二，在职业操守领域，重要性程度平均得分排在前3位的指标依次是以下几项。

指标14（热爱学生，以赏识的态度对待每一个学生的点滴进步），平均得分为4.62分。

指标19（正确认识自己在团队中的位置，团结互助，共同完成任务），平均得分为4.60分。

指标11（了解并遵守国家颁布的《教育法》《义务教育法》《教师法》《职业教育法》《中小学教师职业道德规范》和《未成年人保护法》等教育法规，清楚地知道教师的责任和权利，熟知学生的权利和义务），平均得分为4.58分。

其三，在职业操守领域，重要性程度平均得分最低的指标是指标13（了解知识产权的基本含义，尊重和维护知识产权，增强学生的知识产权意识），平均得分为4.34分。

(3) 专业知识领域中各指标的重要性程度

专业知识领域中各指标的重要性程度的平均值和标准差见表4-29。

表 4-29 专业知识领域中各指标的重要性程度的平均值和标准差

指标	样本数/人	平均值/分	标准差
指标 22	5 096	4.40	0.72
指标 24	5 112	4.41	0.72
指标 27	5 112	4.44	0.68
指标 28	5 111	4.45	0.89
指标 23	5 112	4.47	0.69
指标 32	5 112	4.49	0.69
指标 33	5 111	4.50	0.66
指标 25	5 110	4.53	0.64
指标 29	5 111	4.56	0.64
指标 31	5 111	4.56	0.66
指标 26	5 111	4.56	0.64
指标 30	5 112	4.60	0.63

表 4-29 的直观效果图如图 4-11 所示。

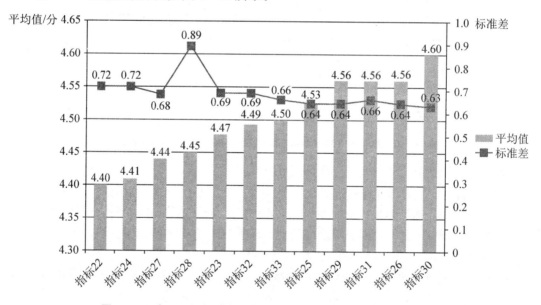

图 4-11 专业知识领域中各指标的重要性程度的平均值和标准差

其一，在专业知识领域，各个指标的重要性程度的平均得分为 4.40~4.60 分（满分为 5.00 分）。其中平均得分在 4.50 分以上的有 6 个，平均得分在 4.50 分以下的有 6 个。

其二，在专业知识领域，重要性程度的平均得分排在前 3 位的指标依次是以下几项。

指标 30（知道所教学科的学习方法和研究方法），平均得分为 4.60 分。

指标 26（了解学生个体的学科知识基础、学习方法、学习习惯、能力倾向），平均得分为 4.56 分。

指标 31（认真研读学科课程标准，掌握其基本内容），平均得分为 4.56 分。

其三，在专业知识领域，重要性程度平均得分最低的指标是指标 22（了解我国教育发展的历史和现状），平均得分为 4.40 分。

(4) 专业能力领域中各指标的重要性程度

专业能力领域中各指标的重要性程度的平均值和标准差见表 4-30。

表 4-30　专业能力领域中各指标的重要性程度的平均值和标准差

指标	样本数/人	平均值/分	标准差
指标 48	5 111	4.38	0.73
指标 46	5 111	4.40	0.71
指标 45	5 112	4.43	0.70
指标 47	5 112	4.50	0.68
指标 44	5 112	4.52	0.66
指标 42	5 112	4.55	0.65
指标 43	5 111	4.55	0.65
指标 38	5 112	4.57	0.63
指标 36	5 111	4.58	0.62
指标 37	5 111	4.59	0.62
指标 41	5 112	4.60	0.62
指标 35	5 111	4.61	0.61
指标 40	5 112	4.62	0.61
指标 39	5 112	4.62	0.62
指标 34	5 100	4.62	0.61

表 4-30 的直观效果图如图 4-12 所示。

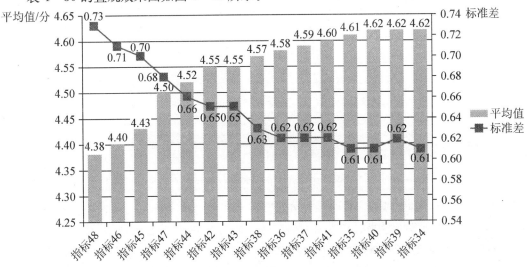

图 4-12　专业能力领域中各指标的重要性程度的平均值和标准差

其一，在专业能力领域，各个指标的重要性程度的平均得分在 4.38～4.62 分（满分为 5.00 分）。其中，平均得分在 4.50 分以上的有 12 个，平均得分在 4.50 分以下的有 3 个。

其二，在专业能力领域，重要性程度平均得分排在前 3 位的指标依次是以下几项。

指标 34（与学生进行有效沟通获得信任的能力），平均得分为 4.62 分。

指标 39（激发学生学习兴趣，有效地组织和实施课堂教学活动），平均得分为 4.62 分。

指标 40（注意学生学习的过程，及时了解学生反馈的信息，调节教学进程，修正教学方法），平均得分为 4.62 分。

其三，在专业能力领域，重要性程度得分最低的指标是指标 48，平均得分为 4.38 分。

（5）身心健康领域中各指标的重要性程度

我们以身心健康领域中各指标的重要性程度的平均值和标准差来表示，见表 4-31。

表 4-31 身心健康领域中各指标的重要性程度的平均值和标准差

指标	样本数/人	平均值/分	标准差
指标 49	5 112	4.54	0.68
指标 51	5 112	4.56	0.65
指标 50	5 111	4.57	0.65
指标 52	5 112	4.61	0.63
指标 53	5 112	4.62	0.62

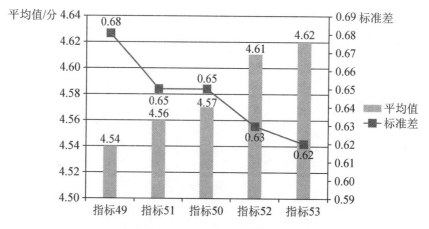

图 4-13 身心健康领域中各指标的重要性程度的平均值和标准差

其一，在身心健康领域，各个指标的重要性程度的平均得分在 4.54～4.62 分（满分为 5.00 分），即全部指标的重要性程度平均得分都在 4.50 分以上。

其二，在身心健康领域，重要性程度平均得分排在前 3 位的指标依次是以下几项。

指标 53（具有冷静、妥善处理各种意外事故和潜在危险的基本能力，培养学生具备基本的安全防范能力），平均得分为 4.62 分。

指标52（有良好的心态，具有协调和控制情绪的能力，能够帮助学生保持心理健康），平均得分为4.61分。

指标50（有积极、健康、合理的生活和工作习惯，并能指导学生科学地安排学习、生活和锻炼），平均得分为4.57分。

其三，在身心健康领域，重要性程度平均得分最低的指标是指标49（有基本的医药、保健知识，能预防常见的教师职业病），平均得分为4.54分。

（6）所有单项指标重要性程度的平均得分范围

全部专业素质指标的重要性程度的平均得分范围在4.32~4.62分（满分为5.00分）。可见，各个指标的重要性程度都相当高。

（7）重要性程度平均得分低于4.50分的指标

4.50分是一个重要的分界线，是一个优级线。重要性程度平均得分不低于4.50分的，则很高；低于4.50分的，则相对来说重要性程度要低一些，如果在制定中学教师专业标准时要进一步精简指标，那么可以考虑从重要性程度平均得分低于4.50分的指标中选择一些要删除的指标。

本项调研的结果重要性程度平均得分低于4.50分的指标如下（共14个）。

指标1（热爱教师职业，能体验到学生进步和自我发展带来的快乐），平均得分为4.32分。

指标13（了解知识产权的基本含义，尊重和维护知识产权，增强学生的知识产权意识），平均得分为4.34分。

指标8（有全球化的教育视野），平均得分为4.36分。

指标48［使用规范汉字，写好"三笔字"（钢笔字、毛笔字、粉笔字），掌握汉字书写技能］，平均得分为4.38分。

指标22（了解我国教育发展的历史和现状），平均得分为4.40分。

指标4（倡导教学民主），平均得分为4.40分。

指标46（具备一定的艺术审美能力），平均得分为4.40分。

指标24（了解教师职业生涯规划和职业发展的知识），平均得分为4.41分。

指标45（能根据教学需要开发学科课程资源），平均得分为4.43分。

指标27（了解学生家庭背景、社会环境及青少年文化等基本状况），平均得分为4.44分。

指标28（了解所教学科的历史、现状和发展趋势），平均得分为4.45分。

指标12［了解《国家中长期教育改革和发展规划纲要（2010—2020年）》，明确教育改革的核心任务是提高教育质量］，平均得分为4.47分。

指标23（了解教师专业的内涵，明确教师专业具有不可替代的特征），平均得分为4.47分。

指标32（理解教科书的体系、功能、编排方式和使用方法），平均得分为4.49分。

（8）所有指标中重要性程度最高和最低的指标

① 重要性程度排前10位的指标依次是以下几项。

指标14（热爱学生，以赏识的态度对待每一个学生的点滴进步），平均得分为4.62分。

指标34（与学生进行有效沟通获得信任的能力），平均得分为4.62分。

指标39（激发学生学习兴趣，有效地组织和实施课堂教学活动），平均得分为4.62分。

指标40（注意学生学习的过程，及时了解学生反馈的信息，调节教学进程，修正教学方法），平均得分为4.62分。

指标53（具有冷静、妥善处理各种意外事故和潜在危险的基本能力，培养学生具备基本的安全防范能力），平均得分为4.62分。

指标52（有良好的心态，具有协调和控制情绪的能力，能够帮助学生保持心理健康），平均得分为4.61分。

指标7（树立终身学习的理念，坚持学习），平均得分为4.61分。

指标5（具有强烈的生命意识，珍爱生命），平均得分为4.61分。

指标35（了解学生个体差异，具有因材施教的能力，促进学生全面而有个性的发展），平均得分为4.61分。

指标10（学习、理解并遵守国家宪法，认识教师是社会负责任的公民，自觉履行公民的责任和义务），平均得分为4.60分。

② 重要性程度最低的10个指标依次是以下几项。

指标1（热爱教师职业，能体验到学生进步和自我发展带来的快乐），平均得分为4.32分。

指标13（了解知识产权的基本含义，尊重和维护知识产权，增强学生的知识产权意识），平均得分为4.34分。

指标8（有全球化的教育视野），平均得分为4.36分。

指标48 [使用规范汉字，写好"三笔字"（钢笔字、毛笔字、粉笔字），掌握汉字书写技能]，平均得分为4.38分。

指标22（了解我国教育发展的历史和现状），平均得分为4.40分。

指标4（倡导教学民主），平均得分为4.40分。

指标46（具备一定的艺术审美能力），平均得分为4.40分。

指标24（了解教师职业生涯规划和职业发展的知识），平均得分为4.41分。

指标45（能根据教学需要开发学科课程资源），平均得分为4.43分。

指标27（了解学生家庭背景、社会环境及青少年文化等基本状况），平均得分为4.44分。

（三）主要发现

1. 专业素质要求的总体框架合理

所有专业素质的重要性程度的平均值为4.53分（满分为5.00分）。

这个数值是很高的，说明我们在研究中所确立的各项专业素质要求是合理的。因此，这个调查问卷的素质要求，可以作为进行我国中学教师专业素质现状调查的专业素质框架，也可以作为制定我国中学教师专业标准的依据。

2. 各个领域的重要性程度都很高

其一，我国中学教师专业素质的 5 个领域，重要性程度的平均得分在 4.49～4.58 分（满分为 5.00 分）。可见各个领域的重要性程度都很高，每个领域都不能少。

其二，调查发现身心健康领域的重要性程度平均得分是 4.58 分，这说明这个领域是很重要的。重视身心健康领域，是本书所反映的教师专业素质框架的一个重要特色。

3. 大多数单项专业素质指标的重要性程度都很高

在 53 个指标中，重要性程度平均得分达到 4.50 分（满分为 5.00 分）及其以上的指标有 39 个，只有 14 个指标的重要性程度平均得分低于 4.50 分，而且这些指标的重要程度平均得分也都在 4.32 分及其以上，即在"良"级水平偏上。在制定中学教师专业标准时，重要性程度平均得分达到 4.50 分及其以上的指标，都应该纳入到中学教师专业标准的指标体系范围之内；在进行教师教育时，对于重要性程度平均得分达到 4.50 分及其以上的指标，都需要给予高度关注。

重要性程度平均得分低于 4.50 分的指标，在制定中学教师专业标准时，如果要进一步精简素质指标，那么可以考虑从这些指标中选择一些作为删除对象的重要性程度平均得分低于 4.50 分的指标如下。

指标 1（热爱教师职业，能体验到学生进步和自我发展带来的快乐），平均得分为 4.32 分。

指标 13（了解知识产权的基本含义，尊重和维护知识产权，增强学生的知识产权意识），平均得分为 4.34 分。

指标 8（有全球化的教育视野），平均得分为 4.36 分。

指标 48［使用规范汉字，写好"三笔字"（钢笔字、毛笔字、粉笔字），掌握汉字书写技能］，平均得分为 4.38 分。

指标 22（了解我国教育发展的历史和现状），平均得分为 4.40 分。

指标 4（倡导教学民主），平均得分为 4.40 分。

指标 46（具备一定的艺术审美能力），平均得分为 4.40 分。

指标 24（了解教师职业生涯规划和职业发展的知识），平均得分为 4.41 分。

指标 45（能根据教学需要开发学科课程资源），平均得分为 4.43 分。

指标 27（了解学生家庭背景、社会环境及青少年文化等基本状况），平均得分为 4.44 分。

指标 28（了解所教学科的历史、现状和发展趋势），平均得分为 4.45 分。

指标 12［了解《国家中长期教育改革和发展规划纲要（2010—2020 年）》，明确教育改革的核心任务是提高教育质量］，平均得分为 4.47 分。

指标 23（了解教师专业的内涵，明确教师专业具有不可替代的特征），平均得分为 4.47 分。

指标 32（理解教科书的体系、功能、编排方式和使用方法），平均得分为 4.49 分。

4. 特别重要的 10 项专业素质指标

以下是重要性程度平均得分排名前 10 位的专业素质指标。在制定中学教师专业标准时，要特别重视这 10 项指标；尤其是在教师教育中，要特别重视、深入关注这 10 项指标。

指标 14（热爱学生，以赏识的态度对待每一个学生的点滴进步），平均得分为 4.62 分。

指标 34（与学生进行有效沟通获得信任的能力），平均得分为 4.62 分。

指标 39（激发学生学习兴趣，有效地组织和实施课堂教学活动），平均得分为 4.62 分。

指标 40（注意学生学习的过程，及时了解学生反馈的信息，调节教学进程，修正教学方法），平均得分为 4.62 分。

指标 53（具有冷静、妥善处理各种意外事故和潜在危险的基本能力，培养学生具备基本的安全防范能力），平均得分为 4.62 分。

指标 52（有良好的心态，具有协调和控制情绪的能力，能够帮助学生保持心理健康），平均得分为 4.61 分。

指标 7（树立终身学习的理念，坚持学习），平均得分为 4.61 分。

指标 5（具有强烈的生命意识，珍爱生命），平均得分为 4.61 分。

指标 35（了解学生个体差异，具有因材施教的能力，促进学生全面而有个性的发展），平均得分为 4.61 分。

指标 10（学习、理解并遵守国家宪法，认识教师是社会负责任的公民，自觉履行公民的责任和义务），平均得分为 4.60 分。

5. 重要性程度最低的素质指标

以下是重要性程度平均得分相对最低的 10 项指标。在制定中学教师专业标准时，如果要进一步精简素质指标，那么可以考虑删除如下 10 项指标中的部分指标，当然，在考虑实施删除时还需要做进一步的分析研究，之后再做决定。

指标 1（热爱教师职业，能体验到学生进步和自我发展带来的快乐），平均得分为 4.32 分。

指标 13（了解知识产权的基本含义，尊重和维护知识产权，增强学生的知识产权意识），平均得分为 4.34 分。

指标 8（有全球化的教育视野），平均得分为 4.36 分。

指标 48［使用规范汉字，写好"三笔字"（钢笔字、毛笔字、粉笔字），掌握汉字书写技能］，平均得分为 4.38 分。

指标 22（了解我国教育发展的历史和现状），平均得分为 4.40 分。

指标 4（倡导教学民主），平均得分为 4.40 分。

指标 46（具备一定的艺术审美能力），平均得分为 4.40 分。

指标 24（了解教师职业生涯规划和职业发展的知识），平均得分为 4.41 分。

指标 45（能根据教学需要开发学科课程资源），平均得分为 4.43 分。

指标 27（了解学生家庭背景、社会环境及青少年文化等基本状况），平均得分为 4.44 分。

6. 各个领域中重要性程度最低的专业素质指标

在职业理念领域，重要性程度平均得分最低的指标是指标 1（热爱教师职业，能体验到学生进步和自我发展带来的快乐），平均得分为 4.32 分。

在职业操守领域，重要性程度平均得分最低的指标是指标 13（了解知识产权的基本含义，尊重和维护知识产权，增强学生的知识产权意识），平均得分为 4.34 分。

在专业知识领域，重要性程度平均得分最低的指标是指标 22（了解我国教育发展的历史和现状），平均得分为 4.40 分。

在专业能力领域，重要性程度得分最低的指标是指标 48，平均得分为 4.38 分。

在身心健康领域，重要性程度平均得分最低的指标是指标 49（有基本的医药、保健知识，能预防常见的教师职业病），平均得分为 4.54 分。

在制定中学教师专业标准时，如果要进一步精简素质指标（现为 53 项），那么可考虑删除职业理念、职业操守、专业知识、专业能力 4 个领域中重要性程度平均得分最低的指标。至于身心健康领域中重要性程度平均得分最低的指标，则不宜删除，因为这个领域的指标数已经较少（只有 5 个），而且这个指标的平均得分与其他领域的各个指标相比实际上还是不低的（达到 4.54 分）。

第五章　　小学教师专业素质现状研究

本章对当前我国小学教师专业素质的实际情况进行研究,这种研究是以我们所制定的小学教师专业素质的框架进行的。

一、基本情况

(一) 目的与方法

1. 目的

本研究的基本目的在于了解和把握当前我国小学教师专业素质的现状,发现现状中存在的问题,从而为以下3个方面提供依据:一是为我国小学教师教育的政策制定提供依据,使相关政策更加符合实际,更加具有针对性;二是为我国小学教师教育的实践提供基础和依据,使我国小学教师教育实践更加具有针对性,更加符合实际;三是为制定我国小学教师专业标准提供客观依据和基础,使我国小学教师专业标准的制定更加符合现实。

2. 方法

本研究的主要方法是问卷调查。该问卷调查的设计较为复杂,详见下文的"调查样本情况"和"调查问卷情况"。

(二) 调查样本情况

调查对象为我国在职小学教师,总样本容量为1 568人,调查样本分布如下。

1. 调查样本的省份分布

调查样本分布于中国的东部、中部和西部,具体分布于山西、山东、四川、贵州、河南和福建6个省份,见表5-1。从样本的地区省份分布来看,样本基本上能反映全国的总体情况。

表 5-1　调查样本的省份分布

省份	人数/人	百分比
山西	159	10.1%
山东	460	29.3%
四川	379	24.2%
贵州	175	11.2%

续表

省份	人数/人	百分比
河南	294	18.8%
福建	101	6.4%
总数	1 568	100.0%

2. 调查样本的学校类型分布

调查样本分布于两种类型的学校：一是公办小学，样本容量为 1 558 人；二是民办小学，样本容量为 10 人，见表 5-2。由于我国大多数小学是公办的，只有少数小学是民办的，因此学校取样能够体现我国这两类学校的比例。

表 5-2 调查样本的学校类型分布

学校类型	人数/人	百分比
公办小学	1 558	99.4%
民办小学	10	0.6%
总数	1 568	100.0%

3. 调查样本的年龄分布

从样本的年龄分布表来看，取样遍布了小学教师的各个年龄阶段，31～40 岁小学教师占 55.3%，30 岁及其以下的小学教师占 25.4%，即 40 岁以下的小学教师占 80.7%，见表 5-3。从年龄取样来看，样本的年龄分布基本上体现了我国小学教师的年龄结构。

表 5-3 调查样本的年龄分布

年龄	人数/人	百分比
30 岁及其以下	399	25.4%
31～40 岁	867	55.3%
41～50 岁	239	15.2%
51～60 岁	63	4.0%
总数	1 568	100.0%

注：各年龄段百分比之和可能不等于总数的百分比，是因为数据进行过舍入修约。（本文其他同类问题亦同）

4. 调查样本的教龄分布

在样本的教龄分布上，样本的教龄涵盖了 1～5 年、6～10 年、11～20 年、21 年及其以上的各个阶段，其中 11～20 年教龄的占 51.8%，超过半数，见表 5-4。教龄分布能够基本上体现我国小学教师的教龄结构。

表 5-4　调查样本的教龄分布

教龄	人数/人	百分比
1～5 年	195	12.4%
6～10 年	303	19.3%
11～20 年	812	51.8%
21 年及其以上	258	16.5%
总数	1 568	100.0%

5. 调查样本的学历分布

调查样本的学历分布于以下几个层次：博士学历，硕士学历，大学本科学历，大学专科学历，中专、高中及其以下学历。其中大学本科学历占 66.8%，为最多；博士学历 1 人，占 1‰；中专、高中及其以下学历 44 人，占 2.8%，见表 5-5。学历取样体现了我国小学教师的学历结构。

表 5-5　调查样本的学历分布

学历	人数/人	百分比
博士	1	0‰
硕士	15	1.0%
大学本科	1 047	66.8%
大学专科	461	29.4%
中专、高中及其以下	44	2.8%
总数	1 568	100.0%

6. 调查样本的性别分布

从样本的性别分布来看，样本中的女性小学教师，占的比例超过 3/4，即 79.3%，男性小学教师占 20.7%，这也基本上能反映出我国小学教师的性别结构，见表 5-6。

表 5-6　调查样本的性别分布

性别	人数/人	百分比
男	325	20.7%
女	1 243	79.3%
总数	1 568	100.0%

7. 调查样本的任教学科分布

在任教学科上，样本分布于语文、数学、外语、物理、化学、生物、信息技术、历史、地理、政治、体育、美术、科学、社会等各个学科，其中，分布于语文、数学、外语这 3 大学科的小学教师共占了 80.0%，即占 4/5，见表 5-7。样本的任教学科分布基本上能体现我国小学教师的任教学科分布现状。

表 5-7 调查样本的学科分布

任教学科	人数/人	百分比
语文	621	39.6%
数学	486	31.0%
外语	148	9.4%
物理	11	0.7%
化学	5	0.3%
生物	1	0.1%
信息技术	43	2.7%
历史	4	0.3%
地理	6	0.4%
政治	9	0.6%
体育	67	4.3%
音乐	56	3.6%
美术	45	2.9%
科学	29	1.8%
社会	19	1.2%
其他	18	1.1%
总数	1 568	100.0%

8. 调查样本的职称分布

在职称分布上，各个层次职称的样本都有，其中，小学一级职称的样本占总样本人数的51.1%，超过半数，见表5-8。样本的职称分布基本上反映了我国小学教师的职称结构。

表 5-8 调查样本的专业职称分布

职称	人数/人	百分比
中学高级	28	1.8%
小学一级	802	51.1%
小学二级	612	39.0%
小学三级	40	2.6%
其他	86	5.5%
总数	1 568	100.0%

9. 调查样本的健康状况分布

从调查样本的健康状况分布来看，身体状况健康、一般、较差的小学教师分别占总样本人数的64.6%、31.2%、4.2%，基本上反映了我国小学教师的健康状况，见表5-9。

表 5-9 调查样本的健康状况分布

健康状况	人数/人	百分比
健康	1 013	64.6%
一般	489	31.2%
较差	66	4.2%
总数	1 568	100.0%

（三）调查问卷情况

本项调查的调查用具是调查问卷，调查问卷除了基本情况部分和开放题部分之外，主体部分的题目都是关于小学教师专业素质现状的题目，每个题目代表一个素质指标，共 61 个题目，即指标，这 61 个题目分为职业理念、职业操守、专业知识、专业能力、身心健康 5 个领域，即五大块。

1. 题目分布

61 个题目，即指标在这 5 个领域的分布如下。

职业理念，主要是教育观念、教育基本思想方面的素质现状，包括 9 个题目，即 9 个指标。

职业操守，主要是小学教师的职业道德、职业习惯方面的素质现状，包括 13 个题目，即 13 个指标。

专业知识，主要是小学教师从事教育工作所需要的知识现状，包括 17 个题目，即 17 个指标。

专业能力，主要是小学教师从事教育工作所需要的能力方面的素质现状，包括 18 个题目，即 18 个指标。

身心健康，主要是小学教师的身体健康和心理健康方面的素质现状，包括 4 个题目，即 4 个指标。

2. 答题形式

每道题的答题都采用五级量表的形式，即分为如下 5 级，如图 5-1 所示。
你认为你自己做到了多少：

图 5-1 调查问卷的答题形式

二、研究结果

通过统计分析，我们得出各个方面的研究结果。这些研究结果主要可以从以下几个角度来分析：概况、年龄、教龄、性别、职称。

(一) 概况

1. 小学教师专业素质的总均值、标准差

总均值＝4.11 分（满分为 5.00 分）　　标准差＝0.62

实际调查结果的总均值为 4.11 分，如果按照常规划分优（4.50 分及其以上）、良（4.00～4.49 分）、中（3.50～3.99 分）、及格（3.00～3.49 分）、不及格（2.99 分及其以下）这 5 个等级，那么总均值达到"良"这个等级。

2. 不同领域专业素质概况

各领域的专业素质概况见表 5-10。

表 5-10　不同领域小学教师专业素质的平均值和标准差

领域	样本数/人	平均值/分	标准差
身心健康	1 567	3.81	0.91
专业知识	1 567	4.09	0.68
职业理念	1 568	4.13	0.66
专业能力	1 567	4.18	0.64
职业操守	1 568	4.37	0.58

表 5-10 的直观效果图如图 5-2 所示。

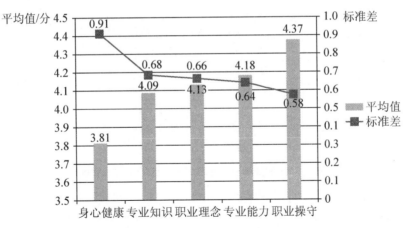

图 5-2　不同领域小学教师专业素质的平均值和标准差

其一，各个领域的平均得分在 3.50～4.49 分（满分为 5.00 分），如果按照常规划分优（4.50 分及其以上）、良（4.00～4.49 分）、中（3.50～3.99 分）、及格（3.00～3.49 分）、不及格（2.99 分及其以下）这 5 个等级，那么各个领域的得分都在"良"和"中"这两个等级。

其二，5 个领域得分从高到低的排序排列是职业操守、专业能力、职业理念、专业知识、身心健康。

3. 各个单项指标的得分情况

（1）职业理念领域中各个单项指标的得分情况

职业理念领域中各个指标的得分情况见表 5-11。

表 5-11 小学教师职业理念领域各指标的平均值和标准差

指标	样本数/人	平均值/分	标准差
指标 8	1 568	3.68	1.00
指标 2	1 568	4.04	0.80
指标 9	1 567	4.06	0.86
指标 1	1 568	4.10	0.81
指标 7	1 568	4.14	0.80
指标 4	1 567	4.16	0.81
指标 3	1 568	4.23	0.81
指标 6	1 568	4.32	0.75
指标 5	1 568	4.39	0.76

表 5-11 的直观效果图如图 5-3 所示。

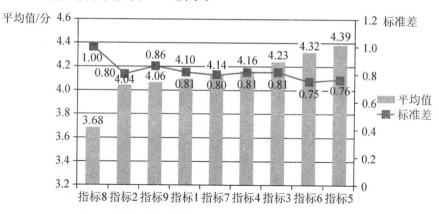

图 5-3 小学教师职业理念领域各指标的平均值和标准差

其一，在职业理念领域的各个指标的得分上，我国小学教师在 3.68~4.39 分（满分为 5.00 分），如果按照常规划分优（4.50 分及其以上）、良（4.00~4.49 分）、中（3.50~3.99 分）、及格（3.00~3.49 分）、不及格（2.99 分及其以下）这 5 个等级，那么所有小学教师在这个领域中各个指标的得分都处于"良"和"中"这两个等级。

其二，职业理念领域中，平均值排在前 3 位的指标依次是以下几项。

指标 5（具有强烈的生命意识，珍爱生命）。

指标 6（具有人文情怀，同情、关怀他人的不幸与苦难）。

指标 3（消除各种歧视，追求教育平等）。

其三，在职业理念领域中，平均得分最低的 3 个指标依次是以下几项。

指标 8（有全球化的教育视野）。

指标 2（以学生为本，提高学生的社会责任感、勇于探索的创新精神和善于解决问题的实践能力)。

指标 9(了解并热爱中华民族文化,树立批判继承的观点)。

(2) 职业操守领域中各个单项指标的得分情况

职业操守领域中各个指标的得分情况见表 5-12。

表 5-12 小学教师职业操守领域各指标的平均值和标准差

指标	样本数/人	平均值/分	标准差
指标 13	1 568	3.99	0.91
指标 12	1 568	4.12	0.84
指标 11	1 567	4.29	0.76
指标 18	1 567	4.31	0.74
指标 14	1 568	4.39	0.69
指标 10	1 568	4.39	0.74
指标 20	1 567	4.44	0.68
指标 17	1 567	4.45	0.68
指标 15	1 568	4.45	0.69
指标 16	1 568	4.46	0.70
指标 19	1 567	4.46	0.67
指标 21	1 567	4.53	0.67
指标 22	1 567	4.55	0.66

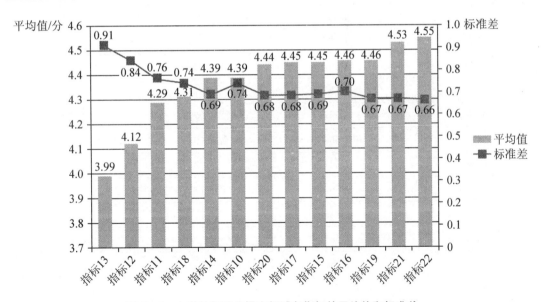

图 5-4 小学教师职业操守领域各指标的平均值和标准差

其一,在职业操守领域中的各个指标上,我国小学教师的素质得分在 3.99~4.55 分(满分为 5.00 分),如果按照常规划分优(4.50 分及其以上)、良(4.00~4.49 分)、中(3.50~3.99 分)、及格(3.00~3.49 分)、不及格(2.99 分及其以下)这 5 个等级,那么所有小学教师在这个领域的各个指标的专业素质得分分别在"优"、"良"和"中"这 3

个等级,其中处于"优"等的有2个,处于"良"等的有10个,处于"中"等的有1个。

其二,在职业操守领域,平均值排在前3位的指标依次是以下几项。

指标22(注重职业形象,言行、衣着得体,举止文明礼貌)。

指标21(廉洁从教,抵制社会不良风气,反对利用职务之便牟取私利)。

指标19(尊重自己的同事,维护同事发表不同意见的权利,不把自己的意见强加于人,以宽容的态度对待他人)。

其三,在职业操守领域中,平均得分较低的3个指标依次是以下几项。

指标13(了解知识产权的基本含义,尊重和维护知识产权,增强学生的知识产权意识)。

指标12[了解《国家中长期教育改革和发展规划纲要(2010—2020年)》,明确教育改革的核心任务是提高教育质量]。

指标11(了解并遵守国家颁布的《教育法》《义务教育法》《教师法》《中小学教师职业道德规范》和《未成年人保护法》等教育法规,清楚地知道教师的责任和权利,熟知学生的权利和义务,并在教育实践中加以落实)。

(3)专业知识领域中各个单项指标的得分情况

专业知识领域中各个指标的得分情况见表5-13。

表5-13 小学教师专业知识领域各指标的平均值和标准差

指标	样本数/人	平均值/分	标准差
指标23	1 567	3.88	0.86
指标25	1 567	3.98	0.84
指标34	1 567	4.01	0.84
指标33	1 567	4.01	0.84
指标31	1 567	4.05	0.78
指标32	1 567	4.07	0.80
指标39	1 560	4.09	0.79
指标30	1 567	4.09	0.78
指标24	1 567	4.11	0.80
指标35	1 567	4.11	0.80
指标38	1 561	4.11	0.82
指标26	1 567	4.12	0.78
指标28	1 567	4.14	0.76
指标36	1 567	4.15	0.76
指标27	1 567	4.17	0.76
指标29	1 567	4.17	0.74
指标37	1 567	4.22	0.76

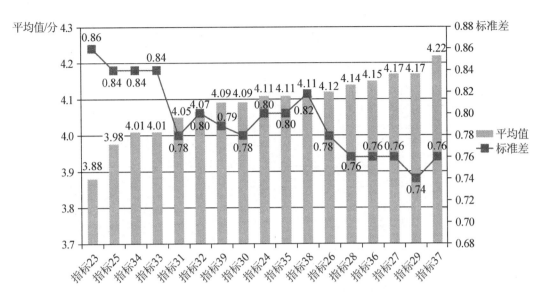

图 5-5 小学教师专业知识领域中各指标的平均值和标准差

其一,在专业知识这个领域中的各项指标上,我国小学教师的平均得分在 3.88~4.22 分(满分为 5.00 分),如果按照常规划分优(4.50 分及其以上)、良(4.00~4.49 分)、中(3.50~3.99 分)、及格(3.00~3.49 分)、不及格(2.99 分及其以下)这 5 个等级,那么所有小学教师的得分处于"良"和"中"这两个等级。其中,平均值在 4.00~4.50 分的有 15 个,平均值在 3.50~3.99 分的有 2 个。

其二,在专业知识领域中,平均值排在前 3 位的指标依次是以下几项。

指标 37(掌握学科课程标准的基本内容)。

指标 29(了解学生个体的已有经验、学习方法、学习习惯与能力倾向)。

指标 27(掌握不同年龄段学生认知发展特点及相关知识)。

其三,在专业知识领域中,平均得分最低的 3 个指标依次是以下几项。

指标 23(了解我国教育发展的历史和现状)。

指标 25(了解教师职业生涯规划和职业发展的知识)。

指标 34(了解所教学科的历史、现状和发展趋势)。

(4)专业能力领域中各个单项指标的得分情况

专业能力领域中各个指标的得分情况见表 5-14。

表 5-14 小学教师专业能力领域各指标的平均值和标准差

指标	样本数/人	平均值/分	标准差
指标 53	1 567	3.98	0.87
指标 55	1 567	4.08	0.80
指标 50	1 567	4.13	0.79
指标 42	1 566	4.13	0.75
指标 57	1 566	4.14	0.78
指标 52	1 567	4.15	0.76

续表

指标	样本数/人	平均值/分	标准差
指标43	1 567	4.16	0.74
指标44	1 567	4.16	0.76
指标49	1 567	4.18	0.73
指标51	1 567	4.19	0.76
指标56	1 567	4.19	0.78
指标41	1 567	4.19	0.73
指标48	1 567	4.21	0.73
指标45	1 567	4.23	0.72
指标46	1 567	4.24	0.71
指标40	1 567	4.24	0.72
指标47	1 567	4.27	0.71
指标54	1 567	4.28	0.73

表5-14的直观效果图如图5-6所示。

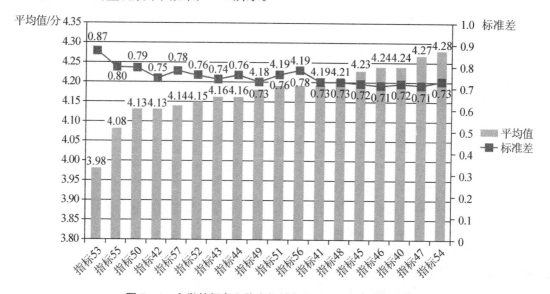

图5-6　小学教师专业能力领域各指标的平均值和标准差

其一，在专业能力领域的各个指标上，我国小学教师的平均得分在3.98～4.28分（满分为5.00分），如果按照常规划分优（4.50分及其以上）、良（4.00～4.49分）、中（3.50～3.99分）、及格（3.00～3.49分）、不及格（2.99分及其以下）这5个等级，那么所有小学教师的得分处于"良"和"中"这两个等级。其中处于4.00～4.40分的有17个，在4.00分以下的有1个。

其二，在专业能力领域中，平均值排在前3位的指标依次是以下几项。

指标54（具有较好的语言表达能力，能用标准普通话开展教学活动，了解科学发声的知识）。

指标47（能根据学生的学习情况，及时调整教学进程，改进教学方法）。

指标 40（能与学生进行有效沟通，并获得信任）。
其三，在专业能力领域中，平均得分最低的 3 个指标依次是以下几项。
指标 53（能根据教学需要开发学科课程资源）。
指标 55（具有一定的艺术审美能力）。
指标 50（能运用多种方法，针对学生个体的具体情况开展课后辅导）。

（5）身心健康领域中各个单项指标的得分情况

身心健康领域中各个指标的得分情况见表 5-15。

表 5-15　小学教师身心健康领域各指标的平均值和标准差

指标	样本数/人	平均值/分	标准差
指标 60	1 567	3.67	1.14
指标 58	1 567	3.70	1.04
指标 59	1 567	3.91	0.95
指标 61	1 567	3.98	0.88

表 5-15 的直观效果图如图 5-7 所示。

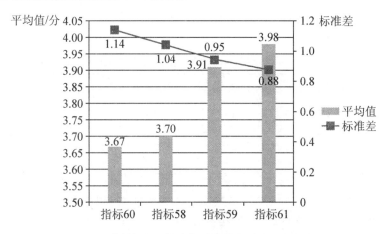

图 5-7　小学教师身心健康领域各指标的平均值和标准差

其一，在身心健康领域的各个指标上，我国小学教师的平均得分在 3.67～3.98 分（满分为 5.00 分），如果按照常规划分优（4.50 分及其以上）、良（4.00～4.49 分）、中（3.50～3.99 分）、及格（3.00～3.49 分）、不及格（2.99 分及其以下）这 5 个等级，那么所有小学教师的得分处于"中"这个等级。

其二，在身心健康领域，平均值排在前 3 位的指标依次是以下几项。
指标 61（有良好的心态，具有协调和控制情绪的能力）。
指标 59（有积极、健康、合理的生活和工作习惯）。
指标 58（有基本的医药、保健知识，能预防常见的小学教师职业病）。

其三，在身心健康领域中，平均得分最低的指标是指标 60。
指标 60（重视体育锻炼，能坚持有计划、有针对性地参加各种体育活动，提高身体素质）。

(6) 单项指标的最高得分和最低得分

在 5 个领域的 61 项素质指标中,以下 3 个指标得分排在前 3 位。

指标 22(注重职业形象,言行、衣着得体,举止文明礼貌),平均得分为 4.55 分。

指标 21(廉洁从教,抵制社会不良风气,反对利用职务之便牟取私利),平均得分为 4.53 分。

指标 19(尊重自己的同事,维护同事发表不同意见的权利,不把自己的意见强加于人,以宽容的态度对待他人),平均得分为 4.46 分。

平均得分最低的 3 项指标依次为以下几项。

指标 60(重视体育锻炼,能坚持有计划、有针对性地参加各种体育活动,提高身体素质),平均得分为 3.67 分。

指标 8(有全球化的教育视野),平均得分为 3.68 分。

指标 58(有基本的医药、保健知识,能预防常见的教师职业病),平均得分为 3.70 分。

(二)年龄维度的分析

1. 不同年龄小学教师之间的素质差异比较

(1) 不同年龄小学教师在专业素质总均值上的差异比较

不同年龄小学教师在专业素质总均值上的差异比较见表 5-16。

表 5-16 不同年龄小学教师在专业素质总均值上的差异比较

年龄	样本数/人	平均值/分	标准差	F 检验	p
30 岁及其以下	399	4.15	0.61	2.08	0.100
31～40 岁	867	4.08	0.62		
41～50 岁	239	4.13	0.61		
51～60 岁	63	4.24	0.63		

表 5-16 的直观效果图如图 5-8 所示。

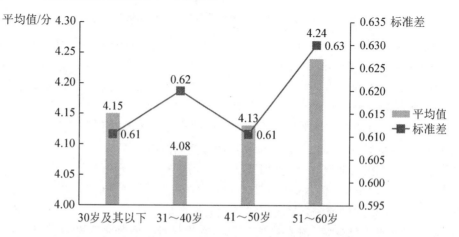

图 5-8 不同年龄小学教师在专业素质总均值上的差异比较

其一，各个年龄段的小学教师在素质总均值上的得分都在4.15～4.24分（满分为5.00分），如果按照常规划分优（4.50分及其以上）、良（4.00～4.49分）、中（3.50～3.99分）、及格（3.00～3.49分）、不及格（2.99分及其以下）这5个等级，那么各年龄段小学教师在总均值上的得分都处于"良"这个等级。

其二，F检验的结果表明，不同年龄小学教师素质在总均值上不存在显著性差异（$p>0.05$）。但经多重比较发现，51～60岁小学教师专业素质总均值在0.05水平上显著高于31～40岁的小学教师。

（2）不同年龄小学教师在职业理念领域的差异比较

不同年龄小学教师在职业理念领域的差异比较见表5-17。

表5-17 不同年龄小学教师在职业理念领域的差异比较

年龄	样本数/人	平均值/分	标准差	F检验	p
30岁及其以下	399	4.13	0.69		
31～40岁	867	4.09	0.66	3.78	0.010
41～50岁	239	4.19	0.63		
51～60岁	63	4.33	0.61		

表5-17的直观效果图如图5-9所示。

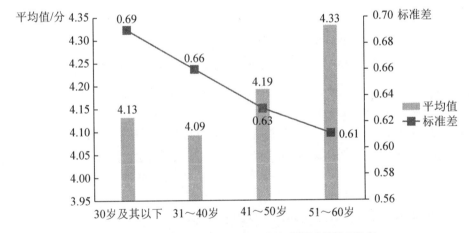

图5-9 不同年龄小学教师在职业理念领域的差异比较

其一，在职业理念领域，我国各个年龄段小学教师的平均得分在4.09～4.33分（满分为5.00分），如果按照常规划分优（4.50分及其以上）、良（4.00～4.49分）、中（3.50～3.99分）、及格（3.00～3.49分）、不及格（2.99分及其以下）这5个等级，那么各年龄段小学教师在职业理念领域中的平均得分都处于"良"这个等级。

其二，F检验的结果表明，在职业理念领域中，不同年龄小学教师专业素质在0.01水平上存在显著性差异。经多重比较发现，51～60岁小学教师专业素质的总均值在0.01水平上显著高于31～40岁的小学教师，31～40岁的小学教师在0.05水平上显著高于30岁以下的小学教师。

(3) 不同年龄小学教师在职业操守领域的差异比较

不同年龄小学教师在职业操守领域的差异比较见表 5-18。

表 5-18 不同年龄小学教师在职业操守领域的差异比较

年龄	样本数/人	平均值/分	标准差	F 检验	p
30 岁及其以下	399	4.38	0.57	0.43	0.729
31~40 岁	867	4.36	0.58		
41~50 岁	239	4.36	0.58		
51~60 岁	63	4.44	0.60		

表 5-18 的直观效果图如图 5-10 所示。

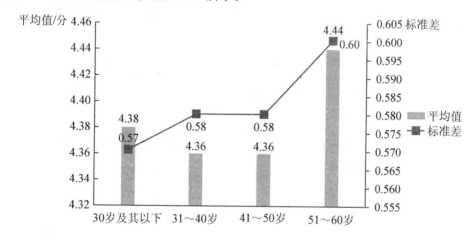

图 5-10 不同年龄小学教师在职业操守领域的差异比较

其一，各个年龄段小学教师在职业操守领域的平均得分都在 4.36~4.44 分（满分为 5.00 分），如果按照常规划分优（4.50 分及其以上）、良（4.00~4.49 分）、中（3.50~3.99 分）、及格（3.00~3.49 分）、不及格（2.99 分及其以下）这 5 个等级，那么各年龄段小学教师在职业操守这个领域中的平均得分都处于"良"这个等级。

其二，F 检验的结果表明，在职业操守领域中，不同年龄小学教师的专业素质不存在显著性差异（$p>0.05$）。

(4) 不同年龄小学教师在专业知识领域的差异比较

不同年龄小学教师在专业知识领域的差异比较见表 5-19。

表 5-19 不同年龄小学教师在专业知识领域的差异比较

年龄	样本数/人	平均值/分	标准差	F 检验	p
30 岁及其以下	399	4.11	0.67	0.99	0.398
31~40 岁	867	4.07	0.68		
41~50 岁	239	4.08	0.69		
51~60 岁	63	4.20	0.66		

表 5-19 的直观效果图如图 5-11 所示。

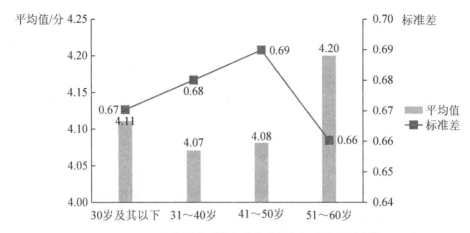

图 5-11 不同年龄小学教师在专业知识领域的差异比较

其一,在专业知识领域,各个年龄阶段的小学教师的平均得分在 4.07~4.20 分(满分为 5.00 分),如果按照常规划分优(4.50 分及其以上)、良(4.00~4.49 分)、中(3.50~3.99 分)、及格(3.00~3.49 分)、不及格(2.99 分及其以下)这 5 个等级,那么各个年龄阶段的小学教师的专业知识都在"良"这个等级。

其二,F 检验的结果表明,在专业知识领域中,不同年龄小学教师的专业素质不存在显著性差异($p>0.05$)。

(5)不同年龄小学教师在专业能力领域的差异比较

不同年龄小学教师在专业能力领域的差异比较见表 5-20。

表 5-20 不同年龄小学教师在专业能力领域的差异比较

年龄	样本数/人	平均值/分	标准差	F 检验	p
30 岁及其以下	399	4.20	0.65	0.46	0.710
31~40 岁	867	4.16	0.63		
41~50 岁	239	4.16	0.66		
51~60 岁	63	4.24	0.67		

表 5-20 的直观效果图如图 5-12 所示。

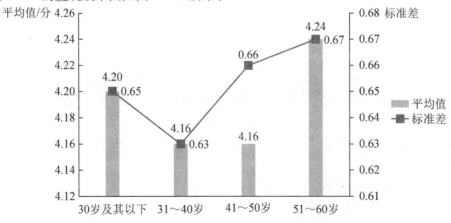

图 5-12 不同年龄小学教师在专业能力领域的差异比较

其一，在专业能力上，各个年龄阶段的小学教师的平均得分都在 4.16～4.24 分（满分为 5.00 分），如果按照常规划分优（4.50 分及其以上）、良（4.00～4.49 分）、中（3.50～3.99 分）、及格（3.00～3.49 分）、不及格（2.99 分及其以下）这 5 个等级，那么各个年龄阶段的小学教师的平均得分都在"良"这个等级。

其二，F 检验的结果表明，在专业能力领域中，不同年龄小学教师的专业素质不存在差异（$p>0.05$）。

(6) 不同年龄小学教师在身心健康领域的差异比较

不同年龄小学教师在身心健康领域的差异比较见表 5-21。

表 5-21　不同年龄小学教师在身心健康领域的差异比较

年龄	样本数/人	平均值/分	标准差	F 检验	p
30 岁及其以下	399	3.91	0.88	4.87	0.002
31～40 岁	867	3.74	0.95		
41～50 岁	239	3.86	0.84		
51～60 岁	63	4.01	0.83		

表 5-21 的直观效果图如图 5-13 所示。

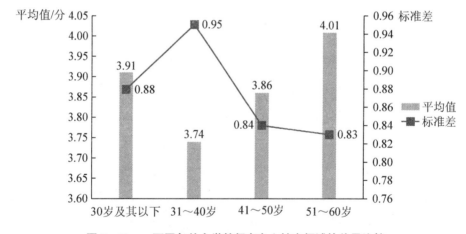

图 5-13　不同年龄小学教师在身心健康领域的差异比较

其一，在身心健康领域，各个年龄阶段的小学教师的平均得分在 3.74～4.01 分（满分为 5.00 分），如果按照常规划分优（4.50 分及其以上）、良（4.00～4.49 分）、中（3.50～3.99 分）、及格（3.00～3.49 分）、不及格（2.99 分及其以下）这 5 个等级，那么各个年龄阶段的小学教师的平均得分都在"良"和"中"这两个等级。

其二，F 检验的结果表明，在身心健康领域中，不同年龄的小学教师专业素质之间在 0.01 水平上存在显著性差异。经多重比较发现，30 岁及其以下的小学教师身心健康的平均值在 0.01 水平上，显著高于 31～40 岁的小学教师。

(7) 不同年龄小学教师在各个领域中差异比较的总结

不同年龄小学教师在各个领域中的差异比较如图 5-14 所示。

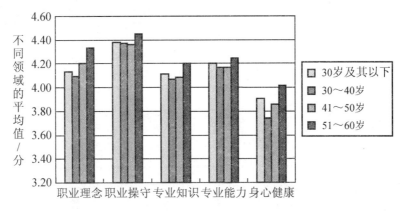

图 5-14 不同年龄小学教师在各个领域的差异比较

其一，在职业理念、职业操守、专业知识、专业能力、身心健康 5 个领域的专业素质上，以及在专业素质的总均值上，我国各个年龄段的小学教师的得分都在"良"和"中"这两个等级。

其二，我国不同年龄段的小学教师之间，在职业理念、身心健康两个领域的专业素质上存在着显著差异，在职业操守、专业知识、专业能力 3 个领域的素质上及在素质的总均值上不存在显著性差异。

2. 不同年龄小学教师与小学教师总体之间的专业素质差异比较

（1）不同年龄小学教师与小学教师总体之间在职业理念领域的差异比较

不同年龄小学教师与小学教师总体之间在职业理念领域的差异比较见表 5-22。

表 5-22 不同年龄小学教师与小学教师总体之间在职业理念领域的差异比较

年龄	样本数/人	不同年龄教师		教师整体		t 检验	p
		平均值/分	标准差	平均值/分	标准差		
30 岁及其以下	399	4.13	0.69	4.13	0.66	0.26	0.793
31～40 岁	867	4.09	0.66			−1.68	0.093
41～50 岁	239	4.19	0.63			1.67	0.097
51～60 岁	63	4.33	0.61			2.61	0.011

t 检验的结果表明，在职业理念领域中，除 51～60 岁小学教师专业素质的平均值在 0.05 水平上显著高于小学教师整体专业素质外，30 岁及其以下、31～40 岁、41～50 岁等 3 个年龄段的小学教师专业素质与小学教师整体专业素质之间均不存在显著性差异（$p>0.05$）。

（2）不同年龄小学教师与小学教师总体之间在职业操守领域的差异比较

不同年龄小学教师与小学教师总体之间在职业操守领域的差异比较见表 5-23。

表5-23 不同年龄小学教师与小学教师总体之间在职业操守领域的差异比较

年龄	样本数/人	不同年龄教师		教师整体		t 检验	p
		平均值/分	标准差	平均值/分	标准差		
30岁及其以下	399	4.38	0.57	4.37	0.58	0.37	0.714
31~40岁	867	4.36	0.58			−0.38	0.705
41~50岁	239	4.36	0.58			−0.25	0.800
51~60岁	63	4.44	0.60			0.95	0.346

t 检验的结果表明，在职业操守领域中，不同年龄小学教师与小学教师总体在各年龄段均不存在显著性差异（$p>0.05$）。

(3) 不同年龄小学教师与小学教师总体之间在专业知识领域的差异比较

不同年龄小学教师与小学教师总体之间在专业知识领域的差异比较见表5-24。

表5-24 不同年龄小学教师与小学教师总体之间在专业知识领域的差异比较

年龄	样本数/人	不同年龄教师		教师整体		t 检验	p
		平均值/分	标准差	平均值/分	标准差		
30岁及其以下	399	4.11	0.67	4.09	0.68	0.78	0.435
31~40岁	867	4.07	0.68			−0.84	0.403
41~50岁	239	4.08	0.69			−0.07	0.947
51~60岁	63	4.20	0.66			1.32	0.193

t 检验的结果表明，在专业知识领域中，不同年龄小学教师专业素质与小学教师整体专业素质在各年龄段均不存在显著性差异（$p>0.05$）。

(4) 不同年龄小学教师与小学教师总体之间在专业能力领域的差异比较

不同年龄小学教师与小学教师总体之间在专业能力领域的差异比较见表5-25。

表5-25 不同年龄小学教师与小学教师总体之间在专业能力领域的差异比较

年龄	样本数/人	不同年龄教师		教师整体		t 检验	p
		平均值/分	标准差	平均值/分	标准差		
30岁及其以下	399	4.20	0.65	4.18	0.64	0.62	0.534
31~40岁	867	4.16	0.63			−0.52	0.606
41~50岁	239	4.16	0.66			−0.26	0.797
51~60岁	63	4.24	0.67			0.78	0.440

t 检验的结果表明，在专业能力领域中，不同年龄小学教师专业素质与小学教师总体专业素质在各年龄段均不存在显著性差异（$p>0.05$）。

(5) 不同年龄小学教师与小学教师总体之间在身心健康领域的差异比较

不同年龄小学教师与小学教师总体之间在身心健康领域的差异比较见表5-26。

表 5-26 不同年龄小学教师与小学教师总体之间在身心健康领域的差异比较

年龄	样本数/人	不同年龄教师		教师整体		t 检验	p
		平均值/分	标准差	平均值/分	标准差		
30 岁及其以下	399	3.91	0.88	3.81	0.91	2.33	0.020
31~40 岁	867	3.74	0.95			−2.32	0.020
41~50 岁	239	3.86	0.84			0.88	0.379
51~60 岁	63	4.01	0.83			1.91	0.061

t 检验的结果表明,在身心健康领域中,30 岁及其以下、31~40 岁年龄段小学教师专业素质与小学教师整体专业素质之间在 0.05 水平上存在显著性差异,其中 30 岁及其以下的平均值在 0.05 水平上显著高于小学教师整体专业素质;31~40 岁的平均值在 0.05 水平上,显著低于小学教师整体专业素质。

(6) 不同年龄小学教师与小学教师总体之间在专业素质总均值上的差异比较

不同年龄小学教师与小学教师总体之间在专业素质总均值上的差异比较见表 5-27。

表 5-27 不同年龄小学教师与小学教师总体之间在专业素质总均值上的差异比较

年龄	样本数/人	不同年龄教师		教师整体		t 检验	p
		平均值/分	标准差	平均值/分	标准差		
30 岁及其以下	399	4.15	0.61	4.11	0.62	1.10	0.274
31~40 岁	867	4.08	0.62			−1.43	0.153
41~50 岁	239	4.13	0.61			0.47	0.643
51~60 岁	63	4.24	0.63			1.65	0.105

t 检验的结果表明,不同年龄小学教师与小学教师总体之间在专业素质总均值上不存在显著性差异($p>0.05$)。

结论:从年龄上看,我国各年龄段的小学教师与小学教师总体之间,在职业理念、职业操守、专业知识、专业能力 4 个领域不存在显著性差异,只在身心健康领域存在显著性差异。

(三) 教龄维度的分析

1. 不同教龄小学教师之间的专业素质差异比较

(1) 不同教龄小学教师之间在专业素质总均值上的差异比较

不同教龄小学教师之间在专业素质总均值上的差异比较见表 5-28。

表 5-28 不同教龄小学教师之间在专业素质总均值上的差异比较

教龄	样本数/人	平均值/分	标准差	F 检验	p
1~5 年	195	4.16	0.62	1.13	0.335
6~10 年	303	4.12	0.63		
11~20 年	812	4.09	0.61		
21 年及其以上	258	4.15	0.61		

表 5-28 的直观效果图如图 5-15 所示。

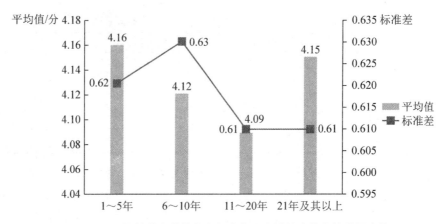

图 5-15 不同教龄小学教师之间在专业素质总均值上的差异比较

其一,在专业素质总均值上,各个教龄段的小学教师的得分都在 4.09~4.16 分(满分为 5.00 分),如果按照常规划分优(4.50 分及其以上)、良(4.00~4.49 分)、中(3.50~3.99 分)、及格(3.00~3.49 分)、不及格(2.99 分及其以下)这 5 个等级,那么各个教龄段的小学教师的得分都在"良"这个等级。

其二,F 检验的结果表明,不同教龄小学教师专业素质在总均值上均不存在显著性差异($p > 0.05$)。

(2) 不同教龄小学教师之间在职业理念领域的差异比较

不同教龄小学教师之间在职业理念领域的差异比较见表 5-29。

表 5-29 不同教龄小学教师之间在职业理念领域的差异比较

教龄	样本数/人	平均值/分	标准差	F 检验	p
1~5 年	195	4.14	0.68	2.61	0.050
6~10 年	303	4.09	0.71		
11~20 年	812	4.10	0.65		
21 年及其以上	258	4.23	0.62		

表 5-29 的直观效果图如图 5-16 所示。

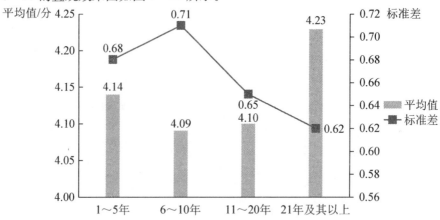

图 5-16 不同教龄小学教师之间在职业理念领域的差异比较

其一，在职业理念领域，各个教龄段小学教师的得分都在 4.09~4.23 分（满分为 5.00 分），如果按照常规划分优（4.50 分及其以上）、良（4.00~4.49 分）、中（3.50~3.99 分）、及格（3.00~3.49 分）、不及格（2.99 分及其以下）这 5 个等级，那么所有教龄段的小学教师的得分都在"良"这个等级。

其二，F 检验的结果表明，在职业理念领域中，不同教龄的小学教师素质之间在 0.05 水平上存在显著性差异。经多重比较发现，21 年及其以上教龄的小学教师专业素质总均值在 0.01 水平上显著高于 11~20 年的，在 0.05 水平显著高于 6~10 年。

（3）不同教龄小学教师之间在职业操守领域的差异比较

不同教龄小学教师之间在职业操守领域的差异比较见表 5-30。

表 5-30　不同教龄小学教师之间在职业操守领域的差异比较

教龄	样本数/人	平均值/分	标准差	F 检验	p
1~5 年	195	4.38	0.58	0.31	0.818
6~10 年	303	4.34	0.61		
11~20 年	812	4.38	0.57		
21 年及其以上	258	4.38	0.58		

表 5-30 的直观效果图如图 5-17 所示。

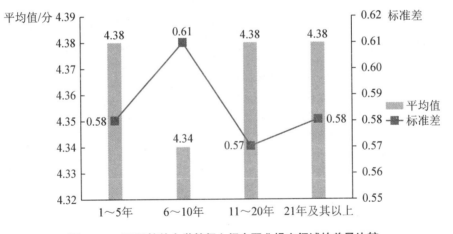

图 5-17　不同教龄小学教师之间在职业操守领域的差异比较

其一，在职业操守领域，各个教龄段的小学教师的得分都在 4.34~4.38 分（满分为 5.00 分），如果按照常规划分优（4.50 分及其以上）、良（4.00~4.49 分）、中（3.50~3.99 分）、及格（3.00~3.49 分）、不及格（2.99 分及其以下）这 5 个等级，那么所有教龄段的小学教师的得分都在"良"这个等级。

其二，F 检验的结果表明，在职业操守领域中，不同教龄小学教师专业素质不存在显著性差异（$p>0.05$）。

（4）不同教龄小学教师之间在专业知识领域的差异比较

不同教龄小学教师之间在专业知识领域的差异比较见表 5-31。

表5-31　不同教龄小学教师之间在专业知识领域的差异比较

教龄	样本数/人	平均值/分	标准差	F检验	p
1～5年	195	4.10	0.68	0.35	0.789
6～10年	303	4.11	0.69		
11～20年	812	4.07	0.68		
21年及其以上	258	4.10	0.69		

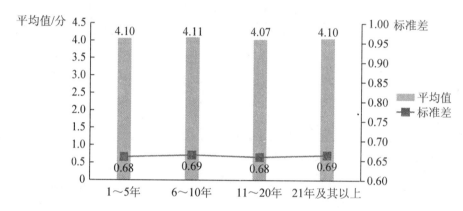

图5-18　不同教龄小学教师之间在专业知识领域的差异比较

其一，在专业知识领域，所有教龄段的小学教师的得分在4.07～4.11分（满分为5.00分），如果按照常规划分优（4.50分及其以上）、良（4.00～4.49分）、中（3.50～3.99分）、及格（3.00～3.49分）、不及格（2.99分及其以下）这5个等级，那么所有教龄段小学教师都为"良"这个等级。

其二，F检验的结果表明，在专业知识领域中，不同教龄小学教师之间不存在显著性差异（$p>0.05$）。

（5）不同教龄小学教师之间在专业能力领域的差异比较

不同教龄小学教师之间在专业能力领域的差异比较见表5-32。

表5-32　不同教龄小学教师之间在专业能力领域的差异比较

教龄	样本数/人	平均值/分	标准差	F检验	p
1～5年	195	4.19	0.63	0.15	0.930
6～10年	303	4.19	0.68		
11～20年	812	4.17	0.63		
21年及其以上	258	4.16	0.66		

表5-32的直观效果图如图5-19所示。

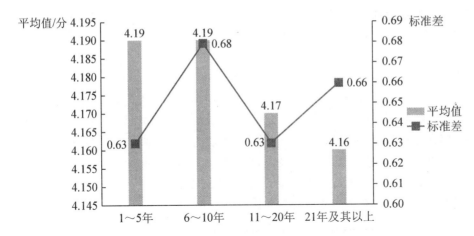

图 5-19 不同教龄小学教师之间在专业能力领域的差异比较

其一,各个教龄段的小学教师的得分在 4.16～4.19 分(满分为 5.00 分),如果按照常规划分优(4.50 分及其以上)、良(4.00～4.49 分)、中(3.50～3.99 分)、及格(3.00～3.49 分)、不及格(2.99 分及其以下)这 5 个等级,那么各个教龄段的小学教师的得分都在"良"这个等级。

其二,F 检验的结果表明,在专业能力领域中,不同教龄小学教师专业素质不存在显著性差异($p>0.05$)。

(6) 不同教龄小学教师之间在身心健康领域的差异比较

不同教龄小学教师之间在身心健康领域的差异比较见表 5-33。

表 5-33 不同教龄小学教师之间在身心健康领域的差异比较

教龄	样本数/人	平均值/分	标准差	F 检验	p
1～5 年	195	3.97	0.88	5.92	0.001
6～10 年	303	3.88	0.87		
11～20 年	812	3.72	0.95		
21 年及其以上	258	3.89	0.85		

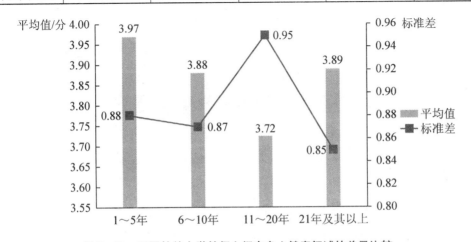

图 5-20 不同教龄小学教师之间在身心健康领域的差异比较

其一，在身心健康上，各个教龄段的小学教师的得分在 3.72～3.97 分（满分为 5.00 分），如果按照常规划分优（4.50 分及其以上）、良（4.00～4.49 分）、中（3.50～3.99 分）、及格（3.00～3.49 分）、不及格（2.99 分及其以下）这 5 个等级，那么各个教龄段的小学教师的得分都在"中"这个等级。

其二，F 检验的结果表明，在身心健康领域中，不同教龄的小学教师专业素质在 0.001 水平上存在显著性差异。经过多重比较发现，在身心健康领域，1～5 年教龄的小学教师平均值在 0.01 水平上显著高于 11～20 年教龄的小学教师；11～20 年教龄的小学教师均值在 0.01 水平上显著低于 21 年及其以上教龄的小学教师。

（7）不同教龄小学教师在各个领域的差异比较小结

不同教龄小学教师在各个领域的差异比较如图 5-21 所示。

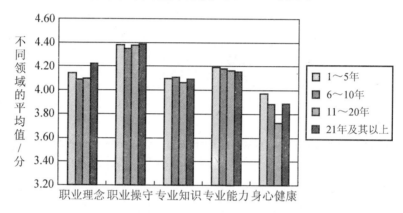

图 5-21　不同教龄小学教师在各个领域的差异比较

小结：从教龄角度来看，我国各个教龄段的小学教师之间，在职业理念和身心健康这 2 个领域内存在显著性差异，而在职业操守、专业知识、专业能力这 3 个领域及在总均值上不存在显著性差异。

2. 各个教龄段小学教师与小学教师总体之间的专业素质差异比较

（1）各个教龄段小学教师与小学教师总体之间在职业理念领域的差异比较

各个教龄段小学教师与小学教师总体之间在职业理念领域的差异比较见表 5-34。

表 5-34　各个教龄段小学教师与小学教师总体之间在职业理念领域的差异比较

教龄	样本数/人	不同教龄教师		教师整体		t 检验	p
		平均值/分	标准差	平均值/分	标准差		
1～5 年	195	4.14	0.68	4.13	0.66	0.39	0.696
6～10 年	303	4.09	0.71			−0.91	0.362
11～20 年	812	4.10	0.65			−0.97	0.334
21 年及其以上	258	4.23	0.62			2.58	0.010

t 检验的结果表明，在职业理念领域中，除 21 年及其以上教龄的小学教师专业素质的平均值在 0.01 水平上显著高于小学教师整体素质外，其他教龄段小学教师专业素质与

小学教师整体专业素质之间均不存在显著性差异（$p>0.05$）。

（2）各个教龄段小学教师与小学教师总体之间在职业操守领域的差异比较

各个教龄段小学教师与小学教师总体之间在职业操守领域的差异比较见表5-35。

表5-35　各个教龄段小学教师与小学教师总体之间在职业操守领域的差异比较

教龄	样本数/人	不同教龄教师		教师整体		t检验	p
		平均值/分	标准差	平均值/分	标准差		
1~5年	195	4.38	0.58	4.37	0.58	0.16	0.870
6~10年	303	4.34	0.61			−0.81	0.417
11~20年	812	4.38	0.57			0.25	0.803
21年及其以上	258	4.38	0.58			0.34	0.731

t检验的结果表明，在职业操守领域，不同教龄小学教师专业素质与小学教师整体专业素质之间均不存在差异（$p>0.05$）。

（3）各个教龄段小学教师与小学教师总体之间在专业知识领域的差异比较

各个教龄段小学教师与小学教师总体之间在专业知识领域的差异比较见表5-36。

表5-36　各个教龄段小学教师与小学教师总体之间在专业知识领域的差异比较

教龄	样本数/人	不同教龄教师		教师整体		t检验	p
		平均值/分	标准差	平均值/分	标准差		
1~5年	195	4.10	0.68	4.09	0.68	0.32	0.748
6~10年	303	4.11	0.69			0.62	0.536
11~20年	812	4.07	0.68			−0.70	0.484
21年及其以上	258	4.10	0.69			0.27	0.788

t检验的结果表明，在专业知识领域中，不同教龄小学教师专业素质与小学教师整体专业素质之间均不存在差异（$p>0.05$）。

（4）各个教龄段小学教师与小学教师总体之间在专业能力领域的差异比较

各个教龄段小学教师与小学教师总体之间在专业能力领域的差异比较见表5-37。

表5-37　各个教龄段小学教师与小学教师总体之间在专业能力领域的差异比较

教龄	样本数/人	不同教龄教师		教师整体		t检验	p
		平均值/分	标准差	平均值/分	标准差		
1~5年	195	4.19	0.63	4.18	0.64	0.41	0.685
6~10年	303	4.19	0.68			0.31	0.754
11~20年	812	4.17	0.63			−0.19	0.850
21年及其以上	258	4.16	0.66			−0.37	0.709

t检验的结果表明，在专业能力领域中，不同教龄小学教师专业素质与小学教师总体

专业素质之间均不存在显著性差异（$p>0.05$）。

（5）各个教龄段小学教师与小学教师总体之间在身心健康领域的差异比较

各个教龄段小学教师与小学教师总体之间在身心健康领域的差异比较见表5-38。

表5-38 各个教龄段小学教师与小学教师总体之间在身心健康领域的差异比较

教龄	样本数/人	不同教龄教师		教师整体		t检验	p
		平均值/分	标准差	平均值/分	标准差		
1～5年	195	3.97	0.88	3.81	0.91	2.56	0.011
6～10年	303	3.88	0.87			1.32	0.188
11～20年	812	3.72	0.95			−2.69	0.007
21年及其以上	258	3.89	0.85			1.56	0.120

t检验的结果表明，在身心健康领域中，1～5年教龄段的小学教师专业素质平均值在0.05水平上显著高于小学教师总体专业素质，11～20年教龄段的小学教师专业素质平均值在0.01水平上显著低于小学教师总体专业素质。其他教龄段小学教师专业素质平均值与小学教师总体专业素质之间不存在显著性差异（$p>0.05$）。

（6）各个教龄段小学教师与小学教师总体之间在专业素质总均值上的差异比较

各个教龄段小学教师与小学教师总体之间在专业素质总均值上的差异比较见表5-39。

表5-39 各个教龄段小学教师与小学教师总体之间在专业素质总均值上的差异比较

教龄	样本数/人	不同教龄教师		教师整体		t检验	p
		平均值/分	标准差	平均值/分	标准差		
1～5年	195	4.16	0.62	4.11	0.62	1.00	0.319
6～10年	303	4.12	0.63			0.20	0.843
11～20年	812	4.09	0.61			−1.18	0.238
21年及其以上	258	4.15	0.61			1.00	0.320

t检验的结果表明，不同教龄小学教师专业素质与小学教师整体专业素质在总均值上不存在显著性差异（$p>0.05$）。

（四）性别维度的分析

1. 不同性别小学教师之间的专业素质差异比较

（1）不同性别小学教师之间在专业素质总均值上的差异比较

不同性别小学教师之间在专业素质总均值上的差异比较见表5-40。

表5-40 不同性别小学教师之间在专业素质总均值上的差异比较

性别	样本数/人	平均值/分	标准差	t检验	p
男	325	4.06	0.66	−1.93	0.053
女	1 243	4.13	0.61		

其一，男性与女性小学教师在各个领域专业素质的得分总均值都在 4.06～4.13 分（满分为 5.00 分），如果按照常规划分优（4.50 分及其以上）、良（4.00～4.49 分）、中（3.50～3.99 分）、及格（3.00～3.49 分）、不及格（2.99 分及其以下）这 5 个等级，那么男性和女性小学教师的总均值都为"良"这个等级。

其二，t 检验的结果表明，不同性别小学教师专业素质在总均值上不存在显著性差异（$p>0.05$）。

（2）不同性别小学教师之间在职业理念领域的差异比较

不同性别小学教师之间在职业理念领域的差异比较见表 5-41。

表 5-41　不同性别小学教师之间在职业理念领域的差异比较

性别	样本数/人	平均值/分	标准差	t 检验	p
男	325	4.02	0.70	-3.0	0.003
女	1 243	4.15	0.65		

表 5-41 的直观效果图如图 5-22 所示。

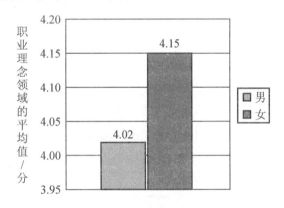

图 5-22　不同性别小学教师之间在职业理念领域的差异比较

其一，在职业理念领域中，男、女性小学教师的得分在 4.02～4.15 分（满分为 5.00 分），如果按照常规划分优（4.50 分及其以上）、良（4.00～4.49 分）、中（3.50～3.99 分）、及格（3.00～3.49 分）、不及格（2.99 分及其以下）这 5 个等级，那么男、女教师都为"良"这个等级。

其二，t 检验的结果表明，在职业理念领域中，女性小学教师专业素质在 0.01 水平上显著高于男性小学教师专业素质。

（3）不同性别小学教师之间在职业操守领域的差异比较

不同性别小学教师之间在职业操守领域的差异比较见表 5-42。

表 5-42　不同性别小学教师之间在职业操守领域的差异比较

性别	样本数/人	平均值/分	标准差	t 检验	p
男	325	4.23	0.64	-4.49	0.000
女	1 243	4.41	0.56		

表 5-42 的直观效果图如图 5-23 所示。

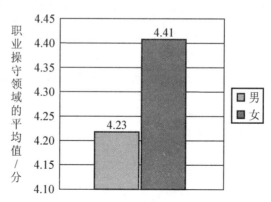

图 5-23 不同性别小学教师之间在职业操守领域的差异比较

其一，在职业操守上，男、女性小学教师的得分为 4.23～4.41 分（满分为 5.00 分），如果按照常规划分优（4.50 分及其以上）、良（4.00～4.49 分）、中（3.50～3.99 分）、及格（3.00～3.49 分）、不及格（2.99 分及其以下）这 5 个等级，那么男、女小学教师都为"良"这个等级。

其二，t 检验的结果表明，在职业操守领域中，女性小学教师专业素质在 0.001 水平上显著高于男性小学教师专业素质。

（4）不同性别小学教师之间在专业知识领域的差异比较

不同性别小学教师之间在专业知识领域的差异比较见表 5-43。

表 5-43 不同性别小学教师之间在专业知识领域的差异比较

性别	样本数/人	平均值/分	标准差	t 检验	p
男	325	4.04	0.69	-1.52	0.130
女	1 243	4.10	0.68		

其一，在专业知识领域中，男、女小学教师得分在 4.03～4.10 分（满分为 5.00 分），如果按照常规划分优（4.50 分及其以上）、良（4.00～4.49 分）、中（3.50～3.99 分）、及格（3.00～3.49 分）、不及格（2.99 分及其以下）这 5 个等级，那么男、女教师都为"良"这个等级。

其二，t 检验的结果表明，在专业知识领域中，不同性别小学教师之间不存在显著性差异（$p>0.05$）。

（5）不同性别小学教师之间在专业能力领域的差异比较

不同性别小学教师之间在专业能力领域的差异比较见表 5-44。

表 5-44 不同性别小学教师之间在专业能力领域的差异比较

性别	样本数/人	平均值/分	标准差	t 检验	p
男	325	4.08	0.69	-2.91	0.004
女	1 243	4.20	0.63		

表 5-44 的直观效果图如图 5-24 所示。

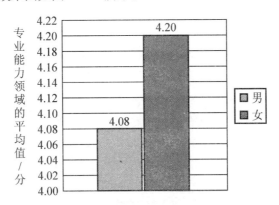

图 5-24 不同性别小学教师之间在专业能力领域的差异比较

其一，在专业能力领域中，男、女小学教师得分在 4.08～4.20 分（满分为 5.00 分），如果按照常规划分优（4.50 分及其以上）、良（4.00～4.49 分）、中（3.50～3.99 分）、及格（3.00～3.49 分）、不及格（2.99 分及其以下）这 5 个等级，那么男、女教师都为"良"这个等级。

其二，t 检验的结果表明，在专业能力领域中，女性小学教师专业素质在 0.01 水平上显著高于男性小学教师专业素质。

（6）不同性别小学教师之间在身心健康领域的差异比较

不同性别小学教师之间在身心健康领域的差异比较见表 5-45。

表 5-45 不同性别小学教师之间在身心健康领域的差异比较

性别	样本数/人	平均值/分	标准差	t 检验	p
男	325	3.91	0.85	2.24	0.026
女	1 243	3.79	0.93		

表 5-45 的直观效果图如图 5-25 所示。

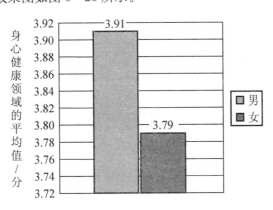

图 5-25 不同性别小学教师之间在身心健康领域的差异比较

其一，在身心健康领域中，男、女性小学教师的得分在 3.78～3.91 分（满分为 5.00

分),如果按照常规划分优(4.50分及其以上)、良(4.00~4.49分)、中(3.50~3.99分)、及格(3.00~3.49分)、不及格(2.99分及其以下)这5个等级,那么男、女教师都为"中"这个等级。

其二,t 检验的结果表明,在身心健康领域中,男性小学教师专业素质在0.05水平上显著高于女性小学教师专业素质。

(7) 不同性别小学教师在各个领域的差异比较小结

不同性别小学教师在各个领域的差异比较如图5-26所示。

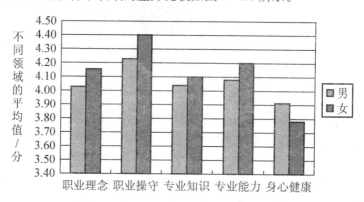

图5-26 不同性别小学教师在各个领域的差异比较

其一,在职业理念、职业操守、专业能力3个领域,女性小学教师的得分显著高于男性小学教师。

其二,在身心健康领域,男性小学教师的得分显著高于女性小学教师。

其三,在专业知识领域及专业素质得分总均值上,男性小学教师与女性小学教师之间不存在显著性差异。

2. 不同性别小学教师与小学教师总体之间在专业素质上的差异比较

(1) 不同性别小学教师与小学教师总体之间在职业理念领域的差异比较

不同性别小学教师与小学教师总体之间在职业理念领域的差异比较见表5-46。

表5-46 不同性别小学教师与小学教师总体之间在职业理念领域的差异比较

性别	样本数/人	不同性别教师		教师整体		t 检验	p
		平均值/分	标准差	平均值/分	标准差		
男	325	4.02	0.70	4.13	0.66	-2.61	0.009
女	1 243	4.15	0.65			1.45	0.148

t 检验的结果表明,在职业理念领域中,男性小学教师专业素质在0.01水平上显著低于小学教师总体水平,女性小学教师专业素质与小学教师总体专业素质之间不存在显著性差异($p>0.05$)。

(2) 不同性别小学教师与小学教师总体之间在职业操守领域的差异比较

不同性别小学教师与小学教师总体之间在职业操守领域的差异比较见表5-47。

表 5-47　不同性别小学教师与小学教师总体之间在职业操守领域的差异比较

性别	样本数/人	不同性别教师		教师整体		t 检验	p
		平均值/分	标准差	平均值/分	标准差		
男	325	4.23	0.64	4.37	0.58	−3.90	0.000
女	1 243	4.41	0.56			2.28	0.023

t 检验的结果表明，在职业操守领域中，男性小学教师专业素质在 0.001 水平上显著低于小学教师整体专业素质，女性小学教师专业素质在 0.05 水平上显著高于小学教师整体专业素质。

（3）不同性别小学教师与小学教师总体之间在专业知识领域的差异比较

不同性别小学教师与小学教师总体之间在专业知识领域的差异比较见表 5-48。

表 5-48　不同性别小学教师与小学教师总体之间在专业知识领域的差异比较

性别	样本数/人	不同性别教师		教师整体		t 检验	p
		平均值/分	标准差	平均值/分	标准差		
男	325	4.04	0.69	4.09	0.68	−1.33	0.186
女	1 243	4.10	0.68			0.69	0.489

t 检验的结果表明，在专业知识领域中，不同性别小学教师专业素质与小学教师整体专业素质均不存在显著性差异（$p>0.05$）。

（4）不同性别小学教师与小学教师总体之间在专业能力领域的差异比较

不同性别小学教师与小学教师总体之间在专业能力领域的差异比较见表 5-49。

表 5-49　不同性别小学教师与小学教师总体之间在专业能力领域的差异比较

性别	样本数/人	不同性别教师		教师整体		t 检验	p
		平均值/分	标准差	平均值/分	标准差		
男	325	4.08	0.69	4.18	0.64	−2.54	0.012
女	1 243	4.20	0.63			1.44	0.151

t 检验的结果表明，在专业能力领域中，男性小学教师专业素质在 0.05 水平上显著低于小学教师整体专业素质，女性小学教师专业素质与小学教师整体专业素质不存在显著性差异（$p>0.05$）。

（5）不同性别小学教师与小学教师总体之间在身心健康领域的差异比较

不同性别小学教师与小学教师总体之间在身心健康领域的差异比较见表 5-50。

表 5-50　不同性别小学教师与小学教师总体之间在身心健康领域的差异比较

性别	样本数/人	不同性别教师		教师整体		t 检验	p
		平均值/分	标准差	平均值/分	标准差		
男	325	3.91	0.85	3.81	0.91	2.03	0.043
女	1 243	3.79	0.93			−0.95	0.344

t 检验的结果表明，在身心健康领域中，男性小学教师专业素质在 0.05 水平上显著

高于小学教师整体专业素质，女性小学教师专业素质与小学教师整体专业素质不存在显著性差异（$p>0.05$）。

（6）不同性别小学教师与小学教师总体之间在专业素质总均值上的差异比较

不同性别小学教师与小学教师总体之间在专业素质总均值上的差异比较见表5-51。

表5-51　不同性别小学教师与小学教师总体之间在专业素质总均值上的差异比较

性别	不同性别小学教师		小学教师整体		t检验	p
	平均值/分	标准差	平均值/分	标准差		
男	4.06	0.66	4.18	0.61	−1.61	0.108
女	4.13	0.61			0.89	0.371

t检验的结果表明，在总均值上，不同性别小学教师专业素质与小学教师整体专业素质不存在显著性差异（$p>0.05$）。

（五）职称维度的分析

1. 不同职称小学教师之间的专业素质差异比较

（1）不同职称小学教师之间在专业素质总均值上的差异比较

不同职称小学教师之间在专业素质总均值上的差异比较见表5-52。

表5-52　不同职称小学教师之间在专业素质总均值上的差异比较

职称	样本数/人	平均值/分	标准差	F检验	p
中学高级	28	4.06	0.66		
小学高级	802	4.08	0.62		
小学一级	612	4.15	0.59	1.36	0.246
小学二级	40	4.18	0.57		
其他	86	4.11	0.70		

表5-52的直观效果图如图5-27所示。

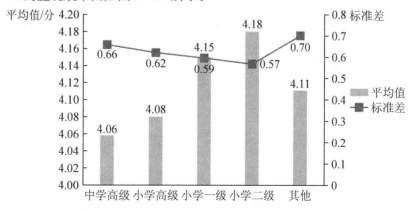

图5-27　不同职称小学教师之间在专业素质总均值上的差异比较

其一，各级职称的小学教师的专业素质总均值在 4.06～4.18 分（满分为 5.00 分），如果按照常规划分优（4.50 分及其以上）、良（4.00～4.49 分）、中（3.50～3.99 分）、及格（3.00～3.49 分）、不及格（2.99 分及其以下）这 5 个等级，那么各级职称的小学教师都为"良"这个等级。

其二，F 检验的结果表明，不同职称教师专业素质在总均值上不存在显著性差异（$p>0.05$）。但经多重比较发现，小学一级职称的总均值在 0.05 水平上显著低于小学二级职称。

（2）不同职称小学教师之间在职业理念领域的差异比较

不同职称小学教师之间在职业理念领域的差异比较见表 5-53。

表 5-53　不同职称小学教师之间在职业理念领域的差异比较

职称	样本数/人	平均值/分	标准差	F 检验	p
中学高级	28	4.23	0.63	1.14	0.337
小学高级	802	4.10	0.66		
小学一级	612	4.15	0.70		
小学二级	40	4.26	0.60		
其他	86	4.10	0.70		

表 5-53 的直观效果图如图 5-28 所示。

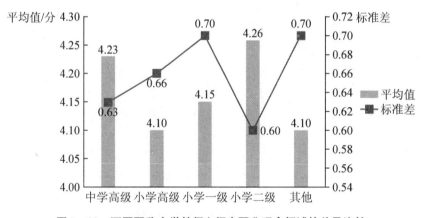

图 5-28　不同职称小学教师之间在职业理念领域的差异比较

其一，各级职称小学教师在职业理念上的得分均值在 4.10～4.26 分（满分为 5.00 分），如果按照常规划分优（4.50 分及其以上）、良（4.00～4.49 分）、中（3.50～3.99 分）、及格（3.00～3.49 分）、不及格（2.99 分及其以下）这 5 个等级，那么各级职称的小学教师都处于"良"这个等级。

其二，F 检验的结果表明，在职业理念领域中，不同职称小学教师之间不存在显著性差异（$p>0.05$）。

（3）不同职称小学教师之间在职业操守领域的差异比较

不同职称小学教师之间在职业操守领域的差异比较见表 5-54。

表 5-54　不同职称小学教师之间在职业操守领域的差异比较

职称	样本数/人	平均值/分	标准差	F 检验	p
中学高级	28	4.31	0.63		
小学高级	802	4.35	0.59		
小学一级	612	4.41	0.56	1.75	0.136
小学二级	40	4.43	0.51		
其他	86	4.28	0.63		

表 5-54 的直观效果图如图 5-29 所示。

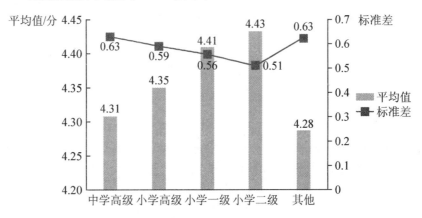

图 5-29　不同职称小学教师之间在职业操守领域的差异比较

其一，各级职称的小学教师在职业操守领域，平均得分在 4.28～4.43 分（满分为 5.00 分），如果按照常规划分为优（4.50 分及其以上）、良（4.00～4.49 分）、中（3.50～3.99 分）、及格（3.00～3.49 分）、不及格（2.99 分及其以下）这 5 个等级，那么都处于"良"这个等级。

其二，F 检验的结果表明，在职业操守维度上，不同职称教师专业素质不存在显著性差异（$p>0.05$）。但经多重比较发现，小学一级职称的总均值在 0.05 水平上显著低于小学二级职称。

(4) 不同职称小学教师之间在专业知识领域的差异比较

不同职称小学教师之间在专业知识领域的差异比较见表 5-55。

表 5-55　不同职称小学教师之间在专业知识领域的差异比较

职称	样本数/人	平均值/分	标准差	F 检验	p
中学高级	28	4.02	0.71		
小学高级	802	4.05	0.69		
小学一级	612	4.14	0.66	1.56	0.184
小学二级	40	4.09	0.61		
其他	86	4.08	0.75		

表 5-55 的直观效果图如图 5-30 所示。

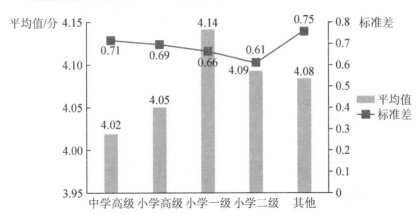

图 5-30　不同职称小学教师之间在专业知识领域的差异比较

其一，在专业知识领域，各级职称的小学教师的平均得分在 4.02～4.14 分（满分为 5.00 分），如果按照常规划分优（4.50 分及其以上）、良（4.00～4.49 分）、中（3.50～3.99 分）、及格（3.00～3.49 分）、不及格（2.99 分及其以下）这 5 个等级，那么各级职称小学教师都处于"良"这个等级。

其二，F 检验的结果表明，在专业知识维度上，不同职称教师专业素质不存在显著性差异（$p>0.05$）。但经多重比较发现，小学一级职称的总均值在 0.05 水平上显著高于小学二级职称。

（5）不同职称小学教师之间在专业能力领域的差异比较

不同职称小学教师之间在专业能力领域的差异比较见表 5-56。

表 5-56　不同职称小学教师之间在专业能力领域的差异比较

职称	样本数/人	平均值/分	标准差	F 检验	p
中学高级	28	4.08	0.67		
小学高级	802	4.15	0.65		
小学一级	612	4.22	0.62	1.45	0.214
小学二级	40	4.23	0.56		
其他	86	4.14	0.71		

表 5-56 的直观效果图如图 5-31 所示。

其一，在专业能力领域，各级职称的小学教师得分的平均值在 4.08～4.23 分（满分为 5.00 分），如果按照常规划分优（4.50 分及其以上）、良（4.00～4.49 分）、中（3.50～3.99 分）、及格（3.00～3.49 分）、不及格（2.99 分及其以下）这 5 个等级，那么各级职称的小学教师都处于"良"这个等级。

其二，F 检验的结果表明，在专业能力维度上，不同职称教师专业素质不存在显著性差异（$p>0.05$）。但经多重比较发现，小学一级职称的总均值在 0.05 水平上显著低于小学二级职称。

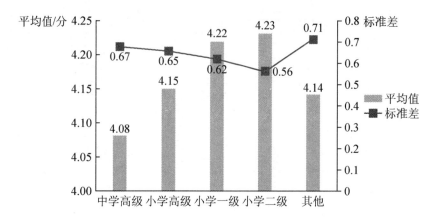

图 5-31　不同职称小学教师之间在专业能力领域的差异比较

（6）不同职称小学教师之间在身心健康领域的差异比较

不同职称小学教师之间在身心健康领域的差异比较见表 5-27。

表 5-57　不同职称小学教师之间在身心健康领域的差异比较

职称	样本数/人	平均值/分	标准差	F 检验	p
中学高级	28	3.64	1.00	1.47	0.210
小学高级	802	3.77	0.91		
小学一级	612	3.85	0.90		
小学二级	40	3.89	1.02		
其他	86	3.93	0.97		

表 5-57 的直观效果图如图 5-32 所示。

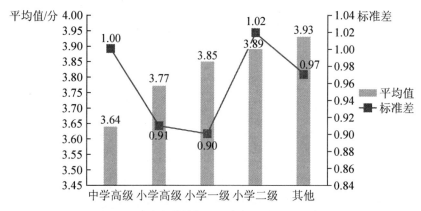

图 5-32　不同职称小学教师之间在身心健康领域的差异比较

其一，在身心健康领域，各级职称的小学教师的平均得分在 3.64~3.93 分（满分为 5.00 分），如果按照常规划分优（4.50 分及其以上）、良（4.00~4.49 分）、中（3.50~3.99 分）、及格（3.00~3.49 分）、不及格（2.99 分及其以下）这 5 个等级，那么各级职称的小学教师都处于"中"这个等级。

其二，F 检验的结果表明，在身心健康维度上，不同职称教师专业素质不存在显著性差异（$p > 0.05$）。

(7) 不同职称小学教师之间在各个领域的差异比较小结

不同职称小学教师之间在各个领域的差异比较如图 5-33 所示。

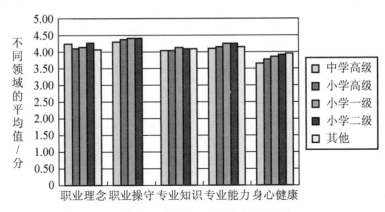

图 5-33 不同职称小学教师之间在各个领域的差异比较

在每个领域的专业素质上，不同职称的小学教师之间都不存在显著性差异（$p>0.05$）。

2. 不同职称小学教师与小学教师总体之间的专业素质差异比较

(1) 不同职称小学教师与小学教师总体之间在职业理念领域的差异比较

不同职称小学教师与小学教师总体之间在职业理念领域的差异比较见表 5-58。

表 5-58 不同职称小学教师与小学教师总体之间在职业理念领域的差异比较

职称	样本数/人	不同职称教师		教师整体		t 检验	p
		平均值/分	标准差	平均值/分	标准差		
中学高级	28	4.23	0.63	4.13	0.66	0.92	0.367
小学高级	802	4.10	0.66			−1.08	0.279
小学一级	612	4.15	0.67			0.85	0.393
小学二级	40	4.26	0.60			1.45	0.155
其他	86	4.10	0.70			−0.38	0.703

t 检验的结果表明，在职业理念领域中，不同职称的小学教师与小学教师总体之间不存在显著性差异（$p>0.05$）。

(2) 不同职称小学教师与小学教师总体之间在职业操守领域的差异比较

不同职称小学教师与小学教师总体之间在职业操守领域的差异比较见表 5-59。

表 5-59 不同职称小学教师与小学教师总体之间在职业操守领域的差异比较

职称	样本数/人	不同职称教师		教师整体		t 检验	p
		平均值/分	标准差	平均值/分	标准差		
中学高级	28	4.31	0.63	4.37	0.58	−0.48	0.639
小学高级	802	4.35	0.59			−1.10	0.271

续表

职称	样本数/人	不同职称教师		教师整体		t检验	p
		平均值/分	标准差	平均值/分	标准差		
小学一级	612	4.41	0.56	4.37	0.58	1.84	0.066
小学二级	40	4.43	0.51			0.68	0.499
其他	86	4.28	0.63			−1.29	0.200

t 检验的结果表明,在职业操守领域中,不同职称小学教师专业素质与小学教师总体专业素质在总均值上不存在显著性差异($p>0.05$)。

(3) 不同职称小学教师与小学教师总体之间在专业知识领域的差异比较

不同职称小学教师与小学教师总体之间在专业知识领域的差异比较见表5-60。

表5-60 不同职称小学教师与小学教师总体之间在专业知识领域的差异比较

职称	样本数/人	不同职称教师		教师整体		t检验	p
		平均值/分	标准差	平均值/分	标准差		
中学高级	28	4.02	0.71	4.09	0.68	−0.52	0.608
小学高级	802	4.05	0.69			−1.51	0.132
小学一级	612	4.14	0.66			1.94	0.053
小学二级	40	4.09	0.61			0.04	0.965
其他	86	4.08	0.75			−0.09	0.925

t 检验的结果表明,在专业知识领域中,不同职称的小学教师与小学教师总体之间不存在显著性差异($p>0.05$)。

(4) 不同职称小学教师与小学教师总体之间在专业能力领域的差异比较

不同职称小学教师与小学教师总体之间在专业能力领域的素质差异比较见表5-61。

表5-61 不同职称小学教师与小学教师总体之间在专业能力领域的差异比较

职称	样本数/人	不同职称教师		教师整体		t检验	p
		平均值/分	标准差	平均值/分	标准差		
中学高级	28	4.08	0.67	4.18	0.64	−0.77	0.449
小学高级	802	4.15	0.65			−1.28	0.202
小学一级	612	4.22	0.62			1.77	0.077
小学二级	40	4.23	0.56			0.57	0.574
其他	86	4.14	0.71			−0.48	0.632

t 检验的结果表明,在专业能力领域中,不同职称小学教师与小学教师总体之间不存在显著性差异($p>0.05$)。

(5) 不同职称小学教师与小学教师总体之间在身心健康领域的差异比较

不同职称小学教师与小学教师总体之间在身心健康领域的差异比较见表5-62。

表 5-62　不同职称小学教师与小学教师总体之间在身心健康领域的差异比较

职称	样本数/人	不同职称教师		教师整体		t 检验	p
		平均值/分	标准差	平均值/分	标准差		
中学高级	28	3.64	1.00	3.81	0.91	−1.27	0.216
小学高级	802	3.77	0.91			−3.51	0.000
小学一级	612	3.85	0.90			−0.74	0.460
小学二级	40	3.89	1.02			0.08	0.938
其他	86	3.93	0.97			0.50	0.622

t 检验的结果表明，在身心健康领域，除小学高级职称的平均值在 0.001 水平上显著低于小学教师总体的得分之外，其他职称小学教师的得分与小学教师总体之间不存在显著性差异（$p>0.05$）。

（6）不同职称小学教师与小学教师总体之间在专业素质总均值上的差异比较

不同职称小学教师与小学教师总体之间在专业素质总均值上的差异比较见表 5-63。

表 5-63　不同职称小学教师与小学教师总体之间在专业素质总均值上的差异比较

职称	样本数/人	不同职称教师		教师整体		t 检验	p
		平均值/分	标准差	平均值/分	标准差		
中学高级	28	4.06	0.66	4.11	0.62	−0.46	0.650
小学高级	802	4.08	0.62			−1.43	0.154
小学一级	612	4.15	0.59			1.69	0.092
小学二级	40	4.18	0.57			0.72	0.474
其他	86	4.11	0.70			−0.11	0.914

t 检验的结果表明，不同职称的小学教师与小学教师总体之间在专业素质的总均值上均不存在显著性差异（$p>0.05$）。

三、主要发现

1. 我国小学教师专业素质的总体水平

我国小学教师整体专业素质水平较高，总均值为 4.11 分（满分为 5.00 分），即小学教师总体在各个领域的专业素质的总平均得分为 4.11 分，处于"良"的水平。

2. 我国小学教师在各个领域的专业素质情况

（1）职业理念、职业操守、专业知识、专业能力和身心健康这 5 个领域，我国小学教师专业素质平均得分从高到低的领域依次是职业操守、专业能力、职业理念、专业知识、身心健康。

（2）我国小学教师在职业理念、职业操守、专业知识、专业能力的这 4 个领域中的专业素质的平均得分都处于"良"这一等级。

(3) 身心健康领域达到中的水平（更具体地说是中等偏上的水平）。

3. 我国小学教师在各个单项专业素质上的得分情况

(1) 单项指标平均得分的变化范围

在5个领域的61项素质指标中，各个单项指标的平均得分在3.67～4.55分。

(2) 在5个领域的61项素质指标中平均得分最高和最低的3项指标

① 在5个领域的61项素质指标中，平均得分最高的3项指标依次是以下几项。

指标22（注重职业形象，言行、衣着得体，举止文明礼貌），平均得分为4.55分。

指标21（廉洁从教，抵制社会不良风气，反对利用职务之便牟取私利），平均得分4.53分。

指标19（尊重自己的同事，维护同事发表不同意见的权利，不把自己的意见强加于人，以宽容的态度对待他人），平均得分4.46分。

② 在5个领域的61项素质指标中，平均得分较低的3项指标依次为以下几指标。

指标60（重视体育锻炼，能坚持有计划、有针对性地参加各种体育活动，提高身体素质），平均得分为3.67分。

指标8（有全球化的教育视野），平均得分3.68分。

指标58（有基本的医药、保健知识，能预防常见的教师职业病），平均得分3.70分。

(3) 每个领域中平均得分最高的3个指标

① 在职业理念领域中，平均得分最高的3个指标依次为以下几项。

指标5（具有强烈的生命意识，珍爱生命）。

指标6（具有人文情怀，同情、关怀他人的不幸与苦难）。

指标3（消除各种歧视，追求教育平等）。

② 在职业操守领域中，平均得分最高的3个指标依次为以下几项。

指标22（注重职业形象，言行、衣着得体，举止文明礼貌）。

指标21（廉洁从教，抵制社会不良风气，反对利用职务之便牟取私利）。

指标19（尊重自己的同事，维护同事发表不同意见的权利，不把自己的意见强加于人，以宽容的态度对待他人）。

③ 在专业知识领域中，平均得分最高的3个指标依次为以下几项。

指标36（知道所教学科的学习方法和研究方法）。

指标29（了解学生个体的已有经验、学习方法、学习习惯与能力倾向）。

指标27（掌握不同年段学生认知发展特点及相关知识）。

④ 在专业能力领域中，平均得分最高的3个指标依次为以下几项。

指标54（具有较好的语言表达能力，能用标准普通话开展教学活动，了解科学发声的知识）。

指标47（能根据学生的学习情况，及时调整教学进程，改进教学方法）。

指标40（能与学生进行有效沟通，并获得信任）。

⑤ 在身心健康领域中，平均得分最高的3个指标依次为以下几项。

指标61（有良好的心态，具有协调和控制情绪的能力）。

指标 59（有积极、健康、合理的生活和工作习惯）。

指标 58（有基本的医药、保健知识，能预防常见的小学教师职业病）。

(4) 每个领域中平均得分最低的指标

① 在职业理念领域中，平均得分最低的 3 个指标依次为以下几项。

指标 8（有全球化的教育视野）。

指标 2（以学生为本，提高学生的社会责任感、勇于探索的创新精神和善于解决问题的实践能力）。

指标 9（了解并热爱中华民族文化，树立批判继承的观点）。

② 在职业操守领域中，平均得分最低的 3 个指标依次为以下几项。

指标 13（了解知识产权的基本含义，尊重和维护知识产权，增强学生的知识产权意识）。

指标 12［了解《国家中长期教育改革和发展规划纲要（2010—2020 年）》，明确教育改革的核心任务是提高教育质量］。

指标 11（了解并遵守国家颁布的《教育法》《义务教育法》《教师法》《中小学教师职业道德规范》和《未成年人保护法》等教育法规，清楚地知道教师的责任和权利，熟知学生的权利和义务，并在教育实践中加以落实）。

③ 在专业知识领域中，平均得分最低的 3 个指标依次为以下几项。

指标 23（了解我国教育发展的历史和现状）。

指标 25（了解教师职业生涯规划和职业发展的知识）。

指标 34（了解所教学科的历史、现状和发展趋势）。

④ 在专业能力领域中，平均得分最低的 3 个指标依次为以下几项。

指标 53（能根据教学需要开发学科课程资源）。

指标 55（具有一定的艺术审美能力）。

指标 50（能运用多种方法，针对学生个体的具体情况开展课后辅导）。

⑤ 在身心健康领域中，平均得分最低的指标为指标 60。

指标 60（重视体育锻炼，能坚持有计划、有针对性地参加各种体育活动，提高身体素质）。

说明：由于身心健康领域总共只有 4 个指标，而平均得分最高的指标已列了 3 个，因此平均得分最低的指标只列 1 个

4. 我国各类小学教师群体在专业素质上的差异情况

(1) 从年龄角度看，不同年龄的小学教师的专业素质差异情况如下。

其一，在 5 个领域的总均值上，不同年龄小学教师素质在总均值上不存在显著性差异（$p>0.05$）。但在局部，经多重比较发现，51～60 岁小学教师专业素质在总均值上显著高于 31～40 岁（$p<0.05$）。

其二，在职业理念领域，不同年龄的小学教师专业素质存在显著性差异，其中 51～60 岁的小学教师得分最高，31～40 岁的小学教师得分最低。

其三，在身心健康领域，不同年龄的小学教师之间存在显著差异，其中 51～60 岁的小学教师得分最高，31～40 岁的小学教师得分最低。

其四，在职业操守、专业知识、专业能力领域，各年龄段的小学教师之间不存在显著性差异。

(2) 从教龄角度看，不同教龄段的小学教师的专业素质差异情况如下。

其一，在各个领域的总平均得分上，各个教龄段的小学教师之间不存在显著性差异。

其二，在职业理念领域，不同教龄的小学教师之间的差异显著，其中教龄在 21 年及其以上的小学教师得分最高，教龄在 6~10 年的小学教师得分最低。

其三，在身心健康领域，不同教龄段的小学教师之间的差异显著，其中教龄在 1~5 年的小学教师得分最高，教龄在 11~20 年之间的小学教师得分最低。

其四，在职业操守、专业知识、专业能力这 3 个领域，不同教龄段的小学教师之间不存在显著差异。

(3) 从性别角度来看，不同性别的小学教师的专业素质差异如下。

其一，在各个领域的素质总平均得分上，男性小学教师与女性小学教师之间不存在显著差异。

其二，在职业理念、职业操守、专业能力 3 个领域，男性小学教师与女性小学教师之间存在显著性差异，女性小学教师的得分高于男性小学教师。

其三，在身心健康领域，男性小学教师与女性小学教师之间存在显著性差异，男性小学教师的得分高于女性小学教师。

其四，在专业知识领域，男性小学教师与女性小学教师之间不存在显性著差异。

(4) 从职称角度来看，不同职称小学教师之间的专业素质差异情况如下。

其一，在各个领域的专业素质总平均得分上，不同职称小学教师之间不存在显著性差异。

其二，分别在 5 个领域，不同职称的小学教师之间的专业素质不存在显著性差异。

5. 特别需要注意的问题

(1) 就 5 个领域而言，无论是哪一个群体的小学教师，得分最低的素质领域都是身心健康领域。因此，身心健康是特别需要注意的。

(2) 就单个指标而言，平均得分最低的 3 项指标依次为以下 3 个，以下 3 项素质是特别需要提高的，应该反思相关的问题。

指标 60（重视体育锻炼，能坚持有计划、有针对性地参加各种体育活动，提高身体素质），平均得分为 3.67 分。

指标 8（有全球化的教育视野），平均得分 3.68 分。

指标 58（有基本的医药、保健知识，能预防常见的教师职业病），平均得分 3.70 分。

(3) 就单个指标而言，平均得分最高的 3 项指标依次为以下 3 个，这 3 个指标是做得最成功的方面，值得总结经验并加以发扬。

指标 22（注重职业形象，言行、衣着得体，举止文明礼貌），平均得分为 4.55 分。

指标 21（廉洁从教，抵制社会不良风气，反对利用职务之便牟取私利），平均得分 4.53 分。

指标 19（尊重自己的同事，维护同事发表不同意见的权利，不把自己的意见强加于人，以宽容的态度对待他人），平均得分 4.46 分。

（4）每个领域中平均得分最高的 3 个指标也很值得关注。

每个领域中平均得分最高的 3 个指标如上文所列，这些指标也很值得关注，它们是我国小学教师教育做得相当成功的方面。

（5）每个领域中平均得分最低的 3 个指标也很需要关注。

每个领域中平均得分最低的 3 个指标如上文所列，这些指标也很需要关注，它们是我国小学教师教育做得相对失败的方面，需要反思相关的问题。

由于时间仓促等原因，本次调查中，小学教师的样本容量较小，调查结果还不能全面地说明问题，因此，我们准备在近期做进一步扩大且进一步深化的研究，扩大样本容量，并开展全方位的深化研究。

第六章 中学教师专业素质现状研究

本章研究当前我国中学教师专业素质的实际情况,这种研究是以我们所制定的中学教师专业素质的框架进行的。

一、基本情况

(一) 目的与方法

1. 目的

本研究的基本目的在于了解和把握当前我国中学教师的专业素质的现状,发现现状中存在的问题,从而为以下3个方面提供依据:一是为我国中学教师教育的政策提供依据,使相关政策更加符合实际,更加具有针对性;二是为我国中学教师教育的实践提供基础和依据,使我国中学教师教育实践更加具有针对性,更加符合实际;三是为制定我国中学教师专业标准提供客观依据和基础,使我国中学教师专业标准的制定更加符合现实。

2. 方法

本研究的主要方法是问卷调查。该问卷调查的设计较为复杂,详见下文的"调查样本情况"和"调查问卷情况"。

(二) 调查样本情况

调查对象为中学教师,样本容量为5 112人,样本的分布如下。

1. 调查样本的省份分布

调查样本分布在福建、贵州、河南、山东、山西和四川6个省份,样本的省份分布具有较大的代表性,见表6-1。

表6-1 调查样本的省份分布

省份	人数/人	百分比
福建	626	12.3%
贵州	370	7.2%
河南	558	10.9%
山东	1 669	32.6%
山西	418	8.2%
四川	1471	28.8%
总数	5 112	100.0%

2. 调查样本的学校类型分布

调查样本的学校类型分布主要有初级中学、一般中学、重点中学、完全中学4类，另外还有少量的样本分布在其他学校。总的来说样本的学校类型分布较均衡，同时突出了重点中学，调查样本的学校类型分布见表6-2。

表6-2 调查样本的学校类型分布

学校类型	人数/人	百分比
初级中学	1 806	35.3%
一般中学	1 165	22.8%
重点中学	1 339	26.2%
完全中学	704	13.8%
其他	98	1.9%
总数	5112	100.0%

3. 调查样本的性别分布

在样本总量5 112人中，男性中学教师2 144人，占41.90%，女性中学教师2 968人，占58.1%，这种分布较为合理，见表6-3。

表6-3 调查样本的性别分布

性别	人数/人	百分比
男	2 144	41.9%
女	2 968	58.1%
总数	5 112	100.0%

4. 调查样本的年龄分布

调查样本的年龄分布，较好地体现了当前我国中学教师的年龄结构，见表6-4。

表6-4 调查样本的年龄分布

年龄	人数/人	百分比
30岁及其以下	1 531	29.9%
31~40岁	2 211	43.3%
41~50岁	1 209	23.7%
51~60岁	161	3.1%
总数	5 112	100.0%

5. 调查样本的教龄分布

调查样本的教龄分布较为均衡，见表6-5。

表6-5 调查样本的教龄分布

教龄	人数/人	百分比
1~5年	1 048	20.5%
6~10年	1 212	23.7%
11~20年	1 829	35.8%
21年及其以上	1 023	20.0%
总数	5 112	100.0%

6. 调查样本的学历分布

调查样本分布于以下几个学历层次：博士、硕士、大学本科、大学专科，其中大学本科人数最多，占88.6%；博士、硕士共占5.1%，大学专科占5.9%。学历取样基本上能够反映我国中学教师的学历结构，见表6-6。

表6-6 调查样本的学历分布

学历	人数/人	百分比
博士	16	0.3%
硕士	246	4.8%
大学本科	4 531	88.6%
大学专科	303	6.0%
中专、高中及以下	16	0.3%
总数	5 112	100.0%

7. 样本的任教学科分布

调查样本的学历分布中社会科样本数仅为1人、科学科样本数仅为9人，样本的整体分布基本上能够反映我国中学教师的学科结构，见表6-7。

表6-7 调查样本的任教学科分布

学科	人数/人	百分比
语文	898	17.6%
数学	865	16.9%
外语	864	16.9%
物理	440	8.6%
化学	343	6.7%
生物	293	5.7%
信息技术	162	3.2%

续表

学科	人数/人	百分比
历史	282	5.5%
地理	258	5.1%
政治	283	5.5%
体育	170	3.3%
音乐	88	1.7%
美术	93	1.8%
科学	9	0.2%
社会	1	0.0%
其他	63	1.2%
总数	5 112	100.0%

注：社会科的百分比用四舍五入法修约后为 0.0%。

8. 调查样本的专业技术职称分布

样本在专业技术职称上大多数分布于以下几个层次：中学高级、中学一级、中学二级、中学三级，这 4 个层次占了总人数的 96.6%，其中的中学三级偏低，专业技术职称分布基本上能够体现我国中学教师的专业技术职称结构，见表 6-8。

表 6-8 调查样本的专业技术职称分布

职称	人数/人	百分比
中学高级	1 035	20.3%
中学一级	1 969	38.5%
中学二级	1 878	36.7%
中学三级	57	1.1%
其他	173	3.4%
总数	5 112	100.0%

9. 调查样本的健康状况分布

调查样本中有 30.0% 的人健康状况一般，还有 5.1% 的人的健康状况较差，这种情况让人担忧，调查样本的健康状况见表 6-9。

表 6-9 调查样本的健康状况分布

健康状况	人数/人	百分比
健康	3 316	64.9%
一般	1 535	30.0%
较差	261	5.1%
总数	5 112	100.0%

(三) 调查问卷情况

这次中学教师素质现状调查的主要用具为以下两套问卷。

1. 问卷一

问卷一是调查的主问卷，这份问卷是在我们所进行的较大规模的中学教师专业素质条目确认调查的基础上形成的，以纲目的形式覆盖了主要的中学教师专业素质条目。

调查问卷一除了基本情况部分和 2 道开放题之外，主体部分的题目都是关于中学教师专业素质现状的题目，主体问题共 53 道，即共包括 53 项指标，这 53 项指标分属于职业理念、职业操守、专业知识、专业能力、身心健康 5 个领域，即 5 大块。

(1) 题目分布

53 道题在这 5 个领域的分布如下：

职业理念领域，主要是教育观念、教育基本思想方面的素质现状，包括 9 个指标，即 9 个题目；

职业操守领域，主要是中学教师的职业道德、职业习惯方面的素质现状，包括 12 个指标，即 9 个题目；

专业知识领域，主要是中学教师从事教育工作所需要的知识方面的素质现状，包括 12 个指标，即 9 个题目；

专业能力领域，主要是中学教师从事教育工作所需要的能力方面的素质现状，包括 15 个指标，即 9 个题目；

身心健康领域，即中学教师的身体健康和心理健康方面的素质现状，包括 5 个指标，即 9 个题目。

(2) 答题形式

每道题的答题都采用五级量表的形式，即分为如下 5 级，如图 6-1 所示。

你认为你自己做到了多少：

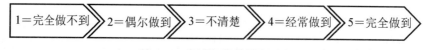

图 6-1 调查问卷的答题形式

2. 问卷二

问卷二是调查的辅助问卷，它反映的是中学教师在问卷一所体现的各项专业素质上的具体表现的现状，起到配合问卷一的作用。

(1) 题目分布

与问卷一基本一致，问卷二共 52 个题目，这 52 个题目分为职业理念、职业操守、专业知识、专业能力 4 个领域。这 4 个领域的题量分布为职业理念领域，9 道题；职业操守领域，12 道题；专业知识领域，11 道题；专业能力领域，20 道题。

(2) 答题形式

52 道题都采取封闭式的选择题，具体是提供 A、B、C、D、E 这 5 个选项，让答题者进行选择。

以下的分析以问卷一的调查结果分析为主,适当地穿插问卷二的调查结果分析。

二、研究结果

通过统计分析,我们得出各个方面的研究结果。这些研究结果主要可以从以下几个角度来分析:概况、年龄、教龄、性别、职称、学校类别。

(一)概况

1. 中学教师总体的整体素质情况

中学教师专业素质的总均值为 3.93 分,样本数为 5 112,满分为 5.00 分,标准差为 0.66。

如果按照常规划分优(4.50 分及其以上)、良(4.00~4.49 分)、中(3.50~3.99 分)、及格(3.00~3.49 分)、不及格(3.00 分以下)这 5 个等级,那么,我国中学教师的总体素质在中等偏上,接近于良的水平。

2. 各个领域的专业素质概况

各个领域的专业素质概况见表 6-10。

表 6-10 不同领域中学教师专业素质的平均值和标准差

领域	样本数/人	平均值/分	标准差
身心健康	5 112	3.76	0.86
职业理念	5 112	3.84	0.73
专业知识	5 112	3.94	0.72
专业能力	5 112	3.99	0.70
职业操守	5 112	4.12	0.68

表 6-10 的直观效果图如图 6-2 所示。

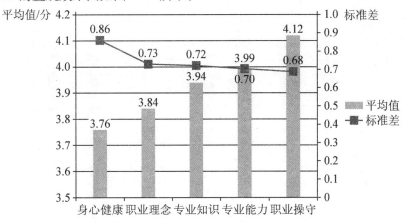

图 6-2 不同领域中学教师专业素质的平均值和标准差

其一，我国中学教师在各个领域的专业素质的平均值都在 3.76～4.12 分（满分为 5.00 分），如果按照常规划分优（4.50 分及其以上）、良（4.00～4.49 分）、中（3.50～3.99 分）、及格（3.00～3.49 分）、不及格（3.00 分以下）这 5 个等级，那么我国中学教师在职业理念、职业操守、专业知识、专业能力和身心健康这 5 个领域的专业素质的平均得分都处于"良"和"中"这两个等级。

其二，5 个领域的平均值从高到低依次是职业操守、专业能力、专业知识、职业理念、身心健康。

其三，职业操守这个领域的平均得分为"良"，其他 4 个领域的平均得分为"中"。

3. 中学教师总体在各个指标上的得分情况

关于专业素质现状的问卷一的调查共有 53 个指标，每个指标都代表一项单项素质，现对各个单项素质现状的调查结果分析如下。

（1）职业理念领域各指标的得分情况

职业理念领域各单项指标的得分情况见表 6-11。

表 6-11 中学教师职业理念领域各指标的平均值和标准差

指标	样本数/人	平均值/分	标准差
指标 8	5 112	3.41	1.04
指标 2	5 112	3.73	0.89
指标 1	5 112	3.81	0.90
指标 4	5 112	3.81	0.89
指标 9	5 112	3.85	0.92
指标 7	5 112	3.89	0.88
指标 3	5 112	3.95	0.92
指标 6	5 112	4.04	0.85
指标 5	5 112	4.06	0.91

表 6-11 的直观效果图见图 6-3 所示。

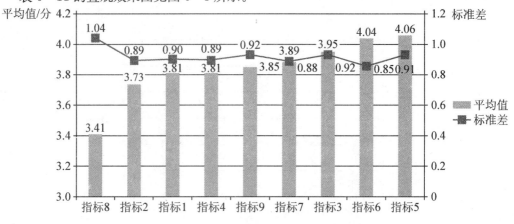

图 6-3 中学教师职业理念领域各指标的平均值和标准差

其一，职业理念领域中9个指标的平均值在3.41~4.06分（满分为5.00分），如果按照常规划分优（4.50分及其以上）、良（4.00~4.49分）、中（3.50~3.99分）、及格（3.00~3.49分）、不及格（3.00分以下）这5个等级，那么我国中学教师在职业理念领域的得分处于"良"、"中"和"及格"这3个等级。其中，平均值在4.00~4.99分的有2个，平均值在3.50~3.99分的有6个，平均值在3.50分以下的有1个。

其二，职业理念领域中，平均值排在前3位的指标依次是以下几项。

指标5（具有强烈的生命意识，珍爱生命）。

指标6（具有人文情怀，同情、关怀他人的不幸与苦难）。

指标3（消除各种歧视，追求教育平等）。

其三，职业理念领域中平均得分最低的3个指标依次是以下几项。

指标8（有全球化的教育视野）。

指标2（以学生为本，提高学生的社会责任感、勇于探索的创新精神和善于解决问题的实践能力）。

指标1（热爱教师职业，能体验到学生进步和自我发展带来的快乐）。

（2）职业操守领域各指标的得分情况

职业操守领域各指标的得分情况见表6-12。

表6-12 中学教师职业操守领域各指标的平均值和标准差

指标	样本数/人	平均值/分	标准差
指标13	5 108	3.69	1.00
指标12	5 110	3.83	0.92
指标17	5 111	3.97	0.90
指标11	5 110	4.05	0.87
指标14	5 107	4.10	0.82
指标19	5 110	4.16	0.81
指标18	5 111	4.21	0.81
指标10	5 111	4.23	0.84
指标16	5 110	4.26	0.83
指标15	5 109	4.28	0.82
指标21	5 111	4.32	0.79
指标20	5 111	4.35	0.82

表6-12的直观效果图如图6-4所示。

其一，职业操守领域中12个指标的平均值都在3.69~4.35分（满分为5.00分），如果按照常规划分优（4.50分及其以上）、良（4.00~4.49分）、中（3.50~3.99分）、及格（3.00~3.49分）、不及格（3.00分以下）这5个等级，那么我国中学教师在职业操守领域的得分处于"良"和"中"这两个等级。其中，平均值在4.00~4.49分的有9个，平均值在3.50~3.99分的有3个。

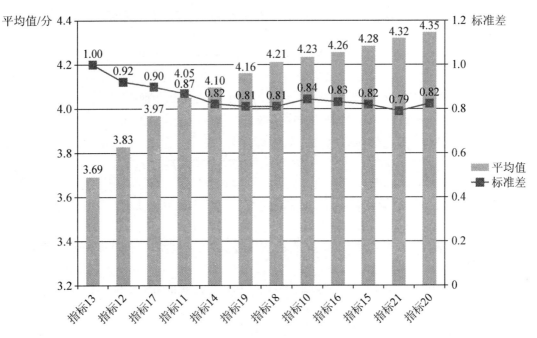

图 6-4 中学教师职业操守领域各指标的平均值和标准差

其二，职业操守领域，平均值排在前 3 位的指标依次是以下几项。

指标 20（廉洁从教，抵制社会不良风气，反对利用职务之便牟取私利）。

指标 21（注重职业形象，言行、衣着得体，举止文明礼貌）。

指标 15（在教育过程中，不实施简单粗暴的教育，不对学生进行言语上的侮辱和身体上的伤害）。

其三，职业操守领域中，平均得分最低的 3 个指标依次是以下几项。

指标 13（了解知识产权的基本含义，尊重和维护知识产权，增强学生的知识产权意识）。

指标 12 [了解《国家中长期教育改革和发展规划纲要（2010—2020 年）》，明确教育改革的核心任务是提高教育质量]。

指标 17（尊重家长/监护人与家长有效沟通，积极发挥家长在学校教育工作中的作用）。

（3）专业知识领域各指标的得分情况

专业知识领域各指标的得分情况见表 6-13。

表 6-13 中学教师专业知识领域各指标的平均值和标准差

指标	样本数/人	平均值/分	标准差
指标 22	5 095	3.71	0.87
指标 27	5 110	3.81	0.88
指标 24	5 110	3.81	0.88
指标 28	5 110	3.90	0.84
指标 33	5 109	3.93	0.85
指标 23	5 110	3.95	0.83

续表

指标	样本数/人	平均值/分	标准差
指标26	5 109	3.97	0.81
指标25	5 108	3.98	0.81
指标32	5 110	4.00	0.83
指标30	5 110	4.05	0.80
指标29	5 109	4.05	0.82
指标31	5 111	4.07	0.82

表6-13的直观效果图如图6-5所示。

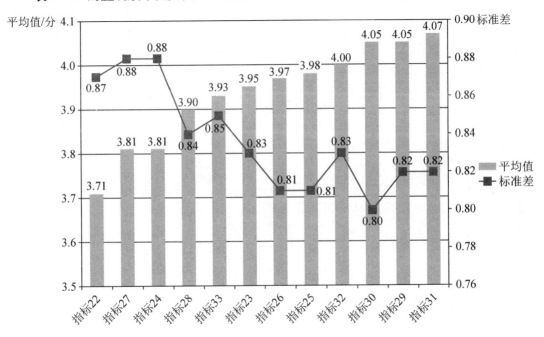

图6-5 中学教师专业知识领域各指标的平均值和标准差

其一，专业知识领域中12个指标的平均值都在3.71～4.07分（满分为5.00分），如果按照常规划分优（4.50分及其以上）、良（4.00～4.49分）、中（3.50～3.99分）、及格（3.00～3.49分）、不及格（3.00分以下）这5个等级，那么我国中学教师在专业知识领域的得分处于"良"和"中"这两个等级。其中，平均值在4.00～4.49分的有4个，平均值在3.50—3.99分的有8个。

其二，专业知识领域中，平均值排在前3位指标依次是以下几项。

指标31（认真研读学科课程标准，掌握其基本内容）。

指标29（掌握所教学科的基本概念、原理及体系结构）。

指标30（知道所教学科的学习方法和研究方法）。

其三，专业知识领域中，平均得分较低的3个指标依次是以下几项。

指标22（了解我国教育发展的历史和现状）。

指标27（了解学生家庭背景、社会环境及青少年文化等基本状况）。
指标24（了解教师职业生涯规划和职业发展的知识）。
（4）专业能力领域各指标的得分情况

专业能力领域各指标的得分情况见表6-14。

表6-14 中学教师专业能力领域各指标的平均值和标准差

指标	样本数/人	平均值/分	标准差
指标45	5 111	3.83	0.92
指标46	5 111	3.87	0.88
指标48	5 111	3.92	0.87
指标42	5 112	3.97	0.82
指标44	5 112	3.97	0.85
指标36	5 112	3.98	0.81
指标35	5 110	3.99	0.80
指标37	5 111	3.99	0.81
指标34	5 100	4.00	0.78
指标43	5 112	4.01	0.82
指标41	5 112	4.04	0.79
指标47	5 111	4.04	0.84
指标38	5 111	4.07	0.78
指标39	5 111	4.08	0.78
指标40	5 111	4.09	0.77

表6-14的直观效果图如图6-6所示。

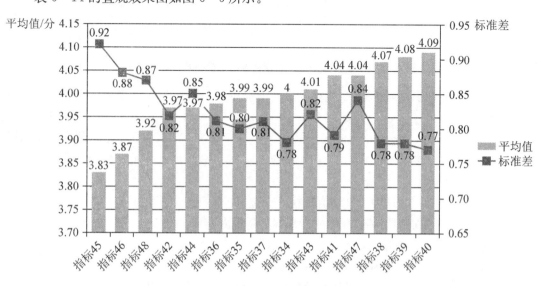

图6-6 中学教师专业能力领域各指标的平均值和标准差

其一，专业能力领域中 15 个指标的平均值都在 3.83~4.09 分（满分为 5.00 分）。如果按照常规划分优（4.50 分及其以上）、良（4.00~4.49 分）、中（3.50~3.99 分）、及格（3.00~3.49 分）、不及格（3.00 分以下）这 5 个等级，那么我国中学教师专业技能领域的得分处于"良"和"中"这两个等级。其中，平均值在 4.00~4.49 分的有 7 个，平均值在 3.50~3.99 分的有 8 个。

其二，专业能力领域中，平均值排在前 3 位的指标依次是以下几项。

指标 40（注意学生学习的过程，及时了解学生反馈的信息，调节教学进程，修正教学方法）。

指标 39（激发学生学习兴趣，有效地组织和实施课堂教学活动）。

指标 38（具有根据教学任务和实际条件进行教学设计的能力）。

其三，专业能力领域中，平均得分最低的 3 个指标依次是以下几项。

指标 45（能根据教学需要开发学科课程资源）。

指标 46（具备一定的艺术审美能力）。

指标 48 [使用规范汉字，写好"三笔字"（钢笔字、毛笔字、粉笔字），掌握汉字书写技能]。

(5) 身心健康领域各指标的得分情况

身心健康领域各指标的得分情况见表 6-15。

表 6-15 中学教师身心健康领域各指标的平均值和标准差

指标	样本数/人	平均值/分	标准差
指标 51	5 112	3.56	1.14
指标 49	5 112	3.58	1.03
指标 50	5 110	3.79	0.94
指标 52	5 112	3.93	0.88
指标 53	5 112	3.95	0.86

表 6-15 的直观效果图如图 6-7 所示。

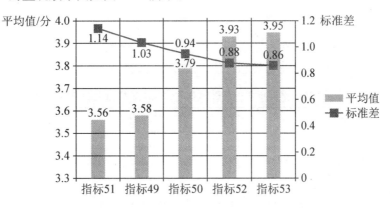

图 6-7 中学教师身心健康领域各指标的平均值和标准差

其一，身心健康领域中 5 个指标的平均值都在 3.56~3.95 分（满分为 5.00 分）。如果按照常规划分优（4.50 分及其以上）、良（4.00~4.49 分）、中（3.50~3.99 分）、及格（3.00~3.49 分）、不及格（3.00 分以下）这 5 个等级，那么我国中学教师在身心健康领域的得分处于"中"这个等级。

其二，身心健康领域中，平均值排在前 3 位的指标依次是以下指标。

指标 53（具有冷静、妥善处理各种意外事故和潜在危险的基本能力，培养学生具备基本的安全防范能力）。

指标 52（有良好的心态，具有协调和控制情绪的能力，能够帮助学生保持心理健康）。

指标 50（有积极、健康、合理的生活和工作习惯，并能指导学生科学地安排学习、生活和锻炼）。

其三，身心健康领域中，平均得分最低的 2 个指标依次是以下 2 项。

指标 51（重视体育锻炼，能坚持有计划、有针对性地参加各种体育活动，提高身体素质）。

指标 49（有基本的医药、保健知识，能预防常见的教师职业病）。

(6) 单项指标的最高得分和最低得分

在 5 个领域的 53 个指标中，得分最高的 3 项指标依次是以下几项。

指标 20（廉洁从教，抵制社会不良风气，反对利用职务之便牟取私利），平均得分为 4.35 分。

指标 21（注重职业形象，言行、衣着得体，举止文明礼貌），平均得分 4.32 分。

指标 15（在教育过程中，不实施简单粗暴的教育，不对学生进行言语上的侮辱和身体上的伤害），平均得分 4.28 分。

得分较低的 3 项指标依次是以下几项。

指标 8（有全球化的教育视野），平均得分为 3.41 分。

指标 51（重视体育锻炼，能坚持有计划、有针对性地参加各种体育活动，提高身体素质），平均得分 3.56 分。

指标 49（有基本的医药、保健知识，能预防常见的教师职业病），平均得分 3.58 分。

(二) 年龄维度的分析

1. 不同年龄中学教师之间的专业素质差异比较

(1) 不同年龄中学教师在专业素质总均值上的差异比较

不同年龄中学教师在专业素质总均值上的差异比较见表 6-16。

表 6-16 不同年龄中学教师在专业素质总均值上的差异比较

年龄	样本数/人	平均值/分	标准差	F 检验	p
30 岁及其以下	1 531	3.88	0.68	4.49	0.004
31~40 岁	2 211	3.95	0.65		
41~50 岁	1 209	3.94	0.64		
51~60 岁	161	4.00	0.66		

表 6-16 的直观效果图如图 6-8 所示。

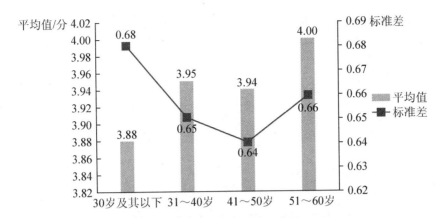

图6-8 不同年龄中学教师在专业素质总均值上的差异比较

其一,所有年龄阶段的中学教师总体专业素质(即总均值)都在3.82~4.02分(满分为5.00分),如果按照常规划分优(4.50分及其以上)、良(4.00~4.49分)、中(3.50~3.99分)、及格(3.00~3.49分)、不及格(3.00分以下)这5个等级,那么应为"良"和"中"2个等级。

其二,F检验的结果表明,不同年龄教师专业素质总均值在0.01水平上存在显著性差异。经多重比较发现,31~40岁教师专业素质总均值在0.01水平上显著高于30岁以下的教师。

(2) 不同年龄中学教师在职业理念领域的差异比较

不同年龄中学教师在职业理念领域的差异比较见表6-17。

表6-17 不同年龄中学教师在职业理念领域的差异比较

年龄	样本数/人	平均值/分	标准差	F检验	p
30岁及其以下	1 531	3.78	0.75	6.09	0.000
31~40岁	2 211	3.86	0.72		
41~50岁	1 209	3.88	0.71		
51~60岁	161	3.92	0.80		

表6-17的直观效果图如图6-9所示。

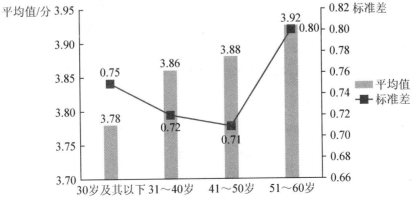

图6-9 不同年龄中学教师在职业理念领域的差异比较

其一，在职业理念领域，所有年龄阶段的中学教师的得分都在 3.50～4.00 分（满分为 5.00 分），如果按照常规划分优（4.50 分及其以上）、良（4.00～4.49 分）、中（3.50～3.99 分）、及格（3.00～3.49 分）、不及格（3.00 分以下）这 5 个等级，那么我国所有年龄阶段的中学教师在职业理念领域的得分为"中"这个等级。

其二，F 检验的结果表明，在职业理念领域中，不同年龄教师专业素质在 0.001 水平上存在显著性差异。经多重比较发现，30 岁以下教师的专业素质在 0.01 水平显著低于 31～40 岁和 41～50 岁的教师。

（3）不同年龄中学教师在职业操守领域的差异比较

不同年龄中学教师在职业操守领域的差异比较见表 6-18。

表 6-18

年龄	样本数/人	平均值/分	标准差	F 检验	p
30 岁及其以下	1 531	4.06	0.72	5.76	0.001
31～40 岁	2 211	4.15	0.66		
41～50 岁	1 209	4.14	0.64		
51～60 岁	161	4.13	0.69		

表 6-18 的直观效果图如图 6-10 所示。

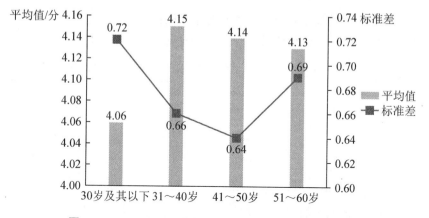

图 6-10 不同年龄中学教师在职业操守领域的差异比较

其一，在职业操守领域，所有年龄阶段的中学教师的得分都在 4.00～4.50 分（满分为 5.00 分），如果按照常规划分优（4.50 分及其以上）、良（4.00～4.49 分）、中（3.50～3.99 分）、及格（3.00～3.49 分）、不及格（3.00 分以下）这 5 个等级，那么所有年龄段的中学教师的平均得分都为"良"这个等级。

其二，F 检验的结果表明，在职业操守领域中，不同年龄教师素质在 0.001 水平上存在显著性差异。经多重比较发现，30 岁以下教师的专业素质在 0.001 水平上显著低于 31～40 岁的教师，在 0.05 水平上显著低于 41～50 岁的教师。

（4）不同年龄中学教师在专业知识领域的差异比较

不同年龄中学教师在专业知识领域的差异比较见表 6-19。

表 6-19 不同年龄中学教师在专业知识领域的差异比较

年龄	样本数/人	平均值/分	标准差	F 检验	p
30 岁及其以下	1 531	3.88	0.75	4.63	0.003
31~40 岁	2 211	3.97	0.71		
41~50 岁	1 209	3.94	0.69		
51~60 岁	161	3.99	0.68		

表 6-19 的直观效果图如图 6-11 所示。

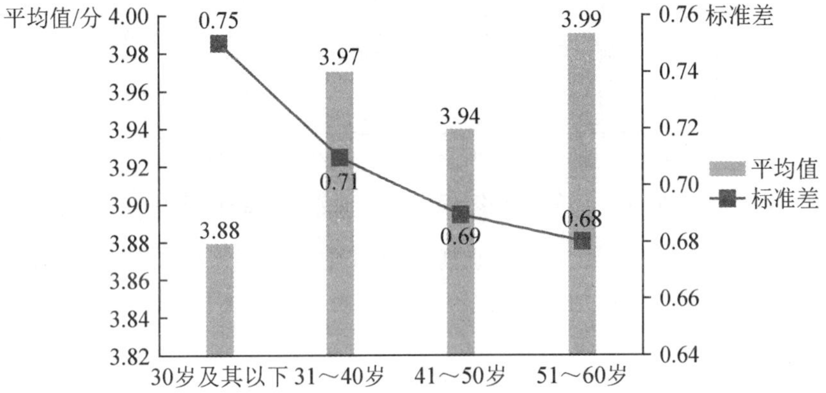

图 6-11 不同年龄中学教师在专业知识领域的差异比较

其一，各个年龄阶段的中学教师在专业知识领域的得分都在 3.50~4.00 分（满分为 5.00 分），如果按照常规划分优（4.50 分及其以上）、良（4.00~4.49 分）、中（3.50~3.99 分）、及格（3.00~3.49 分）、不及格（3.00 分以下）这 5 个等级，那么，所有年龄阶段的中学教师的专业知识的得分都在"中"这个等级，这不太理想。

其二，F 检验的结果表明，在专业知识领域中，不同年龄教师专业素质在 0.01 水平上存在显著性差异。经多重比较发现，30 岁及其以下教师专业素质在 0.01 水平显著低于 31~40 岁的教师。

(5) 不同年龄中学教师在专业能力领域的差异比较

不同年龄中学教师在专业能力领域的差异比较见表 6-20。

表 6-20 不同年龄中学教师在专业能力领域的差异比较

年龄	样本数/人	平均值/分	标准差	F 检验	p
30 岁及其以下	1 531	3.94	0.73	4.82	0.002
31~40 岁	2 211	4.03	0.69		
41~50 岁	1 209	3.98	0.69		
51~60 岁	161	4.04	0.72		

表 6-20 的直观效果图如图 6-12 所示。

其一，所有年龄阶段中学教师在专业能力领域的得分都在 3.50~4.50 分（满分为

5.00分),如果按照常规划分优(4.50分及其以上)、良(4.00~4.49分)、中(3.50~3.99分)、及格(3.00~3.49分)、不及格(3.00分以下)这5个等级,那么所有年龄阶段中学教师在这个领域的素质都在"良"和"中"这2个等级。

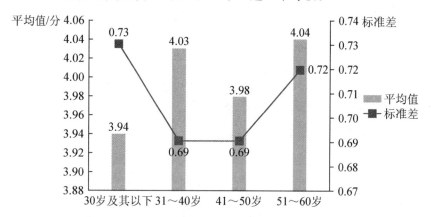

图6-12 不同年龄中学教师在专业能力领域的差异比较

其二,F检验的结果表明,在专业能力领域中,不同年龄阶段的教师专业素质在0.01水平上存在显著性差异。经多重比较发现,30岁及其以下教师专业素质在0.01水平显著低于31~40岁的教师。

(6) 不同年龄中学教师在身心健康领域的差异比较

不同年龄中学教师在身心健康领域的差异比较见表6-21。

表6-21 不同年龄中学教师在身心健康领域的差异比较

年龄	样本数/人	平均值/分	标准差	F检验	p
30岁及其以下	1 531	3.75	0.86	2.05	0.104
31~40岁	2 211	3.76	0.87		
41~50岁	1 209	3.75	0.84		
51~60岁	161	3.92	0.81		

表6-21的直观效果图如图6-13所示。

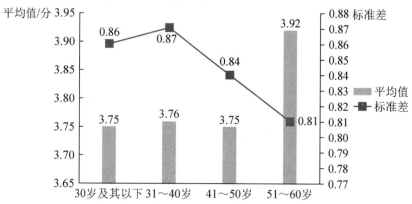

图6-13 不同年龄中学教师在身心健康领域的差异比较

其一，在身心健康这个领域，所有年龄阶段中学教师的素质的得分都在 3.50～4.00 分（满分为 5.00 分），如果按照常规划分优（4.50 分及以上）、良（4.00～4.49 分）、中（3.50～3.99 分）、及格（3.00～3.49 分）、不及格（3.00 分以下）这 5 个等级，那么，所有中学教师在这个领域的专业素质的得分都为"中等"，这个得分是不理想的。

其二，F 检验的结果表明，在身心健康领域中，不同年龄阶段教师的专业素质不存在显著性差异（$p>0.05$）

（7）不同年龄中学教师在各个领域中差异比较的总结

不同年龄中学教师在各个领域中差异比较如图 6-14 所示。

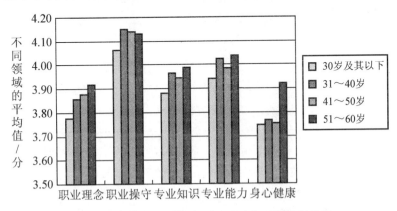

图 6-14 不同年龄中学教师在各个领域的差异比较

其一，从年龄角度，我国中学教师的专业素质差异情况如下：在职业理念、职业操守、专业知识和专业能力 4 个领域，不同年龄阶段的中学教师之间的专业素质存在显著差异；在身心健康领域，不同年龄阶段的中学教师之间不存在显著差异；在各个领域的专业素质总均值上，不同年龄阶段的中学教师之间存在显著差异。

其二，在职业理念、专业知识、专业能力、身心健康这 4 个领域，51～60 岁的中学教师得分最高；在各个领域专业素质总均值上，得分最高的也是 51～60 岁的中学教师。

其三，在 5 个领域和在总均值上，得分最低的都是 30 岁及其以下的中学教师。

2. 不同年龄中学教师与中学教师总体之间在专业素质上差异比较

（1）不同年龄中学教师与中学教师总体之间在专业素质总均值上的差异比较

不同年龄中学教师与中学教师总体之间在专业素质总均值上的差异比较见表 6-22。

表 6-22 不同年龄中学教师与中学教师总体之间在专业素质总均值上的差异比较

年龄	不同年龄教师		教师整体		t 检验	p
	平均值/分	标准差	平均值/分	标准差		
30 岁及其以下	3.88	0.68	3.93	0.66	−2.81	0.005
31～40 岁	3.95	0.65			1.73	0.083
41～50 岁	3.94	0.64			0.50	0.617
51～60 岁	4.00	0.66			1.33	0.186

t 检验的结果表明,除 30 岁及其以下中学教师与中学教师总体的专业素质总均值在 0.01 水平上存在显著性差异,即低于中学教师总体专业素质水平之外,其他 3 个年龄段的中学教师与中学教师总体的专业素质在总均值上均不存在显著性差异($p>0.05$)。

(2) 不同年龄中学教师与中学教师总体之间在职业理念领域的差异比较

不同年龄中学教师与中学教师总体之间在职业理念领域的差异比较见表 6-23。

表 6-23 不同年龄中学教师与中学教师总体之间在职业理念领域的差异比较

年龄	样本数/人	不同年龄教师		教师整体		t 检验	p
		平均值/分	标准差	平均值/分	标准差		
30 岁及其以下	1 531	3.78	0.75	3.84	0.73	−3.34	0.001
31~40 岁	2 211	3.86	0.72			1.21	0.227
41~50 岁	1 209	3.88	0.71			1.80	0.071
51~60 岁	161	3.92	0.80			1.26	0.209

t 检验的结果表明,在职业理念领域中,除 30 岁及其以下中学教师专业素质在 0.001 水平上显著低于中学教师总体专业素质外,其他年龄段中学教师专业素质与中学教师总体专业素质之间均不存在显著性差异($p>0.05$)。

(3) 不同年龄中学教师与中学教师总体之间在职业操守领域的差异比较

不同年龄中学教师与中学教师总体之间在职业操守领域的差异比较见表 6-24。

表 6-24 不同年龄中学教师与中学教师总体之间在职业操守领域的差异比较

年龄	样本数/人	不同年龄教师		教师整体		t 检验	p
		平均值/分	标准差	平均值/分	标准差		
30 岁及其以下	1 531	4.06	0.72	4.12	0.68	−3.28	0.001
31~40 岁	2 211	4.15	0.66			2.24	0.025
41~50 岁	1 209	4.14	0.64			0.95	0.344
51~60 岁	161	4.13	0.69			0.15	0.880

t 检验的结果表明,在职业操守领域中,30 岁及其以下和 31~40 岁的中学教师与中学教师总体专业素质的总均值上存在显著性差异,其他年龄段中学教师专业素质与中学教师总体专业素质在不存在显著性差异($p>0.05$)。其中,31~40 岁中学教师专业素质在 0.05 水平上显著高于中学教师总体专业素质,30 岁及其以下中学教师专业素质在 0.001 水平上显著低于中学教师总体专业素质。

(4) 不同年龄中学教师与中学教师总体之间在专业知识领域的差异比较

不同年龄中学教师与中学教师总体之间在专业知识领域的差异比较见表 6-25。

表 6-25　不同年龄中学教师与中学教师总体之间在专业知识领域的差异比较

年龄	样本数/人	不同年龄阶段教师		教师整体		t 检验	p
		平均值/分	标准差	平均值/分	标准差		
30 岁及其以下	1 531	3.88	0.75	3.94	0.72	−2.88	0.004
31～40 岁	2 211	3.97	0.71			1.98	0.048
41～50 岁	1 209	3.94	0.69			0.44	0.664
51～60 岁	161	3.99	0.68			0.95	0.342

t 检验的结果表明，在专业知识领域中，30 岁及其以下和 31～40 岁的中学教师专业素质与中学教师总体的专业素质在总均值上存在显著性差异，其他年龄段中学教师专业素质与中学教师总体专业素质在总均值上不存在显著性差异（$p>0.05$）。其中，31～40 岁中学教师专业素质在 0.05 水平上显著高于中学教师总体专业素质，30 岁及其以下中学教师专业素质在 0.01 水平上显著低于中学教师总体专业素质。

(5) 不同年龄中学教师与中学教师总体之间在专业能力领域的差异比较

不同年龄中学教师与中学教师总体之间在专业能力领域的差异比较见表 6-26。

表 6-26　不同年龄中学教师与中学教师总体之间在专业能力领域的差异比较

年龄	样本数/人	不同年龄阶段教师		教师整体		t 检验	p
		平均值/分	标准差	平均值/分	标准差		
30 岁及其以下	1 531	3.94	0.73	3.99	0.70	−2.71	0.007
31～40 岁	2 211	4.03	0.69			2.41	0.016
41～50 岁	1 209	3.98	0.69			−0.39	0.694
51～60 岁	161	4.04	0.72			0.86	0.392

t 检验的结果表明，在专业能力领域中，30 岁及其以下和 31～40 岁中学教师专业素质与中学教师总体的专业素质存在显著性差异，其他年龄段的中学教师专业素质与中学教师总体的专业素质不存在显著性差异（$p>0.05$）。其中，31～40 岁中学教师专业素质在 0.05 水平上显著高于中学教师总体专业素质，30 岁及其以下中学教师专业素质在 0.01 水平上显著低于中学教师总体专业素质。

(6) 不同年龄中学教师与中学教师总体之间在身心健康领域的差异比较

不同年龄中学教师与中学教师总体之间在身心健康领域的差异比较见表 6-27。

表 6-27　不同年龄中学教师与中学教师总体之间在身心健康领域的差异比较

年龄	样本数/人	不同年龄阶段教师		教师整体		t 检验	p
		平均值/分	标准差	平均值/分	标准差		
30 岁及其以下	1 531	3.75	0.86	3.76	0.86	−0.69	0.490
31～40 岁	2 211	3.76	0.87			0.22	0.828
41～50 岁	1 209	3.75	0.84			−0.38	0.706
51～60 岁	161	3.92	0.81			2.47	0.015

t 检验的结果表明,在身心健康领域中,除 51~60 岁中学教师专业素质在 0.05 水平上显著高于中学教师总体专业素质外,其他年龄段中学教师专业素质与中学教师总体专业素质在总均值上均不存在显著性差异($p>0.05$)。

(三)教龄维度的分析

教龄是编者研究我国中学教师专业素质的一个重要角度,在这个角度,编者可以对我国中学教师专业素质进行一些重要的比较。

1. 不同教龄中学教师之间的专业素质差异比较

(1)不同教龄中学教师之间在专业素质总均值上的比较

不同教龄中学教师之间在专业素质总均值上的比较见表 6-28。

表 6-28 不同教龄中学教师之间在专业素质总均值上的差异比较

教龄	样本数/人	平均值/分	标准差	F 检验	p
1~5 年	1 048	3.86	0.69	5.66	0.001
6~10 年	1 212	3.93	0.67		
11~20 年	1 829	3.96	0.63		
21 年及其以上	1 023	3.94	0.64		

表 6-28 的直观效果图如图 6-15 所示。

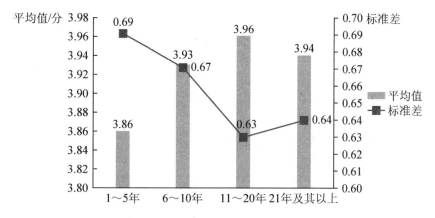

图 6-15 不同教龄中学教师之间在专业素质总均值上的差异比较

其一,各个教龄段中学教师的专业素质总均值都在 3.50~4.00 分(满分为 5.00 分),如果按照常规划分优(4.50 分及其以上)、良(4.00~4.49 分)、中(3.50~3.99 分)、及格(3.00~3.49 分)、不及格(3.00 分以下)这 5 个等级,那么所有教龄段中学教师的专业素质得分都在"中"这个等级。

其二,F 检验的结果表明,不同教龄教师专业素质总均值在 0.001 水平上存在显著性差异。经多重比较发现,教龄为 1~5 年的教师专业素质总均值在 0.001 水平上显著低于 11~20 年教龄的教师,在 0.05 上水平显著低于 21 年及其以上教龄的教师。

(2) 不同教龄中学教师之间在职业理念领域的差异比较

不同教龄中学教师之间在职业理念领域的差异比较见表6-29。

表6-29 不同教龄中学教师之间在职业理念领域的差异比较

教龄	样本数/人	平均值/分	标准差	F检验	p
1～5年	1 048	3.76	0.75	6.90	0.000
6～10年	1 212	3.83	0.74		
11～20年	1 829	3.87	0.71		
21年及其以上	1 023	3.88	0.72		

表6-29的直观效果图如图6-16所示。

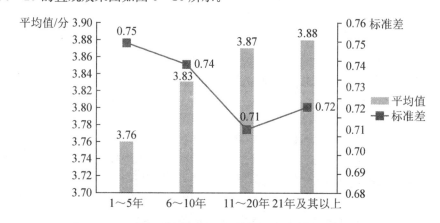

图6-16 不同教龄中学教师之间在职业理念领域的差异比较

其一，在职业理念领域，所有教龄段的中学教师的专业素质得分都在3.50～4.00分（满分为5.00分），如果按照常规划分优（4.50分及其以上）、良（4.00～4.49分）、中（3.50～3.99分）、及格（3.00～3.49分）、不及格（3.00分以下）这5个等级，那么所有教龄段的中学教师的平均得分都是中等。

其二，F检验的结果表明，在职业理念领域中，不同教龄教师专业素质在0.001水平上存在显著性差异。经多重比较发现，1～5年教龄教师专业素质在0.001水平显著低于11～20年和21年及其以上教龄的教师，在0.05水平上显著低于6～10年教龄的教师。

(3) 不同教龄中学教师之间在职业操守领域的差异比较

不同教龄中学教师之间在职业操守领域的差异比较见表6-30。

表6-30 不同教龄中学教师之间在职业操守领域的差异比较

教龄	样本数/人	平均值/分	标准差	F检验	p
1～5年	1 048	4.03	0.72	9.71	0.000
6～10年	1 212	4.11	0.69		
11～20年	1 829	4.17	0.64		
21年及其以上	1 023	4.14	0.66		

表 6-30 的直观效果图如图 6-17 所示。

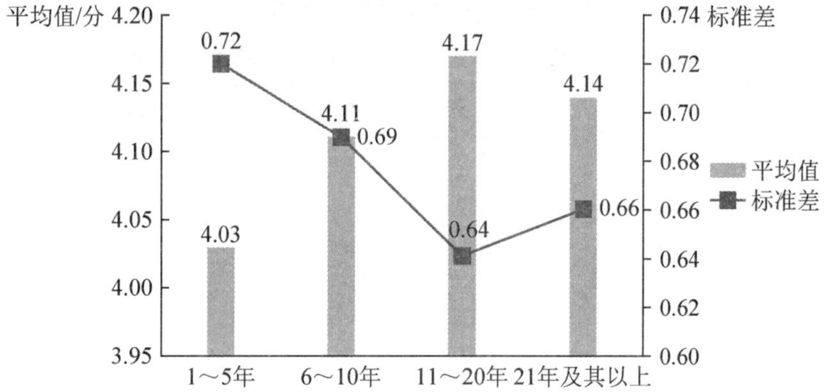

图 6-17　不同教龄中学教师之间在职业操守领域的差异比较

其一，在职业操守领域，所有教龄段的中学教师的平均得分都在 3.50~4.50 分（满分为 5.00 分），如果按照常规划分优（4.50 分及其以上）、良（4.00~4.49 分）、中（3.50~3.99 分）、及格（3.00~3.49 分）、不及格（3.00 分以下）这 5 个等级，那么所有教龄的中学教师在这个领域的专业素质的得分都为"良"和"中"这 2 个等级。

其二，F 检验的结果表明，在职业操守领域中，不同教龄教师专业素质在 0.001 水平上存在显著性差异。经多重比较发现，1~5 年教龄教师专业素质在 0.001 水平显著低于 11~20 年教龄的教师，在 0.01 水平上显著低于 21 年及其以上的教师，在 0.05 水平上显著低于 6~10 年的教师。

（4）不同教龄中学教师之间在专业知识领域的差异比较

不同教龄中学教师之间在专业知识领域的差异比较见表 6-31。

表 6-31　不同教龄中学教师之间在专业知识领域的差异比较

教龄	样本数/人	平均值/分	标准差	F 检验	p
1~5 年	1 048	3.85	0.77	6.83	0.000
6~10 年	1 212	3.95	0.72		
11~20 年	1 829	3.97	0.69		
21 年及其以上	1 023	3.95	0.69		

表 6-31 的直观效果图如图 6-18 所示。

其一，在专业知识领域，所有教龄段的中学教师的平均得分都在 3.50~4.00 分（满分为 5.00 分），如果按照常规划分优（4.50 分及其以上）、良（4.00~4.49 分）、中（3.50~3.99 分）、及格（3.00~3.49 分）、不及格（3.00 分以下）这 5 个等级，那么所有教龄的中学教师的平均得分都为"中"这个等级。

其二，F 检验的结果表明，在专业知识领域中，不同教龄教师专业素质在 0.001 水平上存在显著性差异。经多重比较发现，1~5 年教龄教师专业素质在 0.001 水平上显著低于 11~20 年，在 0.01 水平上显著低于 6~10 年的教师，在 0.05 水平上显著低于 21 年及其以上教龄的教师。

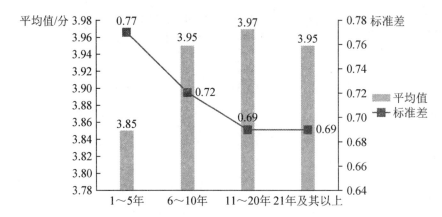

图 6-18　不同教龄中学教师之间在专业知识领域的差异比较

（5）不同教龄中学教师在专业能力领域的差异比较

不同教龄中学教师在专业能力领域的差异比较见表 6-32。

表 6-32　不同教龄中学教师之间在专业能力领域的差异比较

教龄	样本数/人	平均值/分	标准差	F 检验	p
1～5 年	1 048	3.91	0.73	7.10	0.000
6～10 年	1 212	4.00	0.72		
11～20 年	1 829	4.03	0.68		
21 年及其以上	1 023	3.99	0.69		

表 6-32 的直观效果图如图 6-19 所示。

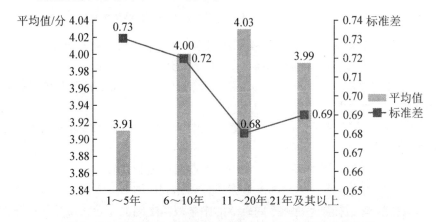

图 6-19　不同教龄中学教师之间在专业能力领域的差异比较

其一，在专业能力领域，所有教龄段的中学教师的平均得分都在 3.50～4.50 分（满分为 5.00 分），如果按照常规划分优（4.50 分及其以上）、良（4.00～4.49 分）、中（3.50～3.99 分）、及格（3.00～3.49 分）、不及格（3.00 分以下）这 5 个等级，那么所有教龄的中学教师的平均得分都为"良"和"中"这 2 个等级。

其二，F 检验的结果表明，在专业能力领域中，不同教龄教师专业素质在 0.001 水平上存在显著性差异。经多重比较发现，1～5 年教龄教师专业素质在 0.001 水平显著低于

11～20年的教师，在0.05水平上显著低于6～10年的教师。

(6) 不同教龄中学教师在身心健康领域的差异比较

不同教龄中学教师在身心健康领域的差异比较见表6-33。

表6-33 不同教龄中学教师之间在身心健康领域的差异比较

教龄	样本数/人	平均值/分	标准差	F检验	p
1～5年	1 048	3.75	0.85	0.07	0.978
6～10年	1 212	3.76	0.89		
11～20年	1 829	3.77	0.86		
21年及其以上	1 023	3.76	0.84		

表6-33的直观效果图如图6-20所示。

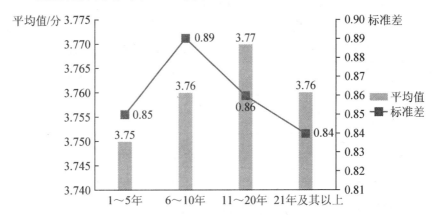

图6-20 不同教龄中学教师之间在身心健康领域的差异比较

其一，在身心健康领域，所有教龄段的中学教师的平均得分都在3.50～4.00分（满分为5.00分），如果按照常规划分优（4.50分及其以上）、良（4.00～4.49分）、中（3.50～3.99分）、及格（3.00～3.49分）、不及格（3.00分以下）这5个等级，那么所有教龄段的中学教师的平均得分都为中等。

其二，F检验的结果表明，在身心健康领域中，不同教龄教师专业素质不存在显著性差异（$p>0.05$）。

(7) 不同教龄中学教师之间在各个领域的专业素质差异比较的小结

不同教龄中学教师在各个领域的专业素质差异比较如图6-21所示。

其一，从教龄角度来看，我国不同教龄的中学教师之间的专业素质差异情况如下：在职业理念、职业操守、专业知识、专业能力这4个领域中，存在显著性差异；在身心健康这个领域中，不存在显著性差异；在各个领域的专业素质总均值上，存在显著性差异。

其二，在职业理念领域，各个教龄段的中学教师中，专业素质得分最高的是教龄在21年及其以上的中学教师；在其他各个领域，得分最高的都是教龄在11～20年的中学教师；在各个领域专业素质总均值上，得分最高的是教龄在11～20年之间的教师。

其三，从教龄角度看，在各个领域中的专业素质总得分上，以及在5个领域的平均得分上，得分最低的中学教师群体都是教龄在1～5年的中学教师。

第六章 中学教师专业素质现状研究

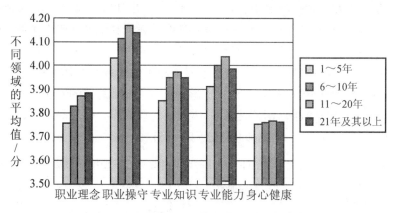

图 6-21　不同教龄中学教师在各个领域的差异比较

2. 各个教龄段中学教师与中学教师总体之间的差异比较

(1) 各个教龄段中学教师与中学教师总体之间在专业素质总均值上的差异比较

各个教龄段中学教师与中学教师总体之间在专业素质总均值上的差异比较见表 6-34。

表 6-34　各个教龄段中学教师与中学教师总体之间在专业素质总均值上的差异比较

教龄	样本数/人	不同教龄教师		教师整体		t 检验	p
		平均值/分	标准差	平均值/分	标准差		
1～5 年	1 048	3.86	0.69	3.93	0.66	−3.30	0.001
6～10 年	1 212	3.93	0.67			−0.02	0.985
11～20 年	1 829	3.96	0.63			2.22	0.027
21 年及其以上	1 023	3.94	0.64			0.67	0.506

t 检验的结果表明，1～5 年和 11～20 年教龄中学教师与中学教师总体在专业素质总均值上存在显著性差异。其中，11～20 年教龄中学教师专业素质在 0.05 水平上显著高于中学教师总体专业素质，1～5 年教龄中学教师专业素质在 0.001 水平上显著低于中学教师总体专业素质。

(2) 各个教龄段中学教师与中学教师总体之间在职业理念领域的差异比较

各个教龄段中学教师与中学教师总体之间在职业理念领域的差异比较见表 6-35。

表 6-35　各个教龄段中学教师与中学教师总体之间在职业理念领域的差异比较

教龄	样本数/人	不同教龄教师		教师整体		t 检验	p
		平均值/分	标准差	平均值/分	标准差		
1～5 年	1 048	3.76	0.75	3.84	0.73	−3.55	0.000
6～10 年	1 212	3.83	0.74			−0.59	0.553
11～20 年	1 829	3.87	0.71			1.85	0.065
21 年及其以上	1 023	3.88	0.72			1.96	0.050

t 检验表明,在职业理念领域中,1~5年和21年及其以上教龄的中学教师专业素质与中学教师总体的专业素质在总均值上存在显著性差异,其他教龄段中学教师的专业素质与中学教师总体专业素质在总均值上不存在显著性差异($p>0.05$)。其中,21年及其以上教龄段的中学教师专业素质在0.05水平上显著高于中学教师总体的专业素质,1~5年教龄中学教师的专业素质在0.001水平上显著低于中学教师总体的专业素质。

(3) 各个教龄段中学教师与中学教师总体之间在职业操守领域的差异比较

各个教龄段中学教师与中学教师总体之间在职业操守领域的差异比较见表6-36。

表6-36 各个教龄段中学教师与中学教师总体之间在职业操守领域的差异比较

教龄	样本数/人	不同教龄教师		教师整体		t 检验	p
		平均值/分	标准差	平均值/分	标准差		
1~5年	1 048	4.03	0.72	4.12	0.68	−4.12	0.000
6~10年	1 212	4.11	0.69			−0.35	0.727
11~20年	1 829	4.17	0.65			3.28	0.001
21年及其以上	1 023	4.14	0.66			0.72	0.475

t 检验的结果表明,在职业操守领域中,1~5年和11~20年教龄中学教师专业素质与中学教师总体的专业素质在总均值上存在显著性差异,其他教龄段中学教师专业素质与中学教师总体专业素质在总均值上不存在显著性差异($p>0.05$)。其中,11~20年教龄中学教师专业素质在0.001水平上显著高于中学教师总体专业素质,1~5年教龄中学教师专业素质在0.001水平上显著低于中学教师总体的专业素质。

(4) 各个教龄段中学教师间在专业知识领域的差异比较

各个教龄段中学教师与中学教师总体之间在专业知识领域的差异比较见表6-37。

表6-37 各个教龄段中学教师与中学教师总体之间在专业知识领域的差异比较

教龄	样本数/人	不同教龄教师		教师整体		t 检验	p
		平均值/分	标准差	平均值/分	标准差		
1~5年	1 048	3.85	0.77	3.94	0.72	−3.68	0.000
6~10年	1 212	3.95	0.72			0.59	0.556
11~20年	1 829	3.97	0.69			2.16	0.031
21年及其以上	1 023	3.95	0.69			0.54	0.587

t 检验的结果表明,在专业知识领域中,1~5年和11~20年教龄中学教师专业素质与中学教师总体专业素质在总均值上存在显著性差异,其他教龄段中学教师专业素质与中学教师总体专业素质在总均值上不存在显著性差异($p>0.05$)。其中,11~20年教龄中学教师专业素质在0.05水平上显著高于中学教师总体专业素质,1~5年教龄中学教师专业素质在0.001水平上显著低于中学教师总体专业素质。

(5) 各个教龄段中学教师间在专业能力领域的差异比较

各个教龄中学教师与中学教师总体之间在专业能力领域的差异比较见表6-38。

表6-38 各个教龄段中学教师与中学教师总体之间在专业能力领域的差异比较

教龄	样本数/人	不同教龄教师		教师整体		t检验	p
		平均值/分	标准差	平均值/分	标准差		
1～5年	1 048	3.91	0.73	3.99	0.70	−3.59	0.000
6～10年	1 212	4.00	0.72			0.42	0.678
11～20年	1 829	4.03	0.68			2.75	0.006
21年及其以上	1 023	3.99	0.69			−0.25	0.804

t检验的结果表明,在专业能力领域中,1～5年和11～20年教龄中学教师专业素质与中学教师总体专业素质在总均值上存在显著性差异,其他教龄段中学教师专业素质与中学教师总体专业素质在总均值上不存在显著性差异($p>0.05$)。其中,11～20年教龄中学教师专业素质在0.01水平上显著高于中学教师总体专业素质,1～5年教龄中学教师专业素质在0.001水平上显著低于中学教师总体专业素质。

(6) 各个教龄段中学教师之间在身心健康领域的差异比较

各个教龄中学教师与中学教师总体之间在身心健康领域的差异比较见表6-39。

表6-39 各个教龄段中学教师与中学教师总体之间在身心健康领域的差异比较

教龄	样本数/人	不同教龄教师		教师整体		t检验	p
		平均值/分	标准差	平均值/分	标准差		
1～5年	1 048	3.75	0.85	3.76	0.86	−0.32	0.753
6～10年	1 212	3.76	0.89			−0.12	0.907
11～20年	1 829	3.77	0.86			0.29	0.770
21年及其以上	1 023	3.76	0.84			0.06	0.956

t检验的结果表明,在身心健康领域中,不同教龄中学教师专业素质与中学教师总体专业素质在总均值上均不存在显著性差异($p>0.05$)。

(四) 性别维度的分析

1. 不同性别中学教师之间的专业素质差异比较

(1) 不同性别中学教师之间在专业素质总均值上的差异比较

不同性别中学教师之间在专业素质总均值上的差异比较见表6-40。

表6-40 不同性别中学教师之间在专业素质总均值上的差异比较

性别	样本数/人	平均值/分	标准差	t检验	p
男	2 144	3.92	0.67	−0.82	0.412
女	2 968	3.94	0.65		

其一,在专业素质的总均值上,男性中学教师和女性中学教师的平均得分都在3.50～4.00分(满分为5.00分),如果按照常规划分优(4.50分及其以上)、良(4.00～4.49

分)、中 (3.50~3.99 分)、及格 (3.00~3.49 分)、不及格 (3.00 分以下)这 5 个等级,那么男性中学教师和女性中学教师的各个领域专业素质上的总平均得分都在"中"这个等级。

其二,t 检验的结果表明,男性中学教师中学与女性中学教师之间专业素质总均值上不存在显著性差异 ($p>0.05$)。

(2) 不同性别中学教师之间在职业理念领域的差异比较

不同性别中学教师之间在职业理念领域的差异比较见表 6-41。

表 6-41 不同性别中学教师之间在职业理念领域的差异比较

性别	样本数/人	平均值/分	标准差	t 检验	p
男	2 144	3.83	0.75	-0.57	0.572
女	2 968	3.84	0.71		

其一,在职业理念领域,男性中学教师和女性中学教师的平均得分都在 3.83~3.84 分(满分为 5.00 分),如果按照常规划分优 (4.50 分及其以上)、良 (4.00~4.49 分)、中 (3.50~3.99 分)、及格 (3.00~3.49 分)、不及格 (3.00 分以下)这 5 个等级,那么男性中学教师和女性中学教师的平均得分都在"中"这个等级。

其二,t 检验的结果表明,在职业理念领域中,不同性别中学教师不存在显著性差异 ($p>0.05$)。

(3) 不同性别中学教师之间在职业操守领域的差异比较

不同性别中学教师之间在职业操守领域的差异比较见表 6-42。

表 6-42 不同性别中学教师之间在职业操守领域的差异比较

性别	样本数/人	平均值/分	标准差	t 检验	p
男	2 144	4.07	0.69	-4.06	0.000
女	2 968	4.15	0.66		

其一,在职业操守领域,男性中学教师和女性中学教师的平均得分都在 4.00~4.50 分(满分为 5.00 分),如果按照常规划分优 (4.50 分及其以上)、良 (4.00~4.49 分)、中 (3.50~3.99 分)、及格 (3.00~3.49 分)、不及格 (3.00 分以下)这 5 个等级,那么男性中学教师和女性中学教师的得分都在"良"这个等级。

其二,t 检验的结果表明,在职业操守领域中,女性中学教师在 0.001 水平上显著高于男性中学教师。

(4) 不同性别中学教师之间在专业知识领域的差异比较

不同性别中学教师之间在专业知识领域的差异比较见表 6-43。

表 6-43 不同性别中学教师之间在专业知识领域的差异比较

性别	样本数/人	平均值/分	标准差	t 检验	p
男	2 144	3.94	0.72	0.13	0.900
女	2 968	3.94	0.71		

其一，在专业知识领域，男性中学教师和女性中学教师的平均得分都在 3.50~4.00 分（满分为 5.00 分），如果按照常规划分优（4.50 分及其以上）、良（4.00~4.49 分）、中（3.50~3.99 分）、及格（3.00~3.49 分）、不及格（3.00 分以下）这 5 个等级，那么男性中学教师和女性中学教师的平等得分都在"中"这个等级。

其二，t 检验的结果表明，在专业知识领域中，不同性别中学教师不存在显著性差异（$p > 0.05$）。

(5) 不同性别中学教师之间在专业能力领域的差异比较

不同性别中学教师之间在专业能力领域的差异比较见表 6-44。

表 6-44 不同性别中学教师之间在专业能力领域的差异比较

性别	样本数/人	平均值/分	标准差	t 检验	p
男	2 144	3.97	0.72	−1.63	0.103
女	2 968	4.00	0.69		

其一，在专业能力领域，男性中学教师和女性中学教师的平均得分都在 3.50~4.00 分（满分为 5.00 分），如果按照常规划分优（4.50 分及其以上）、良（4.00~4.49 分）、中（3.50~3.99 分）、及格（3.00~3.49 分）、不及格（3.00 分以下）这 5 个等级，那么男性中学教师和女性中学教师的平均得分都在"中"这个等级。

其二，t 检验的结果表明，在专业能力领域中，不同性别中学教师不存在显著性差异（$p > 0.05$）。

(6) 不同性别中学教师之间在身心健康领域的差异比较

不同性别中学教师之间在身心健康领域的差异比较见表 6-45。

表 6-45 不同性别中学教师之间在身心健康领域的差异比较

性别	样本数/人	平均值/分	标准差	t 检验	p
男	2 144	3.79	0.86	1.83	0.067
女	2 968	3.74	0.85		

其一，在身心健康领域，男性中学教师和女性中学教师的平均得分都在 3.50~4.00 分（满分为 5.00 分），如果按照常规划分优（4.50 分及其以上）、良（4.00~4.49 分）、中（3.50~3.99 分）、及格（3.00~3.49 分）、不及格（3.00 分以下）这 5 个等级，那么男性中学教师和女性中学教师的得分都在"中"这个等级。

其二，t 检验的结果表明，在身心健康领域中，不同性别中学教师之间不存在显著性差异（$p > 0.05$）。

(7) 不同性别中学教师专业素质差异比较的小结

不同性别中学教师专业素质在各个领域中差异比较的总结如图 6-22 所示。

其一，在职业操守领域的专业素质上，男性与女性中学教师之间存在显著性差异，女性教师高于男性教师。

其二，在其他 4 个领域的专业素质上，男性中学教师与女性中学教师之间不存在显著性差异。

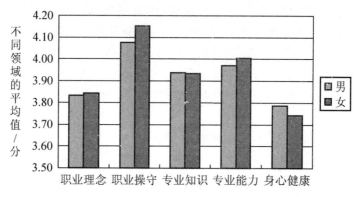

图 6-22　不同性别中学教师在各个领域的差异比较

其三，在各个领域的专业素质总均值上，男性中学教师与女性中学教师之间不存在显著性差异。

2. 不同性别中学教师与中学教师总体之间的专业素质上的差异比较

（1）不同性别中学教师与中学教师总体之间在专业素质总均值上的差异比较

不同性别中学教师与中学教师总体之间在专业素质总均值上的差异比较见表 6-46。

表 6-46　不同性别中学教师与中学教师总体之间在专业素质总均值上的差异比较

性别	不同性别中学教师素质		中学教师总体素质		t 检验	p
	平均值/分	标准差	平均值/分	标准差		
男	3.92	0.67	3.93	0.66	−0.61	0.541
女	3.94	0.65			0.51	0.610

t 检验的结果表明，不同性别中学教师与中学教师总体之间在专业素质总均值上不存在显著性差异（$p>0.05$）。

（2）不同性别中学教师与中学教师总体之间在职业理念领域的差异比较

不同性别中学教师与中学教师总体之间在职业理念领域的差异比较见表 6-47。

表 6-47　不同性别中学教师与中学教师总体之间在职业理念领域的差异比较

性别	样本数/人	不同性别中学教师素质		中学教师总体素质		t 检验	p
		平均值/分	标准差	平均值/分	标准差		
男	2 144	3.83	0.75	3.84	0.73	−0.42	0.676
女	2 968	3.84	0.71			0.38	0.708

t 检验的结果表明，在职业理念领域中，不同性别中学教师与中学教师总体之间不存在显著性差异（$p>0.05$）。

（3）不同性别中学教师与中学教师总体之间在职业操守领域的差异比较

不同性别中学教师与中学教师总体之间在职业操守领域的差异比较见表 6-48。

表 6-48　不同性别中学教师与中学教师总体之间在职业操守领域的差异比较

性别	样本数/人	不同性别中学教师素质		中学教师总体素质		t 检验	p
		平均值/分	标准差	平均值/分	标准差		
男	2 144	4.07	0.69	4.12	0.68	−3.02	0.003
女	2 968	4.15	0.66			2.68	0.007

t 检验的结果表明，在职业操守领域中，男性中学教师专业素质在 0.01 水平上显著低于中学教师总体专业素质，女性中学教师专业素质在 0.01 水平上显著高于中学教师总体专业素质。

（4）不同性别中学教师与中学教师总体之间在专业知识领域的差异比较

不同性别中学教师与中学教师总体之间在专业能力领域的差异比较见表 6-49。

表 6-49　不同性别中学教师与中学教师总体之间在专业知识领域的差异比较

性别	样本数/人	不同性别中学教师素质		中学教师总体素质		t 检验	p
		平均值/分	标准差	平均值/分	标准差		
男	2 144	3.94	0.72	3.94	0.72	0.09	0.926
女	2 968	3.94	0.71			−0.09	0.932

t 检验的结果表明，在专业知识领域中，不同性别中学教师与中学教师总体之间的专业素质不存在显著性差异（$p>0.05$）。

（5）不同性别中学教师与中学教师总体之间在专业能力领域的差异比较

不同性别中学教师与中学教师总体之间在专业能力领域的差异比较见表 6-50。

表 6-50　不同性别中学教师与中学教师总体之间在专业能力领域的差异比较

性别	样本数/人	不同性别中学教师素质		中学教师总体素质		t 检验	p
		平均值/分	标准差	平均值/分	标准差		
男	2 144	3.97	0.72	3.99	0.70	−1.22	0.223
女	2 968	4.00	0.69			1.07	0.285

t 检验的结果表明，在专业能力领域中，不同性别中学教师专业素质与中学教师总体之间的专业素质不存在显著性差异（$p>0.05$）。

（6）不同性别中学教师与中学教师总体之间在身心健康领域的差异比较

不同性别中学教师与中学教师总体之间在身心健康领域的差异比较见表 6-51。

表 6-51　不同性别中学教师与中学教师总体之间在身心健康领域的差异比较

性别	样本数/人	不同性别中学教师素质		中学教师总体素质		t 检验	p
		平均值/分	标准差	平均值/分	标准差		
男	2 144	3.79	0.86	3.76	0.86	1.39	0.166
女	2 968	3.74	0.85			−1.20	0.233

t 检验的结果表明,在身心健康领域中,不同性别中学教师与中学教师总体之间的专业素质不存在显著性差异（$p>0.05$）。

（五）职称维度的分析

1. 不同职称中学教师之间的专业素质差异比较

（1）不同职称中学教师之间在专业素质总均值上的差异比较

不同职称中学教师之间在专业素质总均值上的差异比较见表 6-52。

表 6-52 不同职称中学教师之间在专业素质总均值上的差异比较

职称	样本数/人	平均值/分	标准差	F 检验	p
中学高级	1 035	3.95	0.68	2.02	0.089
中学一级	1 969	3.94	0.65		
中学二级	1 878	3.91	0.65		
中学三级	57	3.75	0.73		
其他	173	3.88	0.65		

表 6-52 的直观效果图如图 6-23 所示。

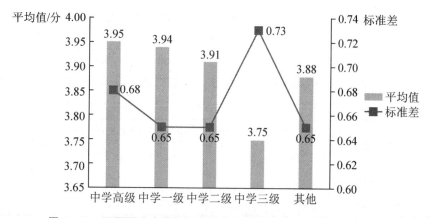

图 6-23 不同职称中学教师之间在专业素质总均值上的差异比较

其一,在各个专业素质总均值上,不同职称的中学教师的得分都在 3.50～4.00 分（满分为 5.00 分）,如果按照常规划分优（4.50 分及其以上）、良（4.00～4.49 分）、中（3.50～3.99 分）、及格（3.00～3.49 分）、不及格（3.00 分以下）这 5 个等级,那么各个职称的中学教师的专业素质都为"中"这个等级。

其二,F 检验的结果表明,不同职称教师专业素质在总均值上不存在显著性差异（$p>0.05$）。但经多重比较发现,中学三级的总均值在 0.05 水平上显著低于中学高级和中学一级。

（2）不同职称中学教师之间在职业理念领域的差异比较

不同职称中学教师之间在职业理念领域的差异比较见表 6-53。

表 6-53　不同职称中学教师之间在职业理念领域的差异比较

职称	样本数/人	平均值/分	标准差	F 检验	p
中学高级	1 035	3.89	0.77		
中学一级	1 969	3.85	0.71		
中学二级	1 878	3.81	0.72	3.17	0.013
中学三级	57	3.65	0.87		
其他	173	3.81	0.70		

表 6-53 的直观效果图如图 6-24 所示。

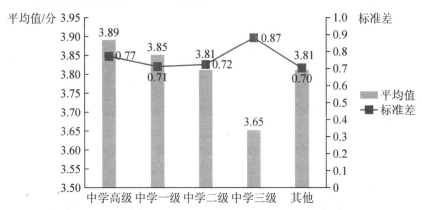

图 6-24　不同职称中学教师之间在职业理念领域的差异比较

其一，在职业理念领域，各个职称等级的中学教师的专业素质得分都在 3.50～4.00 分（满分为 5.00 分），如果按照常规划分优（4.50 分及其以上）、良（4.00～4.49 分）、中（3.50～3.99 分）、及格（3.00～3.49 分）、不及格（3.00 分以下）这 5 个等级，那么各个职称等级的中学教师在这个领域的专业素质得分都为"中"这个等级。

其二，F 检验的结果表明，在职业理念领域中，不同职称中学教师之间在 0.05 水平上存在显著性差异。经多重比较发现，中学高级职称中学教师的总均值在 0.01 水平上显著高于中学二级教师，在 0.05 水平上显著高于中学三级教师；中学三级职称中学教师的总均值在 0.05 水平上显著低于中学一级教师。

(3) 不同职称中学教师之间在职业操守领域的差异比较

不同职称中学教师之间在职业操守领域的差异比较见表 6-54。

表 6-54　不同职称中学教师之间在职业操守领域的差异比较

职称	样本数/人	平均值/分	标准差	F 检验	p
中学高级	1 035	4.15	0.70		
中学一级	1 969	4.14	0.65		
中学二级	1 878	4.10	0.68	3.92	0.003
中学三级	57	3.84	0.72		
其他	173	4.07	0.68		

表 6-54 的直观效果图如图 6-25 所示。

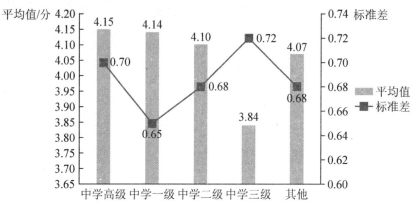

图 6-25 不同职称中学教师之间在职业操守领域的差异比较

其一,在职业操守领域,各个职称类别的中学教师的得分都在 3.50~4.50 分（满分为 5.00 分）,如果按照常规划分优（4.50 分及其以上）、良（4.00~4.49 分）、中（3.50~3.99 分）、及格（3.00~3.49 分）、不及格（3.00 分以下）这 5 个等级,那么各个职称类别的中学教师的专业素质得分都在"良"和"中"这两个等级。

其二,F 检验的结果表明,在职业操守领域中,不同职称中学教师之间在 0.01 水平上存在显著性差异。经多重比较发现,中学高级职称的总均值在 0.05 水平上显著高于中学二级,在 0.01 水平上显著高于中学三级;中学三级职称的总均值在 0.001 水平上显著低于中学高级、中学一级,在 0.01 水平上显著低于中学二级,在 0.05 水平上显著低于其他中学教师职称;中学二级职称在 0.05 水平上显著低于中学高级职称。

(4) 不同职称中学教师之间在专业知识领域的差异比较

不同职称中学教师之间在专业知识领域的差异比较见表 6-55。

表 6-55 不同职称中学教师之间在专业知识领域的差异比较

职称	样本数/人	平均值/分	标准差	F 检验	p
中学高级	1 035	3.95	0.73		
中学一级	1 969	3.96	0.70		
中学二级	1 878	3.92	0.71	3.22	0.012
中学三级	57	3.72	0.81		
其他	173	3.82	0.73		

表 6-55 的直观效果图如图 6-26 所示。

其一,在专业知识领域,不同职称中学教师的平均得分在 3.50~4.00 分（满分为 5.00 分）,如果按照常规划分优（4.50 分及其以上）、良（4.00~4.49 分）、中（3.50~3.99 分）、及格（3.00~3.49 分）、不及格（3.00 分以下）这 5 个等级,那么各个职称类别的中学教师的得分都在"中"这个等级。

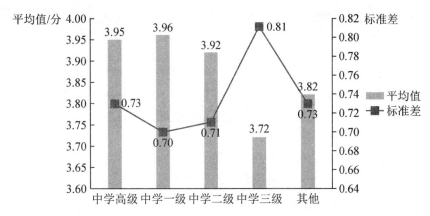

图 6-26 不同职称中学教师之间在专业知识领域的差异比较

其二，F 检验的结果表明，在专业知识领域中，不同职称教师专业素质在 0.05 水平上存在显著性差异。经多重比较发现，中学高级职称的总均值在 0.05 水平上显著高于中学三级、其他职称；中学三级职称的总均值在 0.05 水平上显著低于中学一级、中学二级职称；中学一级职称在 0.05 水平上显著高于其他职称。

（5）不同职称中学教师之间在专业能力领域的差异比较

不同职称中学教师之间在专业能力领域的差异比较见表 6-56。

表 6-56　不同职称中学教师之间在专业能力领域的差异比较

职称	样本数/人	平均值/分	标准差	F 检验	p
中学高级	1 035	4.00	0.72		
中学一级	1 969	4.01	0.70		
中学二级	1 878	3.97	0.70	2.45	0.044
中学三级	57	3.80	0.72		
其他	173	3.91	0.69		

表 6-56 的直观效果图如图 6-27 所示。

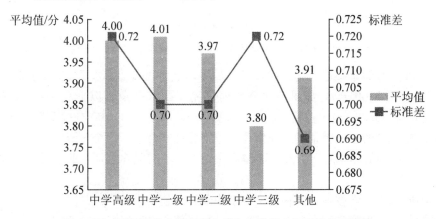

图 6-27 不同职称中学教师之间在专业能力领域的差异比较

其一，在专业能力领域，各个职称类别的中学教师的专业素质得分平均分在3.50～4.50分（满分为5.00分），如果按照常规划分优（4.50分及其以上）、良（4.00～4.49分）、中（3.50～3.99分）、及格（3.00～3.49分）、不及格（3.00分以下）这5个等级，那么各个职称类别的中学教师的专业素质平均得分在"良"和"中"这两个等级。

其二，F检验的结果表明，在专业能力领域中，不同职称教师专业素质在0.05水平上存在显著性差异。经多重比较发现，中学三级职称的总均值在0.05水平上显著低于中学高级、中学一级职称。

（6）不同职称中学教师之间在身心健康领域的差异比较

不同职称中学教师之间在身心健康领域的差异比较见表6-57。

表6-57　不同职称中学教师之间在身心健康领域的差异比较

职称	样本数/人	平均值/分	标准差	F检验	p
中学高级	1 035	3.76	0.88		
中学一级	1 969	3.75	0.86		
中学二级	1 878	3.77	0.85	0.22	0.930
中学三级	57	3.73	0.87		
其他	173	3.81	0.82		

表6-57的直观效果图如图6-28所示。

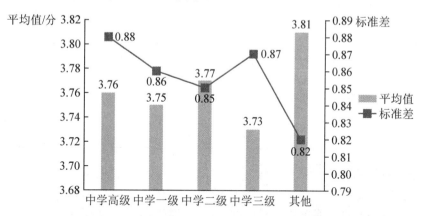

图6-28　不同职称中学教师之间在身心健康领域的差异比较

其一，在身心健康领域，各个职称类别的中学教师的专业素质平均得分都在3.50～4.00分（满分为5.00分），如果按照常规划分优（4.50分及其以上）、良（4.00～4.49分）、中（3.50～3.99分）、及格（3.00～3.49分）、不及格（3.00分以下）这5个等级，那么各个职称类别的中学教师的专业素质平均得分都在"中"这个等级。

其二，F检验的结果表明，在身心健康领域中，不同职称教师专业素质不存在显著性差异（$p>0.05$）。

（7）不同职称中学教师之间在各个领域中差异比较的小结

不同职称中学教师之间在各个领域中的差异比较，全部情况如图6-29所示。该图表明：除身心健康领域外，不同职称中学教师在其他领域均存在显著性差异。

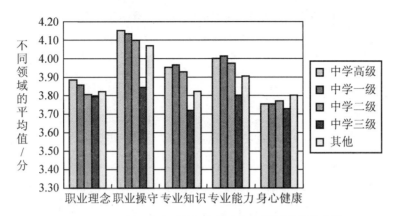

图 6-29 不同职称中学教师之间在各个领域的差异比较

其一,从职称角度看,在职业理念、职业操守、专业知识、专业能力4个领域,不同职称的中学教师之间存在着显著性差异,专业素质得分最高的中学教师群体是中学高级教师,专业素质得分最低的中学教师群体是其他职称的中学教师,即职称最低的中学教师。

其二,在身心健康领域,不同职称的中学教师的专业素质得分之间不存在显著性差异。

其三,在各个领域专业素质得分的总均值上,不同职称的中学教师之间存在显著性差异,其中专业素质得分最高的中学教师为中学高级职称的教师,专业素质得分最低的中学教师为其他职称的中学教师,即职称最低的中学教师。

2. 不同职称中学教师与中学教师总体之间的专业素质差异比较

(1)不同职称中学教师与中学教师总体之间在专业素质总均值上的差异比较

不同职称中学教师与中学教师总体之间在专业素质总均值上的差异比较见表6-58。

表 6-58 不同职称中学教师与中学教师总体之间在专业素质总均值上的差异比较

职称	样本数/人	不同职称中学教师素质		中学教师总体素质		t检验	p
		平均值/分	标准差	平均值/分	标准差		
中学高级	1 035	3.95	0.68			1.00	0.316
中学一级	1 969	3.94	0.65			0.88	0.379
中学二级	1 878	3.91	0.65	3.93	0.66	−1.03	0.302
中学三级	57	3.75	0.73			−1.88	0.066
其他	173	3.88	0.65			−0.95	0.343

t检验的结果表明,不同职称中学教师与中学教师总体之间在专业素质总均值上不存在显著性差异($p>0.05$)。

(2)不同职称中学教师与中学教师总体之间在职业理念领域的差异比较

不同职称中学教师与中学教师总体之间在职业理念领域的差异比较见表6-59。

表 6-59 不同职称中学教师与中学教师总体之间在职业理念领域的差异比较

职称	样本数/人	不同职称中学教师素质		中学教师总体素质		t 检验	p
		平均值/分	标准差	平均值/分	标准差		
中学高级	1 035	3.89	0.77	3.84	0.73	2.00	0.045
中学一级	1 969	3.85	0.71			0.79	0.429
中学二级	1 878	3.81	0.72			−1.88	0.061
中学三级	57	3.65	0.87			−1.65	0.105
其他	173	3.81	0.70			−0.57	0.567

t 检验的结果表明,在职业理念领域中,不同职称中学教师与中学教师总体之间的差异情况如下:中学一级、中学二级、中学三级、其他这四级职称的中学教师与中学教师总体不存在显著性差异($p > 0.05$);中学高级教师与中学教师总体存在显著性差异;中学高级教师的平均值在 0.05 水平上显著高于中学教师总体专业素质。

(3) 不同职称中学教师与中学教师总体之间在职业操守领域的差异比较

不同职称中学教师与中学教师总体之间在职业操守领域的差异比较见表 6-60。

表 6-60 不同职称中学教师与中学教师总体之间在职业操守领域的差异比较

职称	样本数/人	不同职称中学教师素质		中学教师总体素质		t 检验	p
		平均值/分	标准差	平均值/分	标准差		
中学高级	1 035	4.15	0.70	4.12	0.68	1.61	0.109
中学一级	1 969	4.14	0.65			0.99	0.321
中学二级	1 878	4.10	0.68			−1.38	0.167
中学三级	57	3.84	0.72			−2.92	0.005
其他	173	4.07	0.68			−10.01	0.313

t 检验的结果表明,在职业操守领域中,不同职称中学教师与中学教师总体之间的差异情况如下:中学高级、中学一级、中学二级、其他职称这 4 级职称中学教师与中学教师总体不存在显著性差异($p > 0.05$);中学三级职称教师与中学教师总体之间存在显著性差异;中学三级的职称教师平均值在 0.01 水平上显著低于中学教师总体的专业素质水平。

(4) 不同职称中学教师与中学教师总体之间在专业知识领域的专业素质差异比较

不同职称中学教师与中学教师总体之间在专业知识领域的专业素质差异比较见表 6-61。

表 6-61 不同职称中学教师与中学教师总体之间在专业知识领域的差异比较

职称	样本数/人	不同职称中学教师素质		中学教师总体素质		t 检验	p
		平均值/分	标准差	平均值/分	标准差		
中学高级	1 035	3.95	0.73	3.94	0.72	0.72	0.474
中学一级	1 969	3.96	0.70			1.38	0.168
中学二级	1 878	3.92	0.71			−0.90	0.368
中学三级	57	3.72	0.81			−2.02	0.048
其他	173	3.82	0.73			−2.07	0.040

t 检验的结果表明,在专业知识领域中,不同职称中学教师与中学教师总体的专业素

质差异情况如下：中学高级、中学一级、中学二级中学教师与中学教师总体之间不存在显著性差异（$p>0.05$）；中学三级、其他职称中学教师与中学教师总体之间存在显著性差异；中学三级、其他职称中学教师专业素质的平均值在 0.05 水平上显著低于中学教师总体专业素质。

(5) 不同职称中学教师与中学教师总体之间在专业能力领域的差异比较

不同职称中学教师与中学教师总体之间在专业能力领域的差异比较见表 6-62。

表 6-62　不同职称中学教师与中学教师总体之间在专业能力领域的差异比较

职称	样本数/人	不同职称中学教师素质		中学教师总体素质		t 检验	p
		平均值/分	标准差	平均值/分	标准差		
中学高级	1 035	4.00	0.72	3.99	0.704	0.51	0.611
中学一级	1 969	4.01	0.70			1.43	0.153
中学二级	1 878	3.97	0.70			−1.03	0.304
中学三级	57	3.80	0.72			−2.00	0.054
其他	173	3.91	0.69			−1.60	0.111

t 检验的结果表明，在专业能力领域中，不同职称中学教师与中学教师总体之间的专业素质差异情况下如下：中学高级、中学一级、中学二级、中学三级、其他职称间均不存在显著性差异（$p>0.05$）。

(6) 不同职称中学教师与中学教师总体之间在身心健康领域的差异比较

不同职称中学教师与中学教师总体之间在身心健康领域的差异比较见表 6-63。

表 6-63　不同职称中学教师与中学教师总体之间在身心健康领域的差异比较

职称	样本数/人	不同职称中学教师素质		中学教师总体素质		t 检验	p
		平均值/分	标准差	平均值/分	标准差		
中学高级	1 035	3.76	0.88	3.76	0.86	−0.17	0.864
中学一级	1 969	3.75	0.86			−0.37	0.710
中学二级	1 878	3.77	0.85			0.35	0.727
中学三级	57	3.73	0.87			−0.27	0.788
其他	173	3.81	0.82			0.74	0.460

t 检验的结果表明，在身心健康领域中，不同职称中学教师与中学教师总体之间的专业素质差异情况如下：中学高级、中学一级、中学二级、中学三级、其他职称的中学教师与中学教师总体之间均不存在显著性差异（$p>0.05$）。

(六) 学校类别维度的分析

在调查中，我们将中学划分为重点中学和一般中学两个类别，现在对这两个类别中学的中学教师专业素质做一个比较研究。

1. 不同类别中学之间的中学教师专业素质比较

（1）不同类别中学的中学教师之间在专业素质总均值上的差异比较

不同类别中学的中学教师之间在专业素质总均值上的差异比较见表 6-64。

表 6-64 不同类别中学的中学教师之间在专业素质总均值上的差异比较

学校类别	样本数/人	平均值/分	标准差	t 检验	p
重点中学	1 165	3.96	0.67	-3.34	0.001
一般中学	1 339	3.88	0.63		

其一，重点中学和一般中学的中学教师专业素质总均值都在 3.50～4.00 分（满分为 5.00 分），如果按照常规划分优（4.50 分及其以上）、良（4.00～4.49 分）、中（3.50～3.99 分）、及格（3.00～3.49 分）、不及格（3.00 分以下）这 5 个等级，那么重点中学和一般中学的中学教师在专业素质总均值上都处于"中"这个等级。

其二，t 检验的结果表明，重点中学教师专业素质的总均值在 0.001 水平上显著高于一般中学教师的专业素质。

表 6-64 的直观效果图如图 6-30 所示。

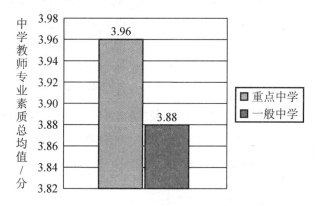

图 6-30 不同类别中学的中学教师之间在专业素质总均值上的差异比较

（2）不同类别中学的中学教师之间在职业理念领域的差异比较

不同类别中学的中学教师之间在职业理念领域的差异比较见表 6-65。

表 6-65 不同类别中学的中学教师之间在职业理念领域的差异比较

学校类别	样本数/人	平均值/分	标准差	t 检验	p
重点中学	1 165	3.88	0.77	-3.54	0.000
一般中学	1 339	3.77	0.71		

其一，在职业理念领域，重点中学和一般中学的中学教师的平均得分都在 3.50～4.00 分（满分为 5.00 分），如果按照常规划分优（4.50 分及其以上）、良（4.00～4.49 分）、中（3.50～3.99 分）、及格（3.00～3.49 分）、不及格（3.00 分以下）这 5 个等级，那么重点中学和一般中学的中学教师的专业素质得分都处于"中"这个等级。

其二，t 检验的结果表明，在职业理念领域中，重点中学教师专业素质在 0.001 水平上显著高于一般中学教师专业素质。

表 6-65 的直观效果图如图 6-31 所示。

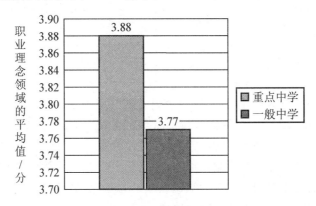

图 6-31　不同类别中学的中学教师之间在职业理念领域的差异比较

（3）不同类别中学的中学教师之间在职业操守领域的差异比较

不同类别中学的中学教师之间在职业操守领域的差异比较见表 6-66。

表 6-66　不同类别中学的中学教师之间在职业操守领域的差异比较

学校类别	样本数/人	平均值/分	标准差	t 检验	p
重点中学	1 165	4.14	0.69	−2.52	0.012
一般中学	1 339	4.07	0.67		

其一，在职业操守领域，重点中学和一般中学的中学教师的专业素质的平均得分都在 4.00～4.50 分（满分为 5.00 分），如果按照常规划分优（4.50 分及其以上）、良（4.00～4.49 分）、中（3.50～3.99 分）、及格（3.00～3.49 分）、不及格（3.00 分以下）这 5 个等级，那么重点中学和一般中学的中学教师的专业素质的平均得分都在"良"这个等级。

其二，t 检验的结果表明，在职业操守领域中，重点中学的中学教师在 0.05 水平上显著高于一般中学的中学教师。

表 6-66 的直观效果图如图 6-32 所示。

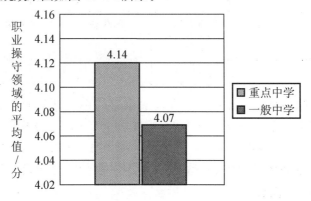

图 6-32　不同类别中学的中学教师之间在职业操守领域的差异比较

(4) 不同类别中学的中学教师之间在专业知识领域的差异比较

不同类别中学的中学教师之间在专业知识领域的差异比较见表6-67。

表6-67 不同类别中学的中学教师之间在专业知识领域的差异比较

学校类别	样本数/人	平均值/分	标准差	t检验	p
重点中学	1 165	3.97	0.73	−2.08	0.037
一般中学	1 339	3.91	0.70		

其一，在专业知识领域，重点中学和一般中学的中学教师的专业素质得分的平均值都在3.50～4.00分（满分为5.00分），如果按照常规划分优（4.50分及其以上）、良（4.00～4.49分）、中（3.50～3.99分）、及格（3.00～3.49分）、不及格（3.00分以下）这5个等级，那么重点中学和一般中学的中学教师的专业素质得分平均分都在"中"这个等级。

其二，t检验的结果表明，在专业知识领域中的专业素质得分，重点中学的中学教师在0.05水平上显著高于一般中学的中学教师。

表6-67的直观效果图如图6-33所示。

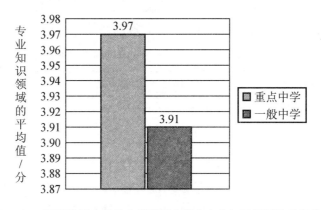

图6-33 不同类别中学的中学教师之间在专业知识领域的差异比较

(5) 不同类别中学的中学教师之间在专业能力领域的差异比较

不同类别中学的中学教师之间在专业能力领域的差异比较见表6-68。

表6-68 不同类别中学的中学教师之间在专业能力领域的差异比较

学校类别	样本数/人	平均值/分	标准差	t检验	p
重点中学	1 165	4.03	0.72	−3.34	0.001
一般中学	1 339	3.94	0.72		

其一，在专业能力领域，重点中学和一般中学的中学教师的专业素质平均得分在3.50～4.00分（满分为5.00分），如果按照常规划分优（4.50分及其以上）、良（4.00～4.49分）、中（3.50～3.99分）、及格（3.00～3.49分）、不及格（3.00分以下）这5个等级，那么重点中学的中学教师和一般中学的中学教师的专业素质平均得分分别处于"良"和"中"这两个等级。

其二，t检验的结果表明，在专业能力领域中，重点中学的中学教师在0.001水平上显著高于一般中学的中学教师。

表 6-68 的直观效果图如图 6-34 所示。

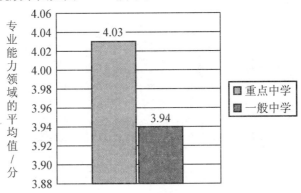

图 6-34 不同类别中学的中学教师之间在专业能力领域的差异比较

（6）不同类别中学的中学教师之间在身心健康领域的差异比较

不同类别中学的中学教师之间在身心健康领域的差异比较见表 6-69。

表 6-69 不同类别中学的中学教师之间在身心健康领域的差异比较

学校类别	样本数/人	平均值/分	标准差	t 检验	p
重点中学	1 165	3.81	0.87	−3.18	0.002
一般中学	1 339	3.70	0.85		

其一，在身心健康领域，重点中学和一般中学的中学教师的平均得分都在 3.50～4.00 分（满分为 5.00 分），如果按照常规划分优（4.50 分及其以上）、良（4.00～4.49 分）、中（3.50～3.99 分）、及格（3.00～3.49 分）、不及格（3.00 分以下）这 5 个等级，那么重点中学的中学教师和一般中学的中学教师的平均得分都在"中"这个等级。

其二，t 检验的结果表明，在身心健康领域中，重点中学的中学教师在 0.01 水平上显著高于一般中学的中学教师。

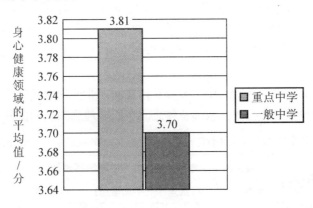

图 6-35 不同类别中学的中学教师之间在身心健康领域的差异比较

（7）不同类别中学的中学教师之间在各个领域的差异比较的小结

不同类别中学的中学教师之间在各个领域均具有显著性差异，如图 6-36 所示。

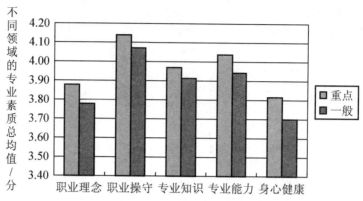

图6-36 不同类别中学的中学教师之间在各个领域的差异比较

其一,在5个领域中,即在职业理念、职业操守、专业知识、专业能力和身心健康这5个领域中,重点中学的教师与一般中学的教师之间在专业素质上都存在显著性差异。在每个领域,重点中学的教师专业素质高于一般中学的教师的专业素质。

其二,在各个领域的专业素质得分总均值上,重点中学的教师与一般中学的教师之间也存在显著性差异,重点中学的教师的得分高于一般中学的教师得分。

2. 各类别中学的中学教师与中学教师总体之间的专业素质差异比较

(1) 各类别中学的中学教师与中学教师总体之间在专业素质总均值上的差异比较

表6-70 各类别中学的中学教师与中学教师总体之间在专业素质总均值上的差异比较

学校类别	各类别中学教师		中学教师总体		t检验	p
	平均值/分	标准差	平均值/分	标准差		
重点中学	3.96	0.67	3.93	0.66	2.51	0.000
一般中学	3.88	0.63			2.96	0.000

t检验的结果表明,各个类别中学的中学教师与中学教师总体之间在专业素质总均值上均存在显著性差异。其中,重点中学的中学教师在0.001水平上显著高于中学教师总体专业素质,一般中学的中学教师在0.001水平上显著低于中学教师总体专业素质。

(2) 各类别中学的中学教师与中学教师总体之间在职业理念领域的差异比较

各类别中学的中学教师与中学教师总体之间在职业理念领域的差异比较见表6-71。

表6-71 各类别中学的中学教师与中学教师总体之间在职业理念领域的差异比较

学校类别	样本数/人	各类别中学教师		中学教师总体		t检验	p
		平均值/分	标准差	平均值/分	标准差		
一般中学	1 165	3.77	0.71	3.84	0.73	−3.27	0.001
重点中学	1 339	3.88	0.77			1.74	0.082

t 检验的结果表明，在职业理念领域中，重点中学的中学教师与中学教师总体之间不存在显著性差异（$p>0.05$），但一般中学教师专业素质在 0.001 水平上显著低于中学教师总体的专业素质。

（3）各类别中学的中学教师与中学教师总体之间在职业操守领域的差异比较

各类别中学的中学教师与中学教师总体之间在职业操守领域的差异比较见表 6-72。

表 6-72　各类别中学的中学教师与中学教师总体之间在职业操守领域的差异比较

学校类别	样本数/人	各类别中学教师		中学教师总体		t 检验	p
		平均值/分	标准差	平均值/分	标准差		
一般中学	1 165	4.07	0.67	4.12	0.67	−2.57	0.010
重点中学	1 339	4.14	0.69			0.98	0.328

t 检验的结果表明，在职业操守领域中，重点中学教师专业素质与中学教师总体专业素质之间不存在显著性差异（$p>0.05$），但一般中学教师的专业素质在 0.01 水平上显著低于中学教师总体的专业素质。

（4）各类别中学的中学教师与中学教师总体之间在专业知识领域的差异比较

各类别中学的中学教师与中学教师总体之间在专业知识领域的差异比较见表 6-73。

表 6-73　各类别中学的中学教师与中学教师总体之间在专业知识领域的差异比较

学校类别	样本数/人	各类别中学教师		中学教师总体		t 检验	p
		平均值/分	标准差	平均值/分	标准差		
一般中学	1 165	3.91	0.70	3.94	0.72	−1.32	0.186
重点中学	1 339	3.97	0.73			1.64	0.102

t 检验的结果表明，在专业知识领域中，不同类别中学教师的专业素质与中学教师总体的专业素质之间不存在显著性差异（$p>0.05$）。

（5）各类别中学的中学教师与中学教师总体之间在专业能力领域的差异比较

各类别中学的中学教师与中学教师总体之间在专业能力领域的差异比较见表 6-74。

表 6-74　各类别中学的中学教师与中学教师总体之间在专业能力领域中的差异比较

学校类别	样本数/人	各类别中学教师		中学教师总体		t 检验	p
		平均值/分	标准差	平均值/分	标准差		
一般中学	1 165	3.94	0.68	3.99	0.70	−2.55	0.011
重点中学	1 339	4.03	0.72			2.20	0.028

t 检验的结果表明，在专业能力领域中，重点中学教师的专业素质在 0.05 水平上显著高于中学教师总体的专业素质，一般中学教师的专业素质在 0.05 水平上显著低于中学教师总体的专业素质。

(6) 各类别中学教师与中学教师总体之间在身心健康领域的差异比较

各类别中学教师与中学教师总体之间在身心健康领域的差异比较见表6-75。

表 6-75　各类别中学教师与中学教师总体之间在身心健康领域的差异比较

学校类别	样本数/人	各类别中学教师		中学教师总体		t 检验	p
		平均值/分	标准差	平均值/分	标准差		
一般中学	1 165	3.70	0.85	3.76	0.86	−2.61	0.009
重点中学	1 339	3.81	0.87			1.88	0.060

t 检验的结果表明,在身心健康领域中,重点中学教师的专业素质与中学教师总体专业素质不存在显著性差异($p>0.05$),但一般中学教师的专业素质在0.01水平上显著低于中学教师总体的专业素质。

(七) 调查问卷二的分析

基本情况

(1) 调查样本的省份分布

调查样本的省份分布情况见表6-76。

表 6-76　调查样本的省份分布

省份	人数/人	百分比
福建	193	8.6%
贵州	207	9.2%
河南	429	19.1%
山东	602	26.8%
山西	326	14.5%
四川	490	21.8%
合计	2 247	100.0%

表6-76的直观效果图如图6-37和6-38所示。

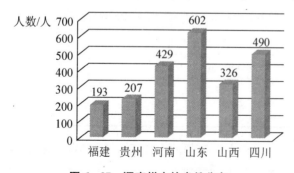

图 6-37　调查样本的省份分布

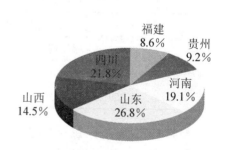

图 6-38　调查样本的省份分布百分比

(2) 调查样本的学校类型分布

调查样本的学校类型分布情况见表6-77。

表6-77 调查样本的学校类型分布

学校类型	人数/人	百分比
初级中学	1 273	56.6%
其他	39	1.7%
完全中学	240	10.7%
一般高中	417	18.6%
重点高中	278	12.4%
合计	2 247	100.0%

表6-77的直观效果图如图6-39和图6-40所示。

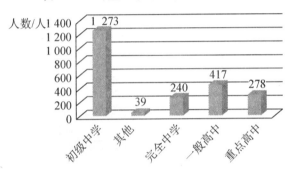

图6-39 调查样本的学校类型分布

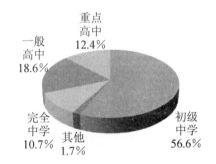

图6-40 调查样本的学校类型分布百分比

(3) 调查样本的性别分布

调查样本的性别分布情况见表6-78。

表6-78 调查样本的性别分布

性别	人数/人	百分比
男	990	44.1%
女	1 257	55.9%
合计	2 247	100.0%

表6-78的直观效果图如图6-41和图6-42所示。

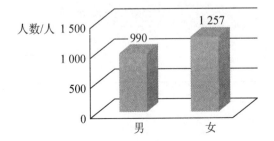

图6-41 调查样本的性别分布

图6-42 调查样本的性别分布百分比

(4) 调查样本的年龄分布

调查样本的年龄分布情况见表6-79。

表6-79 调查样本的年龄分布

年龄	人数/人	百分比
30岁及其以下	635	28.3%
31～40岁	942	41.9%
41～50岁	589	26.2%
51～60岁	81	3.6%
合计	2 247	100.0%

表6-79的直观效果图如图6-43和图6-44所示。

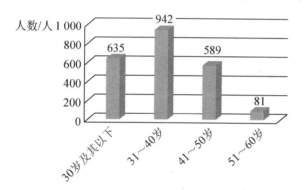

图6-43 调查样本的年龄分布

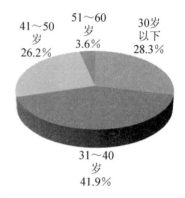

图6-44 调查样本的年龄分布百分比

(5) 调查样本的教龄分布

调查样本的教龄分布情况见表6-80。

表6-80 调查样本的教龄分布

教龄	人数/人	百分比
1～5年	482	21.5%
11～20年	810	36.0%
21年及其以上	509	22.7%
6～10年	446	19.8%
合计	2 247	100.0%

表6-80的直观效果图如图6-45和图6-46所示。

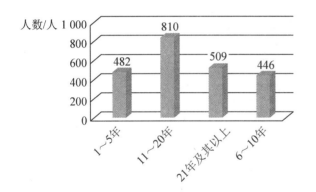

图 6-45 调查样本的教龄分布　　　图 6-46 调查样本的教龄分布百分比

(6) 调查样本的学历分布

调查样本的学历分布情况见表 6-81。

表 6-81 调查样本的学历分布

学历	人数/人	百分比
博士	31	1.4%
大学本科	1 948	86.7%
大学专科	186	8.3%
硕士	76	3.4%
中专、高中及其以下	6	0.2%
合计	2 247	100.0%

表 6-81 的直观效果图如图 6-47 和图 6-48 所示，中专、高中及其以下学历因为所占比例小，暂不在图表中反映。

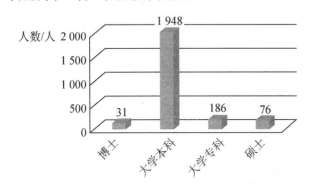

图 6-47 调查样本的学历分布　　　图 6-48 调查样本的学历分布百分比

(7) 调查样本的职称分布

调查样本的职称分布情况见表 6-82。

表 6-82 调查样本的职称分布

职称	人数/人	百分比
中学高级	488	21.7%

续表

职称	人数/人	百分比
中学一级	847	37.7%
中学二级	783	34.8%
中学三级	36	1.6%
其他	93	4.2%
合计	2 247	100.0%

表6-82的直观效果图如图6-49和图6-50所示。

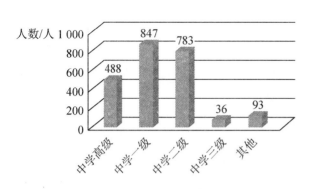

图6-49 调查样本的职称分布

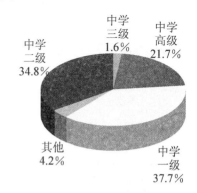

图6-50 调查样本的职称分布百分比

(8) 调查样本的任教学科分布

调查样本的任教学科分布见表6-83。

表6-83 调查样本的任教学科分布

任教学科	人数/人	百分比
语文	421	18.7%
数学	354	15.8%
外语	374	16.6%
物理	214	9.5%
化学	146	6.5%
生物	111	4.9%
信息技术	53	2.4%
历史	118	5.3%
地理	102	4.5%
政治	158	7.0%
体育	89	4.0%
音乐	41	1.8%
美术	39	1.7%

续表

任教学科	人数/人	百分比
科学	2	0.1%
其他	25	1.1%
合计	2 247	100.0%

表 6-83 的直观效果图如图 6-51 和图 6-52 所示。

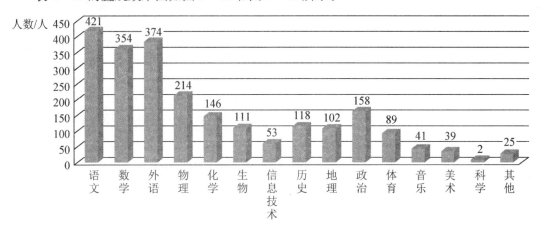

图 6-51 调查样本的任教学科分布

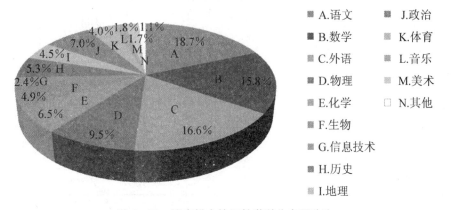

图 6-52 调查样本的任教学科分布百分比

(9) 调查样本的健康状况分布

调查样本的健康状况分布情况见表 6-84。

表 6-84 调查样本的健康状况分布

健康状况	人数/人	百分比
健康	1 408	62.7%
较差	140	6.2%
一般	699	31.1%
合计	2 247	100.0%

表 6-84 的直观效果图如图 6-53 和 6-54 所示。

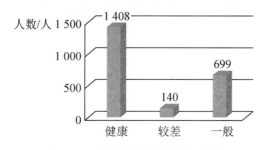

图 6-53 调查样本的健康状况分布

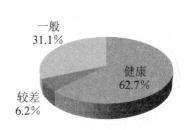

图 6-54 调查样本的健康状况分布百分比

三、具体问题

(一) 职业理念领域

职业理念领域的具体问题共 9 个题目，即 T1~T9，9 个问题。

1. T1 问题的调查结果

T1 问题的调查结果见表 6-85。

表 6-85　T1 问题的调查结果

T1：您对待教师职业的态度？	人数/人	百分比
A. 非常喜欢，能够从中获得快乐	1 393	62.0%
B. 做教师收入稳定还有寒暑假	306	13.6%
C. 不清楚自己是否喜欢教师职业	151	6.8%
D. 不喜欢，工作压力太大	266	11.8%
E. 不喜欢，太辛苦，无法照顾自己的家庭	131	5.8%
合计	2 247	100.0%

表 6-85 的直观效果图如图 6-55 和图 6-56 所示。

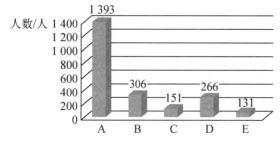

图 6-55　T1 问题的调查结果

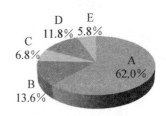

图 6-56　T1 问题的调查结果百分比

对教师职业的热爱程度直接影响到教师是否能尽职尽责地开展教育教学工作，能否积极促进自身的专业发展，调查发现，出于真正热爱，认为对教师职业"非常喜欢，能够从中获得快乐"的教师占 62.0%；13.6%的教师认为"做教师收入稳定还有寒暑假"是相对稳定的工作。总的来说，75.6%的教师对待教师职业是持认可态度的；17.6%的教师对自己目前的职业不太满意，尽管这部分教师占总体人数不到 1/5，但结合前期以及其他相关研究表明，当下教师的生存状态并不理想，主要是因为工作压力大，无法顾及个人发展与家庭生活，尤其是中西部地区，教师生活质量普遍较低，值得关注。

2. T2 问题的调查结果

T2 问题的调查结果见表 6-86。

表 6-86　T2 问题的调查结果

T2：在教学工作中，能否一视同仁地对待每一个学生？	人数/人	百分比
A. 关心每一个学生，力争使每一个学生都有进步	1 802	80.2%
B. 精力主要集中在品学兼优的学生身上	64	2.8%
C. 也会关心成绩差的学生，但如果没有进步，就会灰心丧气	160	7.1%
D. 学生差异是客观存在的，在教学中不可能有真正的平等	213	9.5%
E. 没有考虑过这个问题	8	0.4%
合计	2 247	100.0%

表 6-86 的直观效果图如图 6-57 和图 6-58 所示。

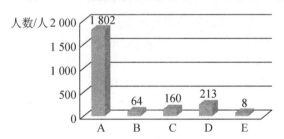

图 6-57　T2 问题的调查结果

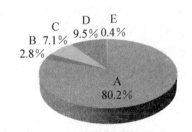

图 6-58　T2 问题的调查结果百分比

消除各种歧视，追求教育平等是教育教学的基本出发点与保障之一，调查发现，在教学过程中对待学生的态度上，80.2%的教师能做到一视同仁地对待每一个学生；2.8%的教师选择将主要精力放在班级中优等生与成绩差的学生的学习上；而 9.5%的教师认为学生差异客观存在，在教学中无法甚至没有考虑过要平等对待每一个学生。总的来说，目前大部分教师能做到在教育教学过程中关心每一个学生的学习与成长，对于成绩较差的学生没有明显的歧视，能给予积极地关心与指导。

3. T3 问题的调查结果

T3 问题的调查结果见表 6-87。

表 6-87 T3 问题的调查结果

T3:"民主"与"公正"在您日常工作中的体现情况	人数/人	百分比
A. 认识到教学民主的重要性,并能主动在工作中落实	1 526	67.9%
B. 认识到教学民主的重要性,但在具体工作中较难落实	558	24.8%
C. 教学民主并不重要,重要的是考出好成绩	73	3.3%
D. 学生并不理解什么是教学民主,贯彻教学民主只不过是形式主义	53	2.4%
E. 不清楚什么是教学民主	37	1.6%
合计	2 247	100.0%

表 6-87 的直观效果图如图 6-59 和图 6-60 所示。

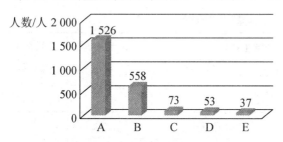

图 6-59 T3 问题的调查结果

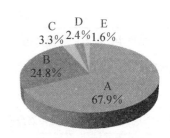

图 6-60 T3 问题的调查结果百分比

以学生为本,不仅要注重学生的学习,更重要的是能在日常教育教学中,体现民主与公正,重视学生的观点与意见,给予及时、公正的评价,充分尊重学生的独立人格与表达的权利。调查发现,能充分"认识到教学民主的重要性,并能主动在工作中落实"的教师占 67.9%;24.8%的教师认同教学民主的重要性,但在具体工作中较难落实;相对教学民主而言,有 3.3%的教师认为学习成绩更重要;认为教学民主是形式主义,学生根本不懂或者连自己都不太清楚的教师占 2.4%。总体而言,大部分教师能充分认识到教学民主对于学生培养与发展过程的重要性,但在具体管理与教学过程中,教师往往因为个体主观意识太强或操作过程烦琐,忽视了学生公平参与和表达,没有很好的落实。

4. T4 问题的调查结果

T4 问题的调查结果见表 6-88。

表 6-88 T4 问题的调查结果

T4:在教学中,您会有意识地对学生进行生命教育吗?	人数/人	百分比
A. 充分理解生命的意义,并教育学生珍爱生命	1 892	84.2%
B. 能理解生命的价值,但不知如何融合在教学工作中	301	13.4%
C. 不知"珍爱生命"是什么,很难操作	21	0.9%
D. "珍爱生命"是人生来具有的,不用刻意教育	19	0.8%
E. 没有考虑过	14	0.6%
合计	2 247	100.0%

表 6-88 的直观效果图如图 6-61 和图 6-62 所示。

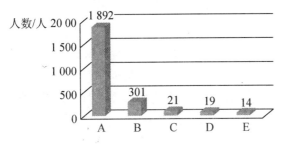

图 6-61　T4 问题的调查结果

图 6-62　T4 问题的调查结果百分比

生命教育是培养学生认识生命，了解生命的意义，形成正确的生命观的重要教育内容，是学校教育的重要组成部分。调查发现，84.2%的教师充分理解生命的意义，并教育学生珍爱生命；13.4%的教师尽管能理解生命教育的重要性，但是缺乏相关知识与技能，无法很好地融入到教育教学过程中；有 2.3%的教师不理解或认为生命教育不重要而没有对学生进行教育。可以看出，大部分教师认同生命教育对于学生的价值观的形成有着重要意义，并能积极落实，开展生命教育。但是，由于缺乏相关知识与工具，很难保证生命教育的开展。因此，教师有必要进一步加强相关知识学习与培训，结合实际采取多样化的方式，将生命教育融入日常教育教学中。

5. T5 问题的调查结果

T5 问题的调查结果见表 6-89。

表 6-89　T5 问题的调查结果

T5：您对我国古代文化的看法	人数/人	百分比
A. 是人类宝贵的财富，但也有糟粕，应该引导学生批判继承	1 972	87.7%
B. 学生有必要了解古代文化，但不要太看重	231	10.3%
C. 不了解	25	1.1%
D. 全盘否定传统文化	8	0.4%
E. 全面继承	11	0.5%
合计	2 247	100.0%

表 6-89 的直观效果图如图 6-63 和图 6-64 所示。

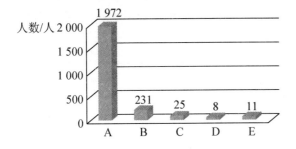

图 6-63　T5 问题的调查结果

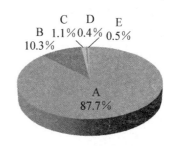

图 6-64　T5 问题的调查结果百分比

传统文化是教育教学的丰富资源与宝贵财富,调查发现,对于中国传统文化 87.7%的教师认为"是人类宝贵的财富,但也有糟粕,应该引导学生批判继承";认为"学生有必要了解古代文化,但不要太看重"的教师占 10.3%;而认为要"全面继承"或"全盘否定"的教师总和不到 1%。由此可见,教师对于传统文化的继承与发扬问题是较为理性的。传统文化在学校教育中主要是通过课程学习实现的,这对于教师而言,必须对传统文化有较为清晰的认识与了解,掌握基本的古代文化常识,有正确的辨析能力,才能够积极引导学生批判地继承传统文化。

6. T6 问题的调查结果

T6 问题的调查结果见表 6-90。

表 6-90　T6 问题的调查结果

T6:对人类灾害,您抱什么态度	人数/人	百分比
A. 了解这方面的情况,积极行动并引导学生投入救灾活动	1 675	74.5%
B. 关心并讨论灾害消息,但缺少主动行动	424	18.9%
C. 政府号召什么就做什么	78	3.5%
D. 同情,但认为这是该政府管的事	24	1.1%
E. 灾害常常有,顾不过来,还是做好自己的工作	46	2.0%
合计	2 247	100%

表 6-90 的直观效果图如图 6-65 和图 6-66 所示。

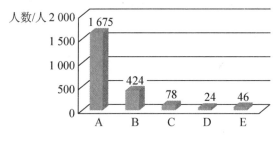

图 6-65　T6 问题的调查结果

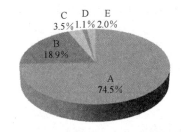

图 6-66　T6 问题的调查结果百分比

教师是学生的表率,调查发现,面对人类灾害,93.4%的教师能在灾害发生后积极主动了解有关情况,其中 74.5%的教师会"积极行动并引导学生投入救灾活动";3.5%的教师较为被动,"政府号召什么就做什么";仅有 3.1%的教师表示无暇顾及。大部分教师具有强烈的责任感和同情心,会在灾难发生时身体力行,并引导学生积极投入救灾行动,这表明教师在面对灾害事件时,能充分体现教师应有的人文情怀、责任感与表率作用。

7. T7 问题的调查结果

T7 问题的调查结果见表 6-91。

表 6-91 T7 问题的调查结果

T7：您能否经常通过各种渠道了解国内外最新的教育动态，注意学习并不断开阔自己的教育视野	人数/人	百分比
A. 经常关注并不断学习国内外最新的教育理论	1 092	48.6%
B. 通过培训、自修等方式，定期学习最新的教育理论	824	36.7%
C. 不确定	162	7.2%
D. 偶尔关注一下教育动态	152	6.8%
E. 没有关注过这方面的事情	17	0.7%
合计	2 247	100.0%

表 6-91 的直观效果图如图 6-67 和图 6-68 所示。

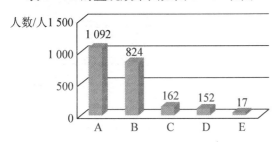

图 6-67　T7 问题的调查结果

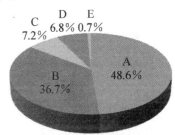

图 6-68　T7 问题的调查结果百分比

及时更新、了解和学习国内外教育信息是提高教育质量，缩小教育水平差距的重要手段之一。调查发现，能够主动学习国内外最新教育信息的教师占 85.3%，其中 48.6% 的教师"经常关注并不断学习国内外最新的教育理论"；36.7% 的教师"通过培训、自修等方式，定期学习最新的教育理论"；偶尔关注一下或几乎不关心的教师占 7.5%。具有全球化的教育视野，是对教师提高教学质量的进一步要求之一，随着网络的普及以及硬件设施的完善，为教师获取国内外最新教育信息提供了便利条件，但真正要做到"他山之石可以攻玉"关键在于教师自身对于不断完善教学、提高教学质量的认识与需求；此外，是搜集获取、转化信息用以提高教学的能力，这就需要教师不断加强自主学习意识，同时，也需要教育行政部门给予教师更多的学习机会与指导。

8. T8 问题的调查结果

T8 问题的调查结果见表 6-92。

表 6-92 T8 问题的调查结果

T8：您能否在教学之余认真阅读专业著作	人数/人	百分比
A. 能够	1 304	58.0%
B. 想读，但是这些书刊理论性太强，读不懂	276	12.3%
C. 工作忙、时间紧	498	22.2%
D. 没有恒心读完	133	5.9%

续表

T8：您能否在教学之余认真阅读专业著作	人数/人	百分比
E. 不能够	36	1.6%
合计	2 247	100.0%

表6-92的直观效果图如图6-69和图6-70所示。

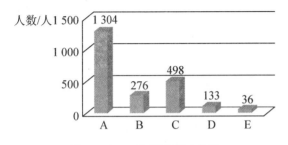

图6-69　T8问题的调查结果

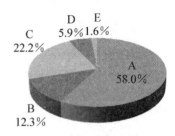

图6-70　T8问题的调查结果百分比

教师的教育教学知识与能力的提高，需要不断地学习、阅读相关专业著作，以提高自身专业素养。调查发现，58.0%的教师能够独立认真地阅读有关专业书籍；12.3%的教师表示心有余而力不足，缺乏相关指导，理解困难；29.7%的教师由于工作压力大，时间紧，或者自身没有这方面学习的需求等诸多因素而未能坚持阅读相关专业著作。不难发现，能够坚持不断主动阅读专业著作，更新自己知识的教师数量还有待进一步提高。影响部分教师不能保障定时定量阅读学习的因素主要来自于工作方面，由此侧面反映出当下教师工作学习状态并不理想，教师忙于学校中各项琐碎事务，可自主学习时间较少。加之其他来自于家庭等诸方面的影响，致使教师的课余学习受到不同程度的限制。可见，要提高教育质量，必须加强教师专业素养，要加强教师职后的学习与培训，要给予教师更多的自主学习时间，而关键就在于让教师从不必要的日常事务中解放出来，保障其基本的学习研究时间。

9. T9问题的调查结果

T9问题的调查结果见表6-93。

表6-93　T9问题的调查结果

T9：您是否理解"以学生为本"的含义	人数/人	百分比
A. 充分理解"以学生为本"的意义，并教育学生提高社会责任感、培养学生的创新精神和实践能力	1 788	79.6%
B. 能理解"以学生为本"的含义，但不知如何在教学中实施	398	17.7%
C. 不知"以学生为本"是什么	17	0.8%
D. "以学生为本"就是一切为了提高学生的学习成绩	32	1.4%
E. 一切以学生为中心，教师要听从学生的意见	12	0.5%
合计	2 247	100.0%

表 6-93 的直观效果图如图 6-71 和图 6-72 所示。

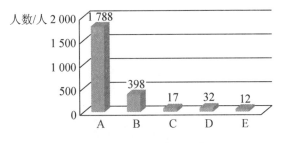

图 6-71　T9 问题的调查结果

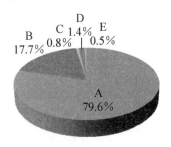

图 6-72　T9 问题的调查结果百分比

"以学生为本"是《纲要》和新课程改革明确要求教育教学工作的核心,调查发现,教师对于"以学生为本"的理解不尽相同:79.6%的教师"充分理解以'学生为本'的意义,并教育学生提高社会责任感、培养学生的创新精神和实践能力";17.7%的教师"能理解'以学生为本'的含义,但不知如何在教学工作中实施";1.9%的教师对于"以学生为本"的理解较为狭隘,其中认为"'以学生为本'就是一切为了提高学生的学习成绩"的教师占 1.4%;仅有 0.5%的教师认为"一切以学生为中心,教师要听从学生的意见"。可见,在新课改的实施过程中,大部分教师已经转变了以往"教师中心"的教育观念,充分理解"以学生为本"的含义,并能切实落实在教育教学过程中。

(二) 职业操守领域

职业操守领域的具体问题共 12 个题目,即 T10~T21 个问题。

1. T10 问题的调查结果

T10 问题的调查结果见表 6-94。

表 6-94　T10 问题的调查结果

T10:一位合格教师首先应该是一位合格的公民,您是如何做的	人数/人	百分比
A. 遵纪守法,基本能够履行公民的责任和义务,恪守社会公德	1 948	86.7%
B. 了解公民的责任和义务,能规范自己的行为	262	11.7%
C. 知道应该遵纪守法,但有时做得不够好	19	0.8%
D. 不必考虑教师与公民之间的关系	11	0.5%
E. 没有想过这个问题	7	0.3%
合计	2 247	100.0%

表 6-94 的直观效果图如图 6-73 和图 6-74 所示。

"学高为师,身正为范",教师作为知识的传授者与道德的示范者应该是一位合格的公民,调查发现,99.2%的教师认同这一观点,其中 86.7%的教师能"遵纪守法,基本能够履行公民的责任和义务,恪守社会公德";11.7%的教师"了解公民的责任和义务,能规范自己的行为","知道应该遵纪守法,但有时做得不够好"的教师占 0.8%;仅有 0.8%的教师没有这个意识。显然,教师群体的对自身的公民素质要求是相对较高的,这也是合格教师的必要前提。

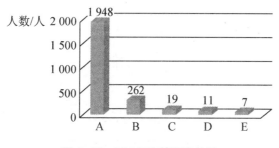

图 6-73 T10 问题的调查结果

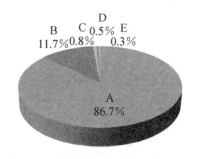

图 6-74 T10 问题的调查结果百分比

2. T11 问题的调查结果

T11 问题的调查结果见表 6-95。

表 6-95 T11 问题的调查结果

T11：您是否了解国家颁布的教育法规，知道教师和学生的权利和义务	人数/人	百分比
A. 熟悉国家教育法规，清楚地知道教师和学生的权利和义务	1 321	58.8%
B. 了解国家教育法规，基本知道教师和学生的权利和义务	689	30.7%
C. 了解部分国家教育法规，大体知道教师和学生的权利和义务	189	8.4%
D. 阅读过国家教育法规，不太清楚教师和学生的权利和义务	30	1.3%
E. 没有阅读过国家教育法规，不知道教师和学生的权利和义务	18	0.8%
合计	2 247	100.0%

表 6-95 的直观效果图如图 6-75 和图 6-76 所示。

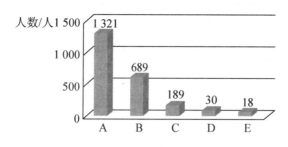

图 6-75 T11 问题的调查结果

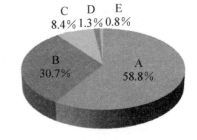

图 6-76 T11 问题的调查结果百分比

调查发现，熟悉、了解"国家教育法规，知道教师和学生的权利和义务"的教师占 97.9%，其中清楚、基本、大体"知道教师和学生的权利和义务"的教师分别占 58.8%、30.7% 和 8.4%。大部分教师对教育法规还是相当关心与熟悉的。

3. T12 问题的调查结果

T12 问题的调查结果见表 6-96。

第六章 中学教师专业素质现状研究

表 6-96 T12 问题的调查结果

T12：您对《国家中长期教育改革和发展规划纲要（2010—2020 年）》（《以下简称纲要》）的了解情况	人数/人	百分比
A. 研习过《纲要》，明确教育改革的核心任务	921	41.0%
B. 学习过《纲要》，知道教育改革的核心任务	584	26.0%
C. 阅读过《纲要》，大体知道其内容	368	16.4%
D. 阅读过《纲要》，具体内容不熟悉	143	6.3%
E. 还没有学习过《纲要》	231	10.3%
合计	2 247	100.0%

表 6-96 的直观效果图如图 6-77 和图 6-78 所示。

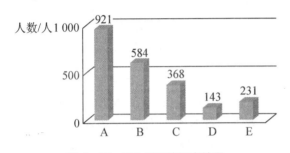

图 6-77 T12 问题的调查结果　　图 6-78 T12 问题的调查结果百分比

《纲要》是国家对于教育改革与发展的战略部署，其中明确指出教师是提高教育质量的关键，对于提高教师素质提出明确的要求，调查发现，"研习过《纲要》，明确教育改革的核心任务"的教师占 41.0%；26.0% 的教师"学习过《纲要》，知道教育改革的核心任务"；22.7% 的教师仅仅阅读过，但未曾仔细研读过。

4. T13 问题的调查结果

T13 问题的调查结果见表 6-97。

表 6-97 T13 问题的调查结果

T13：您是否重视对学生进行知识产权的教育	人数/人	百分比
A. 尊重和维护知识产权，增强学生的知识产权意识	1 249	55.6%
B. 尊重和维护知识产权，但在对学生进行这方面的教育上做得还不够好	796	35.4%
C. 对知识产权不了解	122	5.4%
D. 知识产权比较重要，但没必要对学生进行这方面的教育	59	2.6%
E. 这是政府的事，和学校无关	21	1.0%
合计	2 247	100.0%

表 6-97 的直观效果图如图 6-79 和图 6-80 所示。

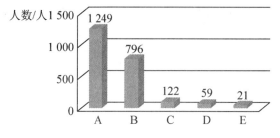
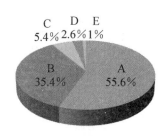

图 6-79　T13 问题的调查结果　　　图 6-80　T13 问题的调查结果百分比

加强知识产权意识教育对于教师而言具有重要意义，这不仅要求教师自身在从事教育科研时要遵守学术规范，求真务实，更重要的是要教育学生使其形成正确的学术规范，学会尊重他人的研究成果。调查发现，91.0%的教师认同知识产权的重要性，能尊重和维护知识产权，但在增强学生的知识产权意识方面，只有 55.6% 的教师能基本做到，其余教师在对学生进行这方面的教育上做得还不够好；5.4% 的教师对知识产权不太了解；有 2.6% 的教师认为"知识产权比较重要，但没必要对学生进行这方面的教育"；1.0% 的教师对此并不关心。

可以看出，教师充分认同尊重和维护知识产权的重要性，但是在加强学生相关方面教育时，显得力不从心。一方面，由于自身对于相关知识的匮乏，不知如何教育；另一方面，部分教师对于需要对学生进行知识产权教育表示不理解，因而避而不谈。教师作为学生学术上的指导，首先要教授学生基本的学术规范，而以往教师对此并不重视，这是亟待加强的。

5. T14 问题的调查结果

T14 问题的调查结果见表 6-98。

表 6-98　T14 问题的调查结果

T14：您是如何看待学生的点滴进步的？（可同时选两项）	人数/人	百分比
A. 对待每一个学生的任何进步都表示欢迎	1 949	86.7%
B. 尤其对于学习障碍生取得每一个微小进步都加以鼓励赞赏	1 193	53.1%
C. 对花了很多力气但成绩没有提高的学生灰心丧气	111	4.9%
D. 只要学习成绩好就会给予重视表扬	67	3.0%
E. 对成绩差的学生只能放弃	25	1.1%

注：本题为多项选择，故百分比总和大于 100%。

表 6-98 的直观效果图如图 6-81 和图 6-82 所示。

热爱学生，以赏识的态度对待每一个学生的点滴进步应是教师的本职。调查发现，86.7% 的教师对"每一个学生的任何进步都表示欢迎"；53.1% 的教师"尤其对于学习障碍生取得的每一个微小进步都加以鼓励赞赏"；"对花了很多力气但成绩没有提高的学生灰心丧气"的教师占 4.9%；3.0% 的教师"只要学习成绩好就会给予重视表扬"；1.1% 的教师"对成绩差的学生只能放弃"。

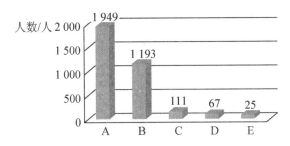

图 6-81 T14 问题的调查结果

大部分教师并不吝惜表扬，在学生取得进步的时候都会给予适当的鼓励，教师从学生的点滴进步中分享喜悦，获得成就感；学生从教师的表扬中得到肯定，获得动力。

6. T15 问题的调查结果

T15 问题的调查结果见表 6-99。

表 6-99 T15 问题的调查结果

T15：您怎样看待实施简单粗暴的教育的现象	人数/人	百分比
A. 反对	1 544	68.7%
B. 不赞成，但有时忍不住偶尔会这么做	367	16.3%
C. 不赞成，但也不反对其他教师去做	97	4.3%
D. 要软硬两手一起抓，必要时可以体罚学生	190	8.5%
E. 训斥或体罚是不可缺少的教育手段	49	2.2%
合计	2 247	100.0%

表 6-99 的直观效果图如图 6-82 和图 6-83 所示。

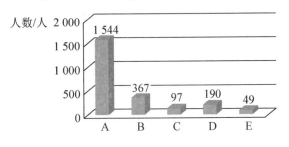

图 6-82 T15 问题的调查结果

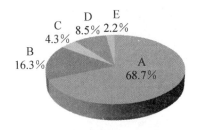

图 6-83 T15 问题的调查结果百分比

在日常教育教学过程中，难免会发生学生违纪现象，有的教师会采取简单粗暴的处理方式，对此调查发现，68.7%的教师坚决反对事实简单粗暴的教育方式；20.6%的教师虽然不赞成，但不反对其他教师这么做，甚至自己偶尔也会这么做；10.7%的教师认为体罚与训斥是必要的教育手段。

尽管相关法规条例中明文规定教师不得使用暴力手段对待学生，但目前教师使用粗暴教育方式的现象屡见不鲜，调查中甚至有部分教师认为体罚合理，这表明，目前部分教师尊重学生的意识淡薄，缺乏教育管理经验与方法，自我情绪控制能力较差。对此，教师应当学会控制自己的情绪，加强教学管理案例的学习，多与学生沟通才能减少简单粗暴教育现象的出现。

7. T16 问题的调查结果

T16 问题的调查结果见表 6-100。

表 6-100　T16 问题的调查结果

T16：您如何对待学生的隐私	人数/人	百分比
A. 尊重学生的隐私，不随意公开学生的各种信息	1 981	88.2%
B. 能正确对待学生的隐私，但有时不经意间会透露学生的个别信息	185	8.2%
C. 不知道什么是学生的隐私	23	1.0%
D. 了解学生的隐私有利于对其进行教育	47	2.1%
E. 有时公开学生的隐私有利于对其他学生的教育	11	0.5%
合计	2 247	100.0%

表 6-100 的直观效果图如图 6-84 和图 6-85 所示。

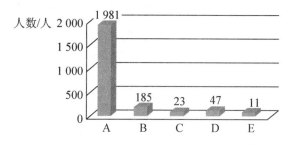

图 6-84　T16 问题的调查结果

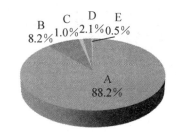

图 6-85　T16 问题的调查结果百分比

尊重学生，就要尊重学生的独立人格，尊重和保护学生的隐私。调查显示，88.2% 的教师"尊重学生的隐私，不随意公开学生的各种信息"；8.2% 的教师"能正确对待学生的隐私，但有时不经意间会透露学生的个别信息"；有 2.6% 的教师认为学生的隐私必要时可以公开用来教育其他学生。

8. T17 问题的调查结果

T17 问题的调查结果见表 6-101。

表 6-101　T17 问题的调查结果

T17：您怎样看待家长在教学活动中的作用	人数/人	百分比
A. 尊重家长，与家长有效沟通，共同协商教育学生的措施	1 731	77.1%
B. 愿意与家长沟通，但缺少沟通方法，缺乏有效性	382	17.0%
C. 教学任务繁重，没有时间顾及	52	2.3%

续表

T17：您怎样看待家长在教学活动中的作用	人数/人	百分比
D. 当学生出现大的问题时，才有必要与家长沟通	68	3.0%
E. 抓好教学任务即可，家长不了解教育，与其沟通是次要的	14	0.6%
合计	2 247	100.0%

表6-101的直观效果图如图6-86和图6-87所示。

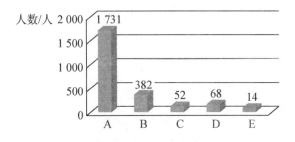

图6-86　T17问题的调查结果

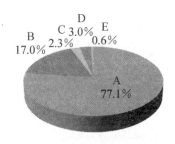

图6-87　T17问题的调查结果百分比

调查显示，94.1%的教师重视家长在教学活动中的作用，尊重家长，也愿意与之沟通，但由于种种原因在与家长沟通过程中有17.0%的教师表示"缺少沟通方法"，沟通"缺乏有效性"；2.3%的教师表示"教学任务繁重，没有时间顾及"；而认为"当学生出现大的问题时，才有必要与家长沟通"的教师占3.0%。大部分教师认同与家长沟通能进一步保证学校教育的质量，家庭与学校互动才能使学生的成长信息更为流通，而实际交流过程中，确实存在沟通失灵或信息不对称的情况，教师表示缺乏沟通方法，很难有效沟通。主要原因在于，一方面，教师自身缺乏有效沟通的知识与技能，或不愿投入更多精力；另一方面，家长对于学校教育的不了解，导致沟通中出现矛盾。对此，教师作为学生在校内的监护者，应当积极主动与家长保持联系，而且必须掌握必要的沟通方法，减少因沟通失灵而导致对学生的负面影响。

9. T18问题的调查结果

T18问题的调查结果见表6-102。

表6-102　T18问题的调查结果

T18：当您与同事就某一问题出现争论时，您一般会	人数/人	百分比
A. 倾听同事发表的不同意见，理性地思考这些意见。不把自己的意见强加于人	1 911	85.0%
B. 能够听取同事的不同意见，但有时感情用事，会把自己的意见强加于人	286	12.7%
C. 对同事的观点不置可否	29	1.3%
D. 不愿意听取同事的意见，对同事错误的观点，不能用宽容的态度对待	15	0.7%
E. 无论对错，都坚持己见	6	0.3%
合计	2 247	100.0%

表6-102的直观效果图如图6-88和图6-89所示。

民主不仅仅要体现在教学之中,还要尊重自己的同事,维护同事发表不同意见的权利,不把自己的意见强加于人,以宽容的态度对待他人,这是教师在学校组织交往中处理好人际关系、体现民主精神的一条重要操守。调查显示,85.0%的教师表明自己能"倾听同事发表的不同意见,理性地思考这些意见。不把自己的意见强加于人";12.7%的教师表示"能够听取同事的不同意见,但有时感情用事,会把自己的意见强加于人";"不愿意听取同事的意见,对同事错误的观点,不能用宽容的态度对待"与"无论对错,都坚持己见"的教师总和占1.0%。可见,大部分教师能秉承民主精神,宽容待人,对待不同的观点能理性分析,适当提出意见,而不是强词夺理,固执己见。宽容、民主的氛围才能为教育教学工作与学校发展提供良好的环境保障。

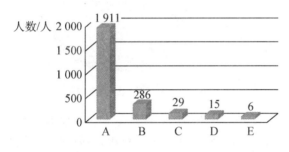

图6-88 T18问题的调查结果

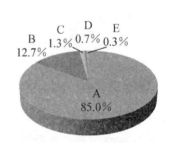

图6-89 T18问题的调查结果百分比

10. T19问题的调查结果

T19问题的调查结果见表6-103。

表6-103 T19问题的调查结果

T19:在和同事或者其他研究者合作解决教育中的问题时,您会	人数/人	百分比
A. 努力发挥自己的作用,和每一位同事团结互助,积极沟通协作,共同完成任务	2 006	89.3%
B. 自己不是领导者,只完成自己的任务,不会主动和其他同事沟通协作	189	8.4%
C. 如果对方能力不如自己,经常自己一个人做出决定,甚至独立完成任务	38	1.7%
D. 不是自己一个人的任务,多一事不如少一事,消极对待	14	0.6%
合计	2 247	100.0%

表6-103的直观效果图如图6-90和图6-91所示。

合作精神在学校教育中至关重要,教师与学生的有效合作保障了课堂教学有效开展。在教育研究过程中,良好的合作氛围也有利于教学研究的高效实施。调查显示,89.3%的教师能够在教育教学研究中"努力发挥自己的作用,和每一位同事团结互助,积极沟通协作,共同完成任务";8.4%教师表示"自己不是领导者,只完成自己的任务,不会主动和其他同事沟通协作";而采取消极对待或孤立独行的方式的教师只占2.3%。可见,大部分教师能正确认识自己在团队中的位置,与其他教师团结互助,共同完成任务。

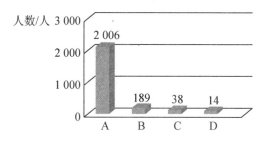

图 6-90　T19 问题的调查结果

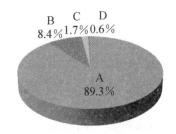

图 6-91　T19 问题的调查结果百分比

11. T20 问题的调查结果

T20 问题的调查结果见表 6-104。

表 6-104　T20 问题的调查结果

T20：如果家长给您送礼,您一般会怎么做	人数/人	百分比
A. 婉言谢绝	1 878	83.6%
B. 拒绝接受,并批评家长(学生)	133	5.9%
C. 视礼物的价值而定,贵重的礼品不收	164	7.3%
D. 送礼现象非常普遍,随大流即可	62	2.8%
E. 欣然接受	10	0.4%
合计	2 247	100.0%

表 6-104 的直观效果图如图 6-92 和图 6-93 所示。

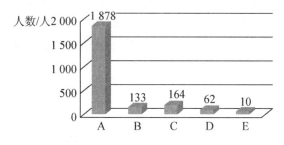

图 6-92　T20 问题的调查结果

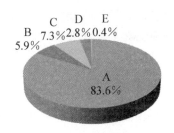

图 6-93　T20 问题的调查结果百分比

廉洁从教,抵制社会不良风气,反对利用职务之便牟取私利是教师"身正为范"重要操守之一,面对如今较为普遍的家长送礼现象,调查显示,83.6%的教师表示会"婉言谢绝";采取严厉态度回绝的教师占 5.9%;10.5%的教师不同程度地表示会接受家长送礼。可见,大部分教师能坚持教师应有的廉洁从教操守,抵制家长的变相"行贿"。教师对待学生一视同仁这是教师的基本操守,不能因为某些外在因素而改变。坚持廉洁从教应是教师自觉且必须遵守的基本职业操守。

12. T21 问题的调查结果

T21 问题的调查结果见表 6-105。

表 6-105 T21 问题的调查结果

T21：您在日常教学活动中是否注意自己的形象	人数/人	百分比
A. 注重职业形象，言行得体、衣着大方，给学生留下好印象	1 821	81.0%
B. 比较注重职业形象，但有时也会出现疏忽	374	16.6%
C. 对这个问题没有过多考虑过	29	1.3%
D. 不注意场合，追求时尚	15	0.7%
E. 和学生已经很熟悉了，没有必要刻意注意自己的言行举止	8	0.4%
合计	2 247	100.0%

表 6-105 的直观效果图如图 6-94 和图 6-95 所示。

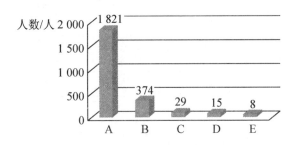

图 6-94 T21 问题的调查结果

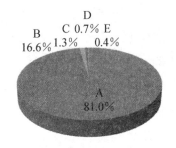

图 6-95 T21 问题的调查结果百分比

为人师表是每一位教师应当践行的职业操守，教师在日常教学活动中应当时刻注意自己的言行举止，调查显示，97.6%的教师能注重职业形象，做到言行得体、衣着大方。0.7%的教师追求时尚，没有顾及是否符合教师形象；0.4%的教师表示"和学生已经很熟悉了，没有必要刻意注意自己的言行举止"。可见，大部分教师能很好地做到为人师表，始终坚持教师所应保持的职业形象。

(三) 专业知识领域

专业知识领域的具体问题共 11 个题目，即 T22~T32 11 个问题。

1. T22 问题的调查结果

T22 问题的调查结果见表 6-106。

表 6-106 T22 问题的调查结果

T22：您对中国教育发展的历史和现状的了解情况是	人数/人	百分比
A. 系统地学习过	1 060	47.2%
B. 在读书时学过一些教育史方面的课程	993	44.2%

续表

T22：您对中国教育发展的历史和现状的了解情况是	人数/人	百分比
C. 为了应付资格证书考试，读过几本	99	4.4%
D. 不了解	79	3.5%
E. 没必要了解	16	0.7%
合计	2 247	100.0%

表6-106的直观效果图如图6-96和图6-97所示。

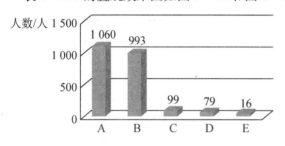

图6-96 T22问题的调查结果

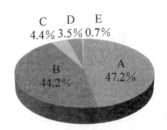

图6-97 T22问题的调查结果百分比

调查显示，91.4%的教师表示曾经学习过我国教育发展的历史和现状，其中47.2%的教师系统学习过，44.2%的教师在大学时曾经学习过相关内容；4.4%的教师"为了应付教师资格证书考试，读过几本"；4.2%的教师表示不了解相关知识。

2. T23问题的调查结果

T23问题的调查结果见表6-107。

表6-107 T23问题的调查结果

T23：您对教师专业的认识	人数/人	百分比
A. 教师专业需要独特的知识和技能，要经过专门的训练	2 079	92.5%
B. 不清楚教师专业的内涵	123	5.5%
C. 教师只是一个职业，任何人都可以来做	45	2.0%
合计	2 247	100.0%

表6-107的直观效果图如图6-98和图6-99所示。

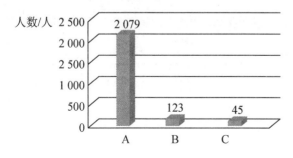

图6-98 T23问题的调查结果

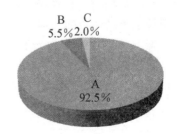

图6-99 T23问题的调查结果百分比

调查显示，92.5%的教师认为"教师专业需要独特的知识和技能，要经过专门的训练"；5.5%的教师"不清楚教师专业的内涵"；认为"教师只是一个职业，任何人都可以来做"的教师占2%。自1966年联合国教科文组织（United Nations Education, Scientific and Cultural Organization，UNESCO）和国际劳工组织（International Labour Organization，ILO）在《关于教师地位的建议》（*Recommendation Concerning the Status of Teaches*）中，提出作为一种职业，教师要不断经过学习掌握一定的专业知识与技能，倡导教师专业化之后，教师专业化逐步受到世界各国的关注。但我国对于教师职业的专门化的社会认同还不强，至今仍有部分教师对本职业没有清楚的认识，这与我国教师入职资格制度相对不健全，教师队伍专业化程度不高有关。

3. T24问题的调查结果

T24问题的调查结果见表6-108。

表6-108 T24问题的调查结果

T24：您在实施自己的职业发展规划方面，做得怎么样	人数/人	百分比
A. 有明确可行的职业发展规划且坚持实施	1 411	62.8%
B. 有职业发展规划，但缺少毅力实施	576	25.6%
C. 没考虑过	94	4.2%
D. 对自己的职业没有长期规划	137	6.1%
E. 职业规划无意义	29	1.3%
合计	2 247	100.0%

表6-108的直观效果图如图6-100和图6-101所示。

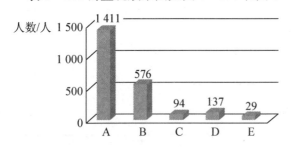

图6-100 T24问题的调查结果

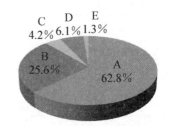

图6-101 T24问题的调查结果百分比

调查显示，88.4%的教师表示对自己的职业生涯有过规划，其中"有明确可行的职业发展规划且坚持实施"的教师占62.8%，而25.6%的教师表示"有职业发展规划，但缺少毅力实施"；10.3%的教师没有考虑过或没有长期的职业规划。可见，目前我国教师相对缺乏职业规划的意识与指导，没有明确可行的职业发展规划，这需要教师自身提高职业发展规划意识，同时教师组织也有必要为教师群体提供职业规划的设计与指导。

4. T25问题的调查结果

T25问题的调查结果见表6-109。

表 6-109 T25 问题的调查结果

T25：您是否注意到学生在各个阶段的情感、态度和认知等方面的变化	人数/人	百分比
A. 主动注意和分析这方面的变化，加深对这方面知识的理解	1 650	73.4%
B. 有粗略的了解	415	18.5%
C. 学过这方面的知识，但长期没有运用	74	3.3%
D. 知道这样做的重要性，但缺乏相关知识	94	4.2%
E. 了解这些知识是次要的	14	0.6%
合计	2 247	100.0%

表 6-109 的直观效果图如图 6-102 和图 6-103 所示。

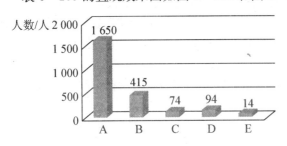

图 6-102 T25 问题的调查结果　　　图 6-103 T25 问题的调查结果百分比

中学阶段是学生情感、态度和认知等方面的变化最为明显的阶段，掌握好学生的认知、心理发展情况有利于教育教学的进行。调查显示，73.4%的教师"主动注意和分析这方面的变化，加深对这方面知识的理解"；18.5%的教师"有粗略的了解"；3.3%的教师"学过这方面的知识，但长期没有运用"；4.2%的教师表示"知道这样做的重要性，但缺乏相关知识"；认为"了解这些知识是次要的"的教师占0.6%。目前教师对于中学生的认知、心理特点掌握及运用仍有待加强。

5. T26 问题的调查结果

T26 问题的调查结果见表 6-110。

表 6-110 T26 问题的调查结果

T26：您是否为每一个学生建立学习档案	人数/人	百分比
A. 知道建立档案的重要性，科学地为每一个学生建立档案	1 318	58.6%
B. 缺乏建立档案的相关知识	350	15.6%
C. 听说过但没有考虑去做	121	5.4%
D. 想做，但没有时间和精力	340	15.1%
E. 应该由学校统一安排	118	5.3%
合计	2 247	100.0%

表 6-110 的直观效果图如图 6-104 和图 6-105 所示。

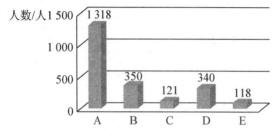
图 6-104　T26 问题的调查结果

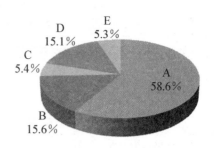
图 6-105　T26 问题的调查结果百分比

建立学生档案袋是行之有效的记录学生成长发展过程的方式，也是教师制订个性化辅导方案，实行因材施教的有效依据。调查显示，58.6%的教师"知道建立档案的重要性，科学地为每一个学生建立档案"；15.6%的教师"缺乏建立档案的相关知识"；5.4%的教师"听说过但没有考虑去做"；15.1%的教师"想做，但没有时间和精力"；5.3%的教师认为"应该由学校统一安排"。可见，目前档案袋制度在教师群体中实施的程度并不高，不少教师甚至不了解相关内容及操作方法。

此外，由于建立档案袋耗时耗力，所以很多教师不愿意花精力做档案袋。档案袋的建立，尤其是对班主任教师而言极为重要，能较为全面地对学生的各方面状况记录与评价。教师应当具备建立学生学习档案的基本知识与技能，为促进学生全面而有个性的发展提供记录与依据。

6. T27 问题的调查结果

T27 问题的调查结果见表 6-111。

表 6-111　T27 问题的调查结果

T27：您对所教学科的历史、现状和发展趋势的了解程度	人数/人	百分比
A. 比较系统地学习过相关课程，注意阅读相关书刊	1 374	61.1%
B. 学习过相关课程，了解基本知识	700	31.1%
C. 零零碎碎地知道一些相关知识	145	6.5%
D. 基本不了解	22	1.0%
E. 完全不了解	6	0.3%
合计	2 247	100.0%

表 6-111 的直观效果图如图 6-106 和图 6-107 所示。
作为一名合格的学科教师应当对本学科的历史、现状与发展有所了解，调查发现，61.1%的教师"比较系统地学习过相关课程，注意阅读相关书刊"；"学习过相关课程，了解基本知识"的教师占 31.1%；"零零碎碎地知道一些相关知识"的教师有 6.5%；基本或完全不了解的教师分别占 1.0% 和 0.3%。这表明大部分学科教师能较为清楚地了解掌握本学科的历史、现状与发展。

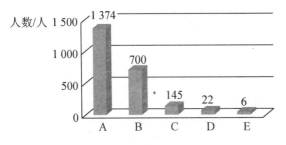
图 6-106 T27 问题的调查结果

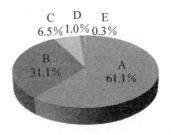
图 6-107 T27 问题的调查结果百分比

7. T28 问题的调查结果

T28 问题的调查结果见表 6-112。

表 6-112 T28 问题的调查结果

T28：您的学生在学完您任教的课程后，能否清楚理解该学科基本概念、原理和体系结构	人数/人	百分比
A. 可以清楚理解	1 326	59.0%
B. 理解，但不能较好运用	683	30.4%
C. 能记住，但不能理解	109	4.9%
D. 努力想记住，但很困难	68	3.0%
E. 不清楚学生的状况	61	2.7%
合计	2 247	100.0%

表 6-112 的直观效果图如图 6-108 和图 6-109 所示。

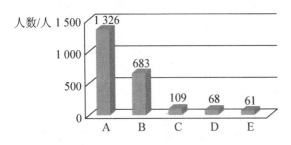
图 6-108 T28 问题的调查结果

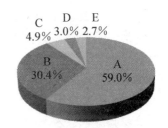
图 6-109 T28 问题的调查结果百分比

调查显示，59.0%的教师表示对自己的教学很有信心，学生在学习完自己任教的学科后能清楚地掌握该学科的基本概念、原理和体系结构；30.4%的教师表示学生能够"理解，但不能较好运用"；4.9%的教师认为学生"能记住，但不能理解"；3.0%的教师认为学生学完课程后很难记住基本原理、概念与体系结构；2.7%的教师未曾了解过学生掌握知识的情况。了解学生掌握自己任教学科的基本概念、原理及体系等基本情况是教师必须掌握的信息，这是对于改进、提高教学质量必要的信息，也是学生学习质量的重要反馈，教师必须进一步重视、掌握相关情况，才能更好地提高教学质量。

8. T29 问题的调查结果

T29 问题的调查结果见表 6-113。

表 6-113 T29 问题的调查结果

T29：您的学生是否能运用所教学科的学习方法自主学习	人数/人	百分比
A. 优秀的学生可以	1 509	67.2%
B. 可以，但费时太多，影响教学计划	425	18.9%
C. 生疏的内容，自学有点困难	200	8.9%
D. 学生不知道什么是正确、有效的学习方法	99	4.4%
E. 不一定要掌握什么学习方法，只要能记住就可以	14	0.6%
合计	2 247	100.0%

表 6-113 的直观效果图如图 6-110 和图 6-111 所示。

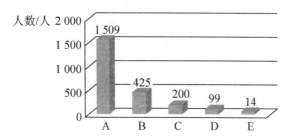

图 6-110 T29 问题的调查结果

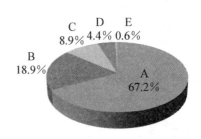

图 6-111 T29 问题的调查结果百分比

"教，是为了不教"，学科学习的核心应是学生通过运用所学学科的学习方法开展自主学习，教授学生学习方法也是教师非常重要的教学任务。调查发现，对于学生能否运用所教学科的学习方法自主学习，67.2%的教师表示，"优秀的学生可以"；18.9%的教师认为学生"可以做到，但费时太多，影响教学计划"；8.9%的教师认为对学生而言"生疏的内容，自学有点困难"；认为"学生不知道什么是正确、有效的学习方法"的教师占 4.4%；认为"不一定要掌握什么学习方法，只要能记住就可以"的教师仅占 0.6%。

由此可以看出，重视教授学生正确有效的学习方法，促使其自主学习的教师比例不高。课堂主要以教师教授为主，部分教师认为这种做法过于理想化，不切实际，只有少数优等生可以做到，大部分学生无法自主学习。即使教授学习方法，但课堂时间有限，影响教学计划。教师作为指导者，必须转变观念，让学生成为学习的真正主人，教师"授之以渔"，在过程中予以积极指导，才能促使学生有计划、有方法地高效学习。故而，掌握正确有效的学习方法是合格教师所必须具备的专业知识之一。

9. T30 问题的调查结果

T30 问题的调查结果见表 6-114。

表 6-114 T30 问题的调查结果

T30：您是否能依据学科课程标准来制订教学计划	人数/人	百分比
A. 可以，但注重独立思考	1 374	61.2%
B. 能根据课标制订教学计划	764	34.0%
C. 对课标内容还不能完全理解，不能据此制订教学计划	54	2.4%
D. 粗略读过，难以按课标要求来制订教学计划	46	2.0%
E. 没读过，完全不了解学科的教学体系	9	0.4%
合计	2 247	100.0%

表 6-114 的直观效果图 6-112 和图 6-113。

课程标准是教师制订教学计划的依据，调查显示，61.2%的教师可以根据课程标准设计教学计划，但也较为注重个人的独立思考；34.0%的教师对课程标准熟悉，能根据课程标准制订教学计划；2.4%的教师"对课标内容还不能完全理解，不能据此制订教学计划"；"粗略读过，难以按课标要求来制订教学计划"的教师占2.0%；"没读过，完全不了解学科的教学体系"的教师占0.4%。课程标准是教师所必须掌握的基本信息，95.2%教师熟悉课程标准内容，能按照课程标准实际教学计划，说明新课改课程标准的实施较为成功。

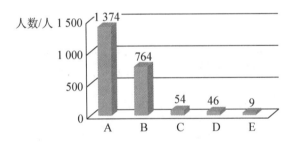

图 6-112 T30 问题的调查结果

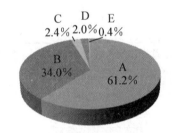

图 6-113 T30 问题的调查结果百分比

10. T31 问题的调查结果

T31 问题的调查结果见表 6-115。

表 6-115 T31 问题的调查结果

T31：您在教学中是如何利用教材的	人数/人	百分比
A. 以教育行政部门指定教材为主，适当补充教学材料，加深学生对课文的理解	1 783	79.4%
B. 基本按照指定教材组织教学	372	16.6%
C. 有时会配合考试，离开教材反复演习各类题目	68	3.0%
D. 照本宣科	17	0.7%
E. 不能正确理解教材，有时教学中会出现错误	7	0.3%
合计	2 247	100.0%

表 6-115 的直观效果图如图 6-114 和图 6-115 所示。

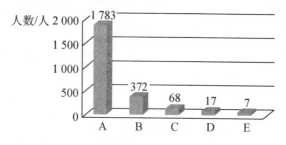
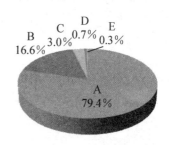

图 6-114　T31 问题的调查结果　　　　图 6-115　T31 问题的调查结果百分比

教科书是学科教学的重要载体，调查显示，79.4%的教师在教材使用方面"以教育行政部门指定教材为主，适当补充教学材料，加深学生对课文的理解"；16.6%的教师"基本按照指定教材组织教学"；3.0%的教师表示"有时会配合考试，离开教材反复演习各类题目"；而不能很好运用教科书的教师仅占 1.0%。96.0%的教师能依据教科书组织教学，其中有较高比例的教师会根据实际情况补充教学材料，这点充分反映了新课程改革的精神——"用教材教"而不是"教教材"。

11. T32 问题的调查结果

T32 问题的调查结果见表 6-116。

表 6-116　T32 问题的调查结果

T32：除教材和教学辅导读物以外，您每年阅读其他人文、社会和自然科学书籍数量	人数/人	百分比
A. 1 本	594	26.4%
B. 2 本	521	23.2%
C. 3 本	395	17.6%
D. 4 本	138	6.1%
E. 5 本及以上	599	26.7%
合计	2 247	100.0%

表 6-116 的直观效果图如图 6-116 和图 6-117 所示。

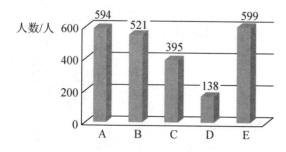
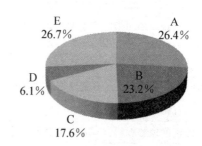

图 6-116　T32 问题的调查结果　　　　图 6-117　T32 问题的调查结果百分比

一名合格教师应具备一定的自然、人文科学知识，调查显示，26.7%的教师每年除教材和教学辅导读物以外，阅读其他人文、社会和自然科学书籍数量在 5 本以上；26.4%的教师每年仅读 1 本课外书籍；46.9%的教师每年阅读课外书籍 2～4 本。显然，教师除教材和教学辅导读物以外，每年阅读其他人文、社会和自然科学书籍数量并不多，这可能与教师工作繁忙等因素有关。但作为教师而言，只有通过阅读一定量的课外书籍才能及时更新教师的知识体系，丰富课堂教学内容，给予学生更多正确的信息与指导。提高教师专业知识素养的有效途径之一就是大量阅读，目前来看还有待进一步加强。

(四) 专业能力领域

专业能力领域的具体问题共 16 个题目，即 T33～T48 16 个问题。

1. T33 问题的调查结果

T33 问题的调查结果见表 6-117。

表 6-117　T33 问题的调查结果

T33：您的学生是否愿意在课余与您交往	人数/人	百分比
A. 非常愿意	1 442	64.2%
B. 愿意，但有些顾虑	598	26.6%
C. 遇到问题时才向我寻求帮助	156	6.9%
D. 和某些学生较难沟通	36	1.6%
E. 不愿意	15	0.7%
合计	2 247	100.0%

表 6-117 的直观效果图如图 6-118 和图 6-119 所示。

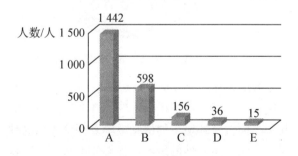

图 6-118　T33 问题的调查结果

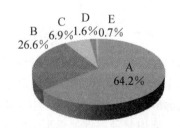

图 6-119　T33 问题的调查结果百分比

调查显示，64.2%的教师表示学生非常愿意在课余与其交往，26.6%的教师表示学生愿意与其交往，有些顾虑；6.9%的教师只有在学生遇到问题时，才向其寻求帮助；学生不愿意与其在课余交往的教师只有 0.7%。可见，大部分教师认为良好的师生关系有利于加深彼此了解，增加互信，主动在课余通过各种形式与学生交流沟通。

2. T34 问题的调查结果

T34 问题的调查结果见表 6-118。

表 6-118 T34 问题的调查结果

T34：您如何看待"促进学生全面而有个性发展"的理念	人数/人	百分比
A. 十分重要	1 412	62.8%
B. 重要，但还是应该以全面发展为主	614	27.3%
C. 重要，但应该着重考虑个性发展	137	6.1%
D. 很难做到，两者不可能兼顾	75	3.4%
E. 没有注意过这个问题	9	0.4%
合计	2 247	100.0%

表 6-118 的直观效果图如图 6-120 和图 6-121 所示。

了解学生个体差异，具有因材施教的能力，促进学生全面而有个性的发展，是《纲要》中提出的对教师的要求。调查显示，96.2%的教师认为这个理念对教师而言十分重要，其中62.8%的教师认为十分重要，27.3%的教师侧重"全面发展"，6.1%的教师则更倾向于注重"个性发展"；3.4%的教师认为很难做到两者兼顾。

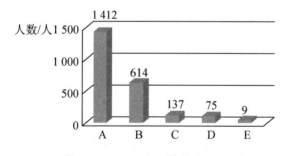

图 6-120 T34 问题的调查结果

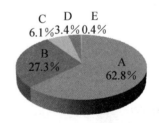

图 6-121 T34 问题的调查结果百分比

以往教育的目标是培养德智体美劳全面发展的学生，《纲要》中新提出的要求教师在培养学生全面发展的同时，注重其个性的发展，这是对"以学生为本"的理解的突破，但目前教师群体中认同度较低，主要是由于基于当前教育环境下的课堂教学及评价体系的种种限制，使得教师要促使学生全面发展的同时兼顾学生个性的培养，显得力不从心。这就需要一系列的改革，改革的起点就在于教师是否以充分理解并积极贯彻这个理念。

3. T35 问题的调查结果

T35 问题的调查结果见表 6-119。

表 6-119 T35 问题的调查结果

T35：您是否在课堂教学中有意识地鼓励学生思考，发表意见	人数/人	百分比
A. 有意识地采用不同的方法让学生独立思考，发表意见	1 836	81.7%
B. 好学生具有较好的独立思考能力，被给予更多的发言机会	333	14.8%
C. 意识到这样做的重要性，但不知如何去做	59	2.6%
D. 没有意识到这个问题	10	0.5%
E. 没有必要这样做	9	0.4%
合计	2 247	100.0%

表 6-119 的直观效果图如图 6-122 和图 6-123 所示。

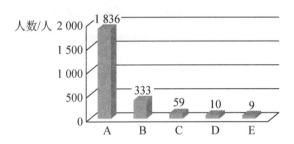

图 6-122 T35 问题的调查结果

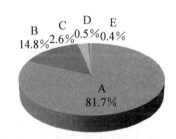

图 6-123 T35 问题的调查结果百分比

培养学生批判性思维和创新性思维，形成良好的思维品质是每位教师的职责。调查显示，81.7%的教师在课堂教学中"有意识地采用不同的方法让学生独立思考，发表意见"；14.8%的教师则认为，"好学生具有较好的独立思考能力，被给予更多的发言机会"；2.6%的教师"意识到这样做的重要性，但不知如何去做"；没有意识到的教师占0.5%；认为没必要这样做的教师占0.4%。

大部分教师能够在课堂教学设计中侧重让学生独立思考的环节，鼓励学生发表个人见解。但部分教师，尤其是年轻教师由于缺乏实践性知识，不知如何很好地在课堂教学中实现、培养学生独立思考。这就需要教师入职后通过课堂案例的学习，不断改进教学设计，改善教学策略。

4. T36 问题的调查结果

T36 问题的调查结果见表 6-120。

表 6-120 T36 问题的调查结果

T36：您是否让学生直接参与教学或班级管理	人数/人	百分比
A. 每个学生都是班级负责任的成员，应当直接参与到班级的管理中来	1 674	74.5%
B. 不一定每个学生都参与班级管理，能力强的学生可以多做点	499	22.2%

续表

C. 学生的主要任务是学习	40	1.8%
D. 这是浪费学生也浪费教师的时间	17	0.8%
E. 学生能力有限，很难做好	17	0.8%
合计	2 247	100.0%

表6-120的直观效果图如图6-124和图6-125所示。

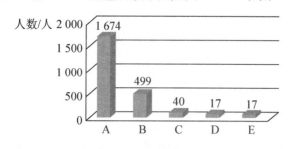

图6-124　T36问题的调查结果

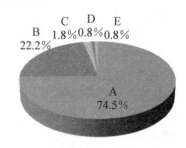

图6-125　T36问题的调查结果百分比

有效的班级管理有利于营造良好的教学环境促进课堂教学效果。调查显示，74.5%的教师认为"每个学生都是班级负责任的成员，应当直接参与到班级的管理中来"；22.2%的教师则倾向于任用能力强的学生参与管理；3.4%的教师认为学生主要任务是学习没有必要参与班级管理。班级是学校教学的基本单位，学生是班级的主体，让学生参与班级管理不仅是培养学生自主管理能力的需要，也是教师良好班级管理的体现。

5. T37问题的调查结果

T37问题的调查结果见表6-121。

表6-121　T37问题的调查结果

T37：您是怎样进行教学设计的	人数/人	百分比
A. 认真做好教学设计，并和其他老师交流，以期取得满意	1 409	62.7%
B. 能根据教学目标、内容、学生实际做好教学设计	727	32.4%
C. 参考别人的教学设计，摘录他的思路和方法	83	3.7%
D. 直接使用别人的教学设计	9	0.4%
E. 不一定要做教学设计，可以临场发挥	19	0.8%
合计	2 247	100%

表6-121的直观效果图如图6-126和图6-127所示。

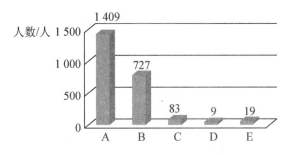

图 6-126　T37 问题的调查结果

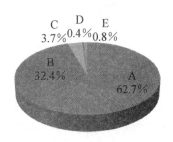

图 6-127　T37 问题的调查结果百分比

调查显示，62.7%的教师能"认真做好教学设计，并和其他老师交流，以期取得满意"；32.4%的教师"能根据教学目标、内容、学生实际做好教学设计"；"参考别人的教学设计，摘录他的思路和方法"的教师占 3.7%；直接使用别人的教学设计的教师占 0.4%；0.8%的教师认为"不一定要做教学设计，可以临场发挥"。

有效的教学设计是上好一堂的重要保证，大部分教师具备独立备课的能力，但仅仅在教研活动时与其他教师交流教学设计。教师应当具备独立思考完成教学设计，并能通过与其他教师的交流改进自身设计缺陷。

6. T38 问题的调查结果

T38 问题的调查结果见表 6-122。

表 6-122　T38 问题的调查结果

T38：在您的课堂上是否出现学生睡觉或做其他课业的情况	人数/人	百分比
A. 不会，我能注意激发学生学习的兴趣	1164	51.8%
B. 基本不会，但有时教学设计与学生要求有差别	877	39.0%
C. 没注意这个问题	28	1.2%
D. 有些课程内容连我都觉得枯燥	97	4.3%
E. 要经常激发学生的学习兴趣太困难了，没法做到	81	3.6%
合计	2 247	100.0%

表 6-122 的直观效果图如图 6-128 和图 6-129 所示。

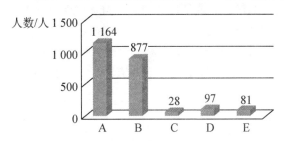

图 6-128　T38 问题的调查结果

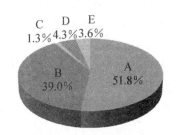

图 6-129　T38 问题的调查结果百分比

课堂教学的起点在于激发学生兴趣,调查显示,51.8%的教师表示自己注重激发学生学习兴趣,在其课堂上不会出现学生睡觉或做其他课业的情况;39.0%的教师表示有时教学设计与学生要求有差别时,出现过此类情况;4.3%的教师认为有些课程内容的确十分枯燥,有时连自己都无法投入教学热情;3.6%的教师认为"要经常激发学生的学习兴趣太困难了,没法做到"。

的确,要坚持做到每堂课都能让学生全神贯注是十分困难的,要改变低效课堂的情况,就必须善于观察,寻找学生兴趣点,有效组织和实施教学才能真正使课堂"活"起来。

7. T39问题的调查结果

T39问题的调查结果见表6-123。

表6-123 T39问题的调查结果

T39:积极的师生互动是有效教学的保证,您是如何做的	人数/人	百分比
A. 能积极与学生互动,及时获得反馈信息,调节教学进程	1 519	67.6%
B. 能注意和学生互动,但有时达不到预期的效果	628	27.9%
C. 想互动,但不知如何做	46	2.1%
D. 课堂时间有限,很难开展	42	1.9%
E. 课堂教学应以讲授为主	12	0.5%
合计	2 247	100.0%

表6-123的直观效果图如图6-130和图6-131所示。

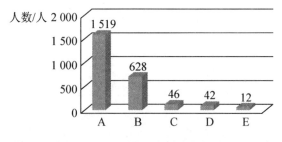

图6-130 T39问题的调查结果

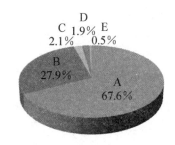

图6-131 T39问题的调查结果百分比

注意学生学习的过程,及时了解学生反馈的信息,调节教学进程,修正教学方法是有效教学的重要保证。调查显示,67.6%的教师"能积极与学生互动,及时获得反馈信息,调节教学进程";27.9%的教师表示"能注意和学生互动,但有时达不到预期的效果";而表示"想互动,但不知如何做"的教师占2.1%;认为课堂教学时间有限,应当以讲授法为主的教师占2.4%。

在课堂教学中开展师生互动是有效教学的必要环节,大部分教师能在课堂中设计开展互动环节,但能通过获得反馈信息,及时调节教学进程对教师而言确实有一定的难度,这就需要一定的课堂教学实践性知识和应变能力。

8. T40 问题的调查结果

T40 问题的调查结果见表 6-124。

表 6-124 T40 问题的调查结果

T40：您是否在课堂教学中注重多学科知识的联系运用	人数/人	百分比
A. 引导学生综合利用相关学科的知识，创造性地解决学习问题	1 744	77.6%
B. 能引用其他学科知识辅助本学科教学，但不能启发学生	345	15.4%
C. 知道其重要性，但不知如何联系	77	3.4%
D. 学生对本学科知识掌握不够，很难迁移	73	3.2%
E. 没有必要	8	0.4%
合计	2 247	100.0%

表 6-124 的直观效果图如图 6-132 和图 6-133 所示。

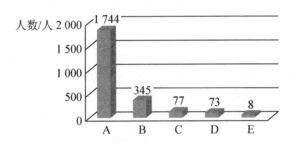

图 6-132 T40 问题的调查结果

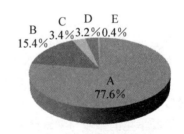

图 6-133 T40 问题的调查结果百分比

课堂教学的目的之一是培养学生综合运用所学知识解决实际问题，调查显示，77.6% 的教师能"引导学生综合利用相关学科的知识，创造性地解决学习问题"；15.4% 的教师能引用其他学科知识辅助本学科教学，但在启发学生思考方面有所欠缺；"知道其重要性，但不知如何联系"的教师占 3.4%；认为"学生对本学科知识掌握不够，很难迁移"的教师占 3.2%。

学科学习本应是相互融通的，教师的课堂教学应立足于本学科，借助其他学科的知识辅助本学科知识的教学，同时，注重培养学生知识迁移的能力。这就需要教师不但要清楚掌握本学科的知识，注意知识的巩固和迁移，并能善于迁移拓展思路和视野，促进学生的创造性学习。

9. T41 问题的调查结果

T41 问题的调查结果见表 6-125。

表 6-125 T41 问题的调查结果

T41：您认为对于一堂课的教学评价应该从哪几个方面考虑（可同时选两项）	人数/人	百分比
A. 教学目的符合课程标准要求和学生实际的程度	1 631	72.6%
B. 善于调节课堂气氛，教学中能恰当选择实例讲授知识	1 053	46.9%
C. 有效调控教学过程和进行学习指导	578	25.7%
D. 创设学习情境，让学生主动参与	690	30.7%
E. 关键看学生的作业与考试情况	82	3.6%

注：本题为多选题，故百分比总和大于100%。

表 6-125 的直观效果图如图 6-134 所示。

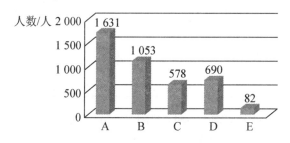

图 6-134 T41 问题的调查结果

调查显示，72.6%的教师认为对于一堂课的评价应当考虑"教学目的符合课程标准要求和学生实际的程度"；46.9%的教师认为"善于调节课堂气氛，教学中能恰当选择实例讲授知识"是评价的一堂课效果的要素；25.7%教师倾向于"有效调控教学过程和进行学习指导"；30.7%的教师侧重于"创设学习情境，让学生主动参与"；还有3.6%的教师认为"关键看学生的作业与考试情况"。

10. T42 问题的调查结果

T42 问题的调查结果见表 6-126。

表 6-126 T42 问题的调查结果

T42：课后反思对提高教学质量有重要的作用，您是如何做的	人数/人	百分比
A. 认识其重要性，主动认真地运用多种方法进行反思	1 477	65.7%
B. 能坚持做，但有时不得法，达不到预期的效果	523	23.3%
C. 想做，但不知怎么做	41	1.8%
D. 考虑过，但由于时间紧、工作多，很难及时做好教学反思	193	8.6%
E. 没必要	13	0.6%
合计	2 247	100.0%

表 6-126 的直观效果图如图 6-135 和图 6-136 所示。

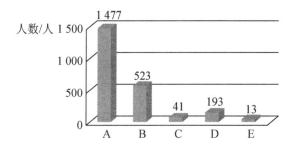

图 6-135　T42 问题的调查结果

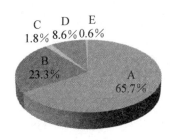

图 6-136　T42 问题的调查结果百分比

课后反思对提高教学质量有重要的作用，调查显示，65.7%的教师"认识其重要性，主动认真地运用多种方法进行反思"；23.3%的教师"能坚持做，但有时不得法，达不到预期的效果"；8.6%的教师"考虑过，但由于时间紧、工作多，很难及时做好教学反思"。

大部分教师能坚持做到课后教学反思，但通常是通过写教学后记等简单的方式完成，因而没有能切实把握课堂教学需要改进的要点，达不到预期的效果，久而久之，教学反思就流于形式了。因此，教师不仅要坚持教学反思，而且需要运用教学研讨、案例研究、课后小结等多种方法提高课堂教学反思效果。

11. T43 问题的调查结果

T43 问题的调查结果见表 6-127。

表 6-127　T43 问题的调查结果

T43：您是否在课堂教学中经常通过网络寻找和使用课本外的案例或信息	人数/人	百分比
A. 利用网络广泛搜集与课程有关知识，不断开发课程资源	1 661	73.9%
B. 经常使用但很少更新	379	16.9%
C. 想做，缺乏条件	162	7.2%
D. 课本和教学参考可以满足教学需要	38	1.7%
E. 没考虑过	7	0.3%
合计	2 247	100.0%

表 6-127 的直观效果图如图 6-137 和图 6-138 所示。

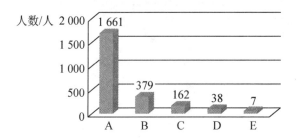

图 6-137　T43 问题的调查结果

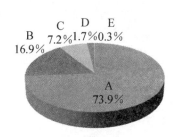

图 6-138　T44 问题的调查结果百分比

能根据教学需要开发学科课程资源是教师在教学设计时必要的能力之一,调查显示,73.9%的教师"利用网络广泛搜集与课程有关知识,不断开发课程资源";16.9%的教师表示"经常使用但很少更新";7.2%的教师由于缺乏条件未能很好落实;认为"课本和教学参考可以满足教学需要"的教师占1.7%。

利用网络搜集、开发课程资源已经成为教师必不可少的备课手段之一,然而,问题在于部分教师仍然存在"炒冷饭"的现象,一旦备好课便不再更新,甚至连续几年未曾改动,案例陈旧,信息过时,这样的教学内容如何激发学生学习的兴趣?

12. T44 问题的调查结果

T44 问题的调查结果见表 6-128。

表 6-128　T44 问题的调查结果

T44:在艺术类的作品中,您最喜欢那种形式(可同时选两项)	人数/人	百分比
A. 音乐(交响乐等)	1 600	71.2%
B. 美术(书法、绘画等)	914	40.7%
C. 戏剧(戏曲等)	517	23.0%
D. 电影(电视等)	1 382	61.5%
E. 什么都不喜欢	39	1.7%

注:本题为多选题,故百分比总和大于100%。

表 6-128 的直观效果图如图 6-139 所示。

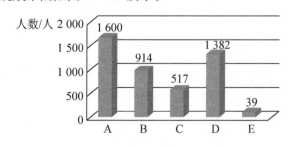

图 6-139　T44 问题的调查结果

调查显示,在艺术类的作品中选择音乐(交响乐等)的教师占71.2%;选择美术(书法、绘画等)的教师占40.7%;选择戏剧(戏曲等)的教师占23.0%;选择电影(电视等)的教师占61.5%;1.7%的教师表示对什么都不感兴趣。

13. T45 问题的调查结果

T45 问题的调查结果见表 6-129。

表 6-129　T45 问题的调查结果

T45：您觉得向学生传播艺术知识有必要吗	人数/人	百分比
A. 完全有必要，可以提高学生的审美情趣	1 686	75.0%
B. 有必要，可以让学生体会快乐	477	21.2%
C. 让学生自己做主，但不要列为课程	57	2.6%
D. 我们不是艺术学校，不培养艺术人才	13	0.6%
E. 没有必要，影响学习	14	0.6%
合计	2 247	100.0%

表 6-129 的直观效果图如图 6-140 和图 6-141 所示。

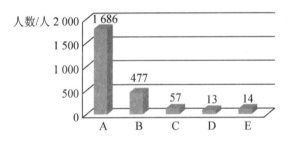

图 6-140　T45 问题的调查结果

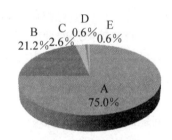

图 6-141　T45 问题的调查结果百分比

调查显示，75.0%的教师认为完全有必要向学生传播艺术知识，认为借此可以提高学生的审美情趣；认为"有必要，可以让学生体会快乐"的教师占 21.2%；认为"让学生自己做主，但不要列为课程"的教师占 2.6%。这表明，审美能力已成为教师公认的必备的素养之一，教师不但注重个人的审美情趣的培养，而且也十分提倡学生学习艺术知识，这也是促使学生全面发展的重要方面之一。

14. T46 问题的调查结果

T46 问题的调查结果见表 6-130。

表 6-130　T46 问题的调查结果

T46：您在教学实践中使用普通话的情况	人数/人	百分比
A. 正确掌握汉语拼音，能使用标准普通话进行教学	1 613	71.8%
B. 能正确掌握汉语拼音，但使用时会出现差错	511	22.7%
C. 没有掌握汉语拼音	23	1.0%
D. 有些时候在教学中也会使用方言	68	3.1%
E. 不自觉地常用方言教学	32	1.4%
合计	2 247	100.0%

表6-130的直观效果图如图6-142和图6-143所示。

调查显示，71.8%的教师能"正确掌握汉语拼音，能使用标准普通话进行教学"；22.7%的教师"能正确掌握汉语拼音，但使用时会出现差错"；"没有掌握汉语拼音"的教师仅占1.0%；4.5%的教师表示在教学中会使用方言。

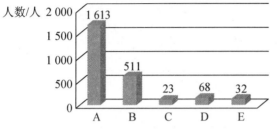

图6-142　T46问题的调查结果　　　　图6-143　T46问题的调查结果百分比

使用标准普通话教学是教师必备基本技能之一，但目前仍有部分教师还不能完全做到，在一些教育基础薄弱的地区部分教师未曾系统学习过汉语拼音，发音不准，主要是因为受到方言的影响，习惯用方言授课。

15. T47问题的调查结果

T47问题的调查结果见表6-131。

表6-131　T47问题的调查结果

T47：您对地方方言是怎么看的	人数/人	百分比
A. 日常交流应该以普通话为主	1 291	57.5%
B. 在学校里说普通话，在家里可以说方言	794	35.3%
C. 不知道	47	2.1%
D. 不管方言还是普通话，哪一种顺口，就讲哪种	74	3.3%
E. 应该说方言，这样交流亲切	41	1.8%
合计	2 247	100.0%

表6-131的直观效果图如图6-144和图6-145所示。

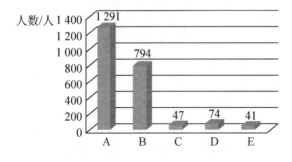

图6-144　T47问题的调查结果　　　　图6-145　T47问题的调查结果百分比

调查显示，57.5%的教师认为"日常交流应该以普通话为主"；35.3%的教师认为"在学校里说普通话，在家里可以说方言"；3.3%的教师认为"不管方言还是普通话，哪一种顺口，就讲哪种"；认为"应该说方言，这样交流亲切"的教师占1.8%。

不少地区的教师在日常教学中使用方言教学的情况屡见不鲜。尽管方言作为地方特色的文化符号是有其独特的意义的，但作为一名教师在教育教学中仍应使用普通话。

16. T48问题的调查结果

T48问题的调查结果见表6-132。

表6-132 T48问题的调查结果

T48：您的"三笔字"（钢笔字、毛笔字、粉笔字）掌握情况	人数/人	百分比
A. 能够按照要求写好"三笔字"，熟练掌握汉字书写技能	1 392	62.0%
B. 只能写好钢笔字、粉笔字	592	26.3%
C. 可以使用钢笔字、粉笔字正确书写，但不够熟练	213	9.5%
D. 使用电脑打字代替书写，基本不写汉字	25	1.1%
E. 不学习，也不主动练习"三笔字"	25	1.1%
合计	2 247	100.0%

表6-132的直观效果图如图6-146和图6-147所示。

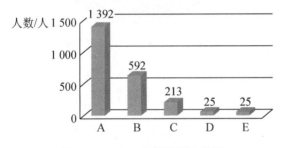

图6-146 T48问题的调查结果

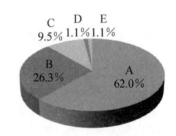

图6-147 T48问题的调查结果百分比

调查显示，"能够按照要求写好'三笔字'，熟练掌握汉字书写技能"的教师占62.0%；26.3%的教师"只能写好钢笔字、粉笔字"；9.5%的教师"可以使用钢笔字、粉笔字正确书写，但不够熟练"；基本不使用，也不曾主动学习的教师各占1.1%。

随着多媒体在课堂教学普遍使用，教师的"三笔字"基本功逐渐弱化，但在课堂教学过程中板书仍然起着十分重要的作用，因此，练好"三笔字"仍是教师教学中一项必须达标的基本技能。

(五) 身心健康领域

身心健康领域的问题共4个题目，即T49~T52 4个问题。

1. T49 问题的调查结果

T49 问题的调查结果见表 6-133。

表 6-133 T49 问题的调查结果

T49：您对各种教师常见的职业病能采取有效的预防措施吗	人数/人	百分比
A. 平时很关注健康，了解各种常见的教师职业病，工作中能积极预防	1 108	49.3%
B. 了解一些职业病的知识，采取了一些预防措施	599	26.7%
C. 无暇顾及	441	19.6%
D. 患病，但因经济问题无法得到医治	62	2.8%
E. 不了解，采取无所谓的态度	37	1.6%
合计	2 247	100.0%

表 6-133 的直观效果图如图 6-148 和图 6-149 所示。

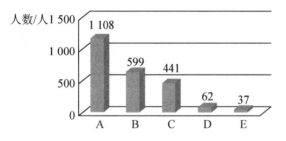

图 6-148 T49 问题的调查结果

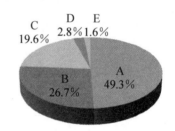

图 6-149 T49 问题的调查结果百分比

调查显示，49.3%的教师"平时很关注健康，了解各种常见的教师职业病，工作中能积极预防"；26.7%的教师"了解一些职业病的知识，采取了一些预防措施"；19.6%的教师表示"无暇顾及"；"患病，但因经济问题无法得到医治"的教师占 2.8%。这反映出当下教师生存状态确实不佳，教师日常工作琐碎繁杂，忙于各项培训、学习，很少有锻炼的时间。部分地区教师收入待遇较低，甚至无法病有所医。教师的身心健康应得到密切关注。

2. T50 问题的调查结果

T50 问题的调查结果见表 6-134。

表 6-134 T50 问题的调查结果

T50：您如何安排自己的课余生活	人数/人	百分比
A. 很好地休息，缓解疲劳，有一种以上的业余爱好	1 458	64.9%
B. 忙于家务劳动，筋疲力尽	411	18.3%

续表

	67	3.0%
C. 经常参加各类培训	67	3.0%
D. 不顾疲劳，加班加点，忙于工作	289	12.8%
E. 做家教或从事第二职业，扩大经济来源	22	1.0%
合计	2 247	100.0%

表6-134的直观效果图如图6-150和图6-151所示。

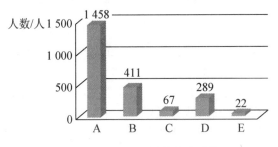

图6-150　T50问题的调查结果

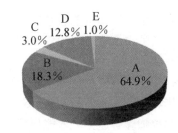

图6-151　T50问题的调查结果百分比

调查显示，64.9%的教师表示课余时间会选择"很好地休息，缓解疲劳，有一种以上的业余爱好"；18.3%的教师"忙于家务劳动，筋疲力尽"；"经常参加各类培训"的教师占3%；"不顾疲劳，加班加点，忙于工作"的教师占12.8%。不难发现，尽管教师拥有相对较多的假期，但由于平时工作压力大，任务重，时间长，大部分教师的空余时间选择休息，但仍然有部分教师即使是在课余也大量从事与工作有关的事宜，教师工作负担之重，可见一斑。

3. T51问题的调查结果

T51问题的调查结果见表6-135。

表6-135　T51问题的调查结果

T51：在教学工作中，您的情绪状态通常是	人数/人	百分比
A. 具有控制情绪的能力，有良好的心态	1 272	56.6%
B. 情绪较平稳，不把日常生活中的情绪带进教室	746	33.2%
C. 尽量控制自己的情绪，但有时控制不住	197	8.8%
D. 情绪受生活情况的影响较大，一般不容易控制	20	0.9%
E. 不能控制情绪，波动较大，有时会向学生发脾气	12	0.5%
合计	2 247	100.0%

表6-135的直观效果图如图6-152和图6-153所示。

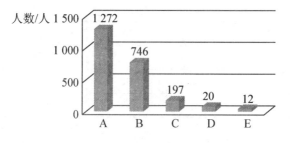 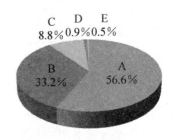

图 6-152　T51 问题的调查结果　　　　图 6-153　T51 问题的调查结果百分比

调查显示，56.6%的教师在日常教学工作中"具有控制情绪的能力，有良好的心态"；33.2%的教师"情绪较平稳，不把日常生活中的情绪带进教室"；8.8%的教师"尽量控制自己的情绪，但有时控制不住"；不能很好控制自己情绪的老师仅占1.4%。

教师工作压力较大，来自多方面的负担使得教师的心理状态易趋于亚健康，对于教育教学工作势必造成一定影响。针对教师的心理咨询与疏导也应是学校工作中十分重要的内容。帮助教师缓解压力，才能保障教育教学的顺利进行，也为教师发展提供了保障。

4. T52 问题的调查结果

T52 问题的调查结果见表 6-136。

表 6-136　T52 问题的调查结果

T52：您是否能够培养学生防范意外事故的能力	人数/人	百分比
A. 经常有意识地向学生传授这方面的知识，并操作演练	1 480	65.9%
B. 能根据学校要求完成安全教育的教学任务	641	28.5%
C. 没接受过相关训练，缺乏这方面的知识	103	4.6%
D. 学生可以自行掌握，没有必要专门讲授	12	0.5%
E. 不必大惊小怪	11	0.5%
合计	2247	100.0%

表 6-136 的直观效果图如图 6-154 和图 6-155 所示。

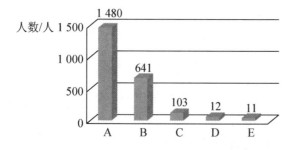 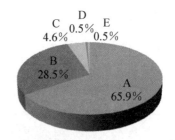

图 6-154　T52 问题的调查结果　　　　图 6-155　T52 问题的调查结果百分比

调查显示，65.9%的教师"经常有意识地向学生传授这方面的知识，并操作演练"；

28.5%的教师"能根据学校要求完成安全教育的教学任务";4.6%的教师"没接受过相关训练,缺乏这方面的知识"。生命教育是当下紧迫的教育主题,每位教师在教育教学中,都应该有意识地渗透生命教育,使学生具备正确的生命观和基本的自救自护知识与技能,防患于未然。

四、主要发现

1. 我国中学教师专业素质的总体水平中等偏上

我国中学教师专业素质的总均值为3.93分(满分为5.00分),即为中等偏上水平。

2. 我国中学教师在各个领域的专业素质情况

(1) 我国中学教师在各个领域的专业素质的平均值都在3.76~4.12分(满分为5.00分),即处于"良"和"中"这两个等级。

(2) 5个领域的平均值从高到低依次是职业操守、专业能力、专业知识、职业理念、身心健康。

(3) 职业操守领域的平均得分为"良",其他4个领域的平均得分为"中"。

(4) 身心健康领域的素质情况令人担忧。我国中学教师的专业素质,平均得分最低的领域是身心健康领域。关于这个领域,结合问卷二的调查,我们可以做一些具体分析。

3. 我国中学教师在各个单项指标上的得分情况

(1) 总体情况

我国中学教师在各个单项指标上的平均得分处于3.41~4.35分(满分为5.00分)。平均分最高分为4.35分(为"良"的水平),为指标20(廉洁从教,抵制社会不良风气,反对利用职务之便牟取私利);平均分最低分为3.41分(为"及格"的水平),为指标8(有全球化的教育视野)。

(2) 每个领域中平均得分最高的3个指标

这些得分最高的指标,说明在这些方面我国的教师教育是成功的,值得发扬。同时,在制定中学教师专业标准时,这些方面的要求可以适当提高。

① 职业理念领域中平均得分最高的3个指标

指标5(具有强烈的生命意识,珍爱生命)。

指标6(具有人文情怀,同情、关怀他人的不幸与苦难)。

指标3(消除各种歧视,追求教育平等)。

② 职业操守领域平均得分最高的3个指标

指标20(廉洁从教,抵制社会不良风气,反对利用职务之便牟取私利)。

指标21(注重职业形象,言行、衣着得体,举止文明礼貌)。

指标15(在教育过程中,不实施简单粗暴的教育,不对学生进行言语上的侮辱和身体上的伤害)。

③ 专业知识领域平均得分最高的 3 个指标

指标 31（认真研读学科课程标准，掌握其基本内容）。

指标 29（掌握所教学科的基本概念、原理及体系结构）。

指标 30（知道所教学科的学习方法和研究方法）。

④ 专业能力领域平均得分最高的 3 个指标

指标 40（注意学生学习的过程，及时了解学生反馈的信息，调节教学进程，修正教学方法）。

指标 39（激发学生学习兴趣，有效地组织和实施课堂教学活动）。

指标 38（具有根据教学任务和实际条件进行教学设计的能力）。

⑤ 身心健康领域平均得分最高的 3 个指标

指标 53（具有冷静、妥善处理各种意外事故和潜在危险的基本能力，培养学生具备基本的安全防范能力）。

指标 52（有良好的心态，具有协调和控制情绪的能力，能够帮助学生保持心理健康）。

指标 50（有积极、健康、合理的生活和工作习惯，并能指导学生科学地安排学习、生活和锻炼）。

（3）每个领域中平均得分最低的 3 个指标

这些平均得分最低的指标，说明两点：其一，在这些方面我国的教师教育做得相对不成功，需要反思相关问题，改变教师教育方略；其二，在制定中学教师专业标准时，在这些方面的要求可以适当放低。

① 职业理念领域中平均得分最低的 3 个指标

指标 8（有全球化的教育视野）。

指标 2（以学生为本，提高学生的社会责任感、勇于探索的创新精神和善于解决问题的实践能力）。

指标 1（热爱教师职业，能体验到学生进步和自我发展带来的快乐）。

② 职业操守领域平均得分最低的 3 个指标

指标 13（了解知识产权的基本含义，尊重和维护知识产权，增强学生的知识产权意识）。

指标 12［了解《国家中长期教育改革和发展规划纲要（2010—2020 年）》，明确教育改革的核心任务是提高教育质量］。

指标 17 尊重家长/监护人，与家长有效沟通，积极发挥家长在学校教育工作中的作用。

③ 专业知识领域平均得分最低的 3 个指标

指标 22（了解我国教育发展的历史和现状）。

指标 27（了解学生家庭背景、社会环境及青少年文化等基本状况）。

指标 24（了解教师职业生涯规划和职业发展的知识）。

④ 专业能力领域平均得分最低的 3 个指标

指标 45（能根据教学需要开发学科课程资源）。

指标 46（具备一定的艺术审美能力）。

指标 48［使用规范汉字，写好"三笔字"（钢笔字、毛笔字、粉笔字），掌握汉字书写技能]。

⑤ 身心健康领域平均得分最低的3个指标

指标51（重视体育锻炼，能坚持有计划、有针对性地参加各种体育活动，提高身体素质）。

指标49（有基本的医药、保健知识，能预防常见的教师职业病）。

指标50（有积极、健康、合理的生活和工作习惯，并能指导学生科学地安排学习、生活和锻炼）。

(4) 53项指标中平均得分最高和最低的3项指标

① 53项指标中平均得分最高的3项指标

这是中学教师做得最好的3项指标，特别值得总结其经验，是值得关注的重中之重。

53项指标中平均得分最高的3项指标依次是以下3项。

指标20（廉洁从教，抵制社会不良风气，反对利用职务之便牟取私利），平均得分为4.35分。

指标21（注重职业形象，言行、衣着得体，举止文明礼貌），平均得分4.32分。

指标15（在教育过程中，不实施简单粗暴的教育，不对学生进行言语上的侮辱和身体上的伤害），平均得分4.28分。

② 53项指标中平均得分最低的3项指标

这3项指标是目前我国中学教师做得不足的方面，特别需要反思其问题，这也是需要关注的重中之重。

53项指标中平均得分最低的3项指标依次是以下3项。

指标8（有全球化的教育视野），平均得分为3.41分。

指标51（重视体育锻炼，能坚持有计划、有针对性地参加各种体育活动，提高身体素质），平均得分3.56分。

指标49（有基本的医药、保健知识，能预防常见的教师职业病），平均得分3.58分。

4. 我国各类中学教师群体在专业素质上的差异情况

(1) 不同年龄的中学教师的专业素质差异情况

其一，在各个领域专业素质的总均值上，不同年龄的中学教师之间存在显著性差异，得分最高的中学教师群体是51~60岁的中学教师，得分最低的中学教师群体是30岁及其以下的中学教师。

其二，在职业理念、专业知识、专业能力3个领域的专业素质上，不同年龄的中学教师之间存在显著性差异，得分最高的都是51~60岁的教师，得分最低的都是30岁及其以下的教师。

其三，在职业操守领域的专业素质上，不同年龄的中学教师之间存在显著性差异，得分最高的是31~40岁的中学教师，得分最低的是30岁及其以下的中学教师。

其四，在身心健康领域的专业素质上，不同年龄的中学教师之间不存在显著差异。

可见，从年龄角度看，专业素质相对最低的中学教师群体是30岁及其以下的中学教师。

(2) 不同教龄段的中学教师的专业素质差异情况

其一，在各个领域专业素质得分的总均值上，不同教龄段的中学教师之间存在显著性差异，其中得分最高的中学教师群体是教龄在 11～20 年的中学教师群体，得分最低的中学教师群体是教龄在 1～5 年的中学教师群体。

其二，在职业理念领域的专业素质上，不同教龄段的中学教师之间存在显著性差异，其中得分最高的中学教师群体是教龄在 21 年及其以上的中学教师群体，得分最低的中学教师群体是教龄在 1～5 年的中学教师群体。

其三，在职业操守、专业知识和专业能力 3 个领域的专业素质上，不同教龄段的中学教师之间存在显著性差异，其中得分最高的中学教师群体是教龄在 11～20 年的中学教师群体，得分最低的中学教师群体是教龄在 1～5 年的中学教师群体。

其四，在身心健康领域的专业素质上，不同教龄段的中学教师之间不存在显著性差异。

可见，教龄在 1～5 年的中学教师群体是专业素质相对最低的中学教师群体。

（3）不同性别的中学教师的专业素质差异情况

其一，在各个领域的专业素质得分的总均值上，男性中学教师与女性中学教师之间不存在显著性差异。

其二，在职业操守领域的专业素质上，男性中学教师与女性中学教师之间存在显著差异，女性中学教师的得分高于男性中学教师的得分。

其三，在职业理念、专业知识、专业能力和身心健康 4 个领域的专业素质上，男性中学教师与女性中学教师之间不存在显著差异。

（4）不同职称的中学教师的专业素质差异情况

其一，在各个领域的专业素质得分的总均值上，不同职称的中学教师之间不存在显著性差异。

其二，在职业理念、职业操守、专业知识、专业能力 4 个领域的专业素质得分上，不同职称的中学教师之间存在显著性差异，其中得分最高的是中学高级职称的教师，得分最低的是"其他"职称的教师，即职称最低的中学教师。

其三，在身心健康领域的专业素质得分上，不同职称的中学教师之间不存在显著差异。

可见，在多数领域，职称最高的中学教师专业素质最高，职称最低的中学教师专业素质最低，最需要关注的是提升最低职称的中学教师的专业素质。

（5）不同学校类别的中学教师的专业素质差异情况

其一，在各个领域的专业素质得分的总均值上，不同类别中学的教师之间存在显著差异，重点中学教师的得分高于一般中学教师的得分。

其二，在 5 个领域的专业素质得分上，不同类别中学的教师之间存在显著差异，重点中学的教师的得分高于一般中学的教师的得分。

可见，无论从整体还是从各个领域来看，一般中学的教师的专业素质都低于重点中学的教师的专业素质。

5. 特别需要注意的问题

（1）就各个领域而言，身心健康领域是最需要关注的，这个领域的平均得分最低。

（2）就各个单项指标而言，最需要关注的 3 个单项指标依次是以下 3 项。

指标8（有全球化的教育视野），平均得分为3.41分。

指标51（重视体育锻炼，能坚持有计划、有针对性地参加各种体育活动，提高身体素质），平均得分3.56分。

指标49（有基本的医药、保健知识，能预防常见的教师职业病），平均得分3.58分。

（3）从年龄角度看，专业素质最低的中学教师群体是30岁及其以下的中学教师。

（4）从教龄角度看，专业素质最低的中学教师群体是教龄在1～5年的中学教师群体。

（5）从职称角度看，在多数领域，专业素质最低的中学教师群体是"其他"职称的中学教师群体，即职称最低的中学教师群体。

（6）从学校类别角度看，在各个领域和在专业素质总均值上，一般中学的教师的专业素质低于重点中学的教师的专业素质。

6. 对一些具体情况的特别分析

这里对一些得分低的专业素质指标的具体情况做一些特别分析。这些分析是结合问卷二的调查结果进行的。

（1）关于身心健康领域中几个指标的特别分析

由于在各个领域中，身心健康领域是平均得分最低的一个领域，因此需要对这个领域的具体情况做一个全面的分析。

① 在问卷一的调查中，该领域的5个指标的具体情况见表6-137。

表6-137 身心健康领域各个指标的具体情况

指标编号	指标内容	平均得分
指标51	重视体育锻炼，能坚持有计划、有针对性地参加各种体育活动，提高身体素质	3.56
指标49	有基本的医药、保健知识，能预防常见的教师职业病	3.58
指标50	有积极、健康、合理的生活和工作习惯，并能指导学生科学地安排学习、生活和锻炼	3.79
指标52	有良好的心态，具有协调和控制情绪的能力，能够帮助学生保持心理健康	3.93
指标53	具有冷静、妥善处理各种意外事故和潜在危险的基本能力，培养学生具备基本的安全防范能力	3.95

② 在问卷二的调查中，本领域的一些具体情况如下。

在问卷二的调查中，身心健康领域共4道题目，这4道题目的情况如下（注：总样本数为2247人）。

题目49：您对各种教师常见的职业病能采取有效的预防措施吗？

A. 平时很关注健康，了解各种常见的教师职业病，工作中能积极预防（选择人数为1108人，占49.3%）

B. 了解一些职业病的知识，采取了一些预防措施（选择人数为599人，占26.7%）

C. 无暇顾及（选择人数为441人，占19.6%）

D. 患病，但因经济问题无法得到医治（选择人数为62人，占2.8%）

E. 不了解，采取无所谓的态度（选择人数为37人，占1.6%）

该题的调查结果如图6-156和图6-157所示。

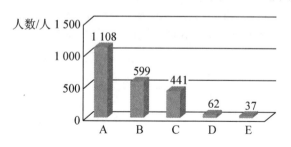

图6-156 中学教师对常见职业病
有效预防的情况

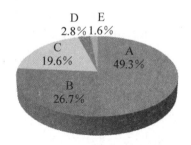

图6-157 中学教师对常见职业病
有效预防的情况的百分比

调查发现：有19.6%的中学教师无暇顾及常见职业病的预防问题，有1.6%的中学教师对常见职业病的预防采取无所谓的态度。

题目50：您如何安排自己的课余生活？

A. 很好的休息，缓解疲劳，有一种以上的业余爱好（选择人数为1 458人，占64.9%）

B. 忙于家务劳动，筋疲力尽（选择人数为411人，占18.3%）

C. 经常参加各类培训（选择人数为67人，占3.0%）

D. 不顾疲劳，加班加点，忙于工作（选择人数为289人，占12.8%）

E. 做家教或从事第二职业，扩大经济来源（选择人数为22人，占1.0%）

该题的调查结果如图6-158和图6-159所示。

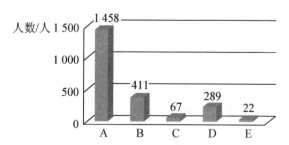

图6-158 中学教师安排课余
生活的情况

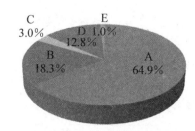

图6-159 中学教师安排课余
生活的情况的百分比

调查发现：累计有789位中学教师（占总样本数的35.1%）课余不能休息和锻炼，原因主要依次有忙于家务、加班加点、参加培训、从事家教或从事第二职业以扩大经济来源。

题目51：在教学工作中，您的情绪状态通常是？

A. 具有控制情绪的能力，有良好的心态（选择人数为1 272人，占56.6%）

B. 情绪较平稳，不把日常生活中的情绪带进教室（选择人数为746人，占33.2%）

C. 尽量控制自己的情绪，但有时控制不住（选择人数为197人，占8.8%）

D. 情绪受生活情况的影响较大，一般不容易控制（选择人数为20人，占0.9%）

E. 不能控制情绪，波动较大，有时会向学生发脾气（选择人数为 12 人，占 0.5%）

该题的调查结果如图 6-160 和图 6-161 所示。

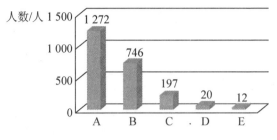

图 6-160　中学教师通常情绪状态情况

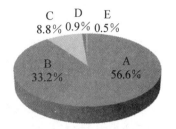

图 6-161　中学教师通常情绪状态情况的百分比

调查发现：不能有效控制自己的情绪的中学教师累计有 229 人，占样本总数的 10.2%。

题目 52：您是否能够培养学生防范意外事故的能力？

A. 经常有意识地向学生传授这方面的知识，并操作演练（选择人数为 1 480 人，占 65.9%）

B. 能根据学校要求完成安全教育的教学任务（选择人数为 641 人，占 28.5%）

C. 没接受过相关训练，缺乏这方面的知识（选择人数为 103 人，占 4.6%）

D. 学生可以自行掌握，没有必要专门讲授（选择人数为 12 人，占 0.5%）

E. 不必大惊小怪（选择人数为 11 人，占 0.5%）

该题的调查结果如图 6-162 和图 6-163 所示。

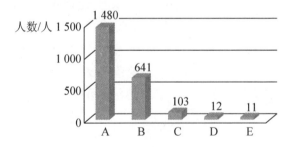

图 6-162　中学教师防范意外事故的能力情况

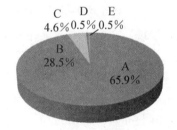

图 6-163　中学教师防范意外事故的能力情况的百分比

调查发现：累计有 126 位中学教师（占样本总数的 5.6%）不能培养学生防范意外事故的能力，原因依次有教师自己缺乏这方面的训练、认为没有必要专门传授、认为不必大惊小怪等。

(2) 对职业理念领域中得分最低的 3 个指标的特别分析

在中学教师专业素质现状的 5 个领域中，职业理念领域的平均得分是第二低的（仅高于身心健康领域），而有关研究表明，职业理念是极为重要的，因此这个领域的实际情况值得引起我们的注意。这里，我们对这个领域中平均得分最低的 3 个指标对应的实际情况进行一些分析，这种分析基于问卷二的调查结果。这个领域平均得分最低的 3 个指标如下。

指标 8（有全球化的教育视野）。

指标2（以学生为本，提高学生的社会责任感、勇于探索的创新精神和善于解决问题的实践能力）。

指标1（热爱教师职业，能体验到学生进步和自我发展带来的快乐）。

① 对指标8（有全球化的教育视野）的对应具体情况的分析。与此直接相关，问卷二的调查题目是第7题，题目和调查的具体情况如下。

题目7：您能否经常通过各种渠道了解国内外最新的教育动态，注意学习并不断开阔自己的教育视野。

　　A. 经常关注并不断学习国内外最新的教育理论（选择人数为1 092人，占48.6%）

　　B. 通过培训、自修等方式，定期学习最新的教育理论（选择人数为824人，占36.7%）

　　C. 不确定（选择人数为162人，占7.2%）

　　D. 偶尔关注一下教育动态（选择人数为152人，占6.8%）

　　E. 没有关注过这方面的事情（选择人数为17人，占0.7%）

该题的调查结果如图6-164和图6-165所示。

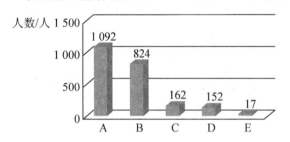
图6-164　中学教师了解国内外教育动态的情况

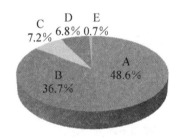
图6-165　中学教师了解国内外教育动态的情况的百分比

调查发现：在调查中，累计331位中学教师（占样本总数的14.8%）对国内外新的教育理论关注少，具体表现为不确定、偶尔关注、没有关注3种情况。

② 对指标2（以学生为本，提高学生的社会责任感、勇于探索的创新精神和善于解决问题的实践能力）的对应具体情况的分析。与该指标直接相关，问卷二中的题目是题目2，题目和调查的具体情况如下。

题目2：在教学工作中，能否一视同仁地对待每一个学生？

　　A. 关心每一个学生，力争使每一个学生都有进步（选择人数为1 802人，占80.2%）

　　B. 精力主要集中在品学兼优的学生身上（选择人数为64人，占2.8%）

　　C. 也会关心成绩差的学生，但如果没有进步，就会灰心丧气（选择人数为160人，占7.1%）

　　D. 学生差异是客观存在的，在教学中不可能有真正的平等（选择人数为213人，占9.5%）

　　E. 没有考虑过这个问题（选择人数为8人，占0.4%）

该题目的调查结果如图6-166和图6-167所示。

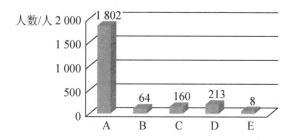
图 6-166 中学教师能否一视同仁对待学生的情况

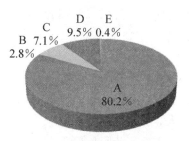
图 6-167 中学教师能否一视同仁对待学生的情况的百分比

调查表明，真正一视同仁地关心每一个学生的中学教师只占 80.2%，除这种应有的态度之外，有 9.5% 的中学教师认为教学中不可能有真正的平等；有 7.1% 的中学教师对待成绩差的学生，在学生没有进步的情况下会灰心丧气；有 2.8% 的中学教师把主要精力集中在品学兼优的学生身上；还有 0.4% 的教师没有考虑过这个问题。

③ 对指标 1（热爱教师职业，能体验到学生进步和自我发展带来的快乐）的对应的具体情况的分析。与这项指标直接相关，问卷二中的题目是题目 1，该题目和调查的具体情况如下。

题目 1：您对待教师职业的态度？
A. 非常喜欢，能够从中获得快乐（选择人数为 1 393 人，占 62.0%）
B. 做教师收入稳定还有寒暑假（选择人数为 306 人，占 13.6%）
C. 不清楚自己是否喜欢教师职业（选择人数为 151 人，占 6.7%）
D. 不喜欢，工作压力太大（选择人数为 266 人，占 11.9%）
E. 不喜欢，太辛苦，无法照顾自己的家庭（选择人数为 131 人，占 5.8%）
该题的调查结果如图 6-168 和图 6-169 所示。

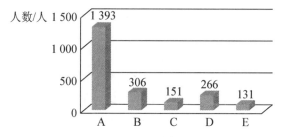
图 6-168 中学教师对待教师职业的态度情况

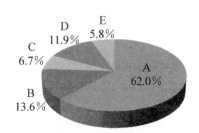
图 6-169 中学教师对待教师职业态度情况的百分比

调查表明，非常喜欢教师职业，能够从中获得快乐的中学教师只占中学教师总数的 62.0%；因为工作压力太大而不喜欢教师职业的中学教师占中学教师总数的 11.9%；不清楚自己是否喜欢教师职业的中学教师占中学教师总数的 6.7%；因为太辛苦、无法照顾自己的家庭而不喜欢教师职业的中学教师占中学教师总数的 5.8%。

(3) 关于其他 3 个领域中平均得分最低的专业素质指标的特别分析
① 关于职业操守领域中平均得分最低的专业素质指标的特别分析
职业操守领域中平均得分最低的指标是指标 13（了解知识产权的基本含义，尊重和维护知识产权，增强学生的知识产权意识），平均得分 3.69 分。与此直接相关，问卷二的

调查题目为第13题，题目和调查的具体情况如下。

题目13：您是否重视对学生进行知识产权的教育？

A. 尊重和维护知识产权，增强学生的知识产权意识。（选择人数为1 249人，占55.6%）

B. 尊重和维护知识产权，但在对学生进行这方面的教育上做得还不够好（选择人数为796人，占35.4%）

C. 对知识产权不了解（选择人数为122人，占5.4%）

D. 知识产权比较重要，但没必要对学生进行这方面的教育（选择人数为59人，占2.6%）

E. 这是政府的事，和学校无关（选择人数为21人，占1.0%）

该题的调查结果如图6-170和图6-171所示。

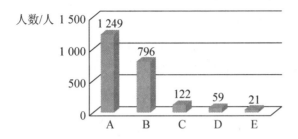
图6-170 中学教师是否重视对学生进行知识产权的教育情况

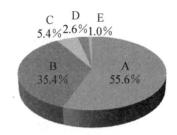
图6-171 中学教师是否重视对学生进行知识产权教育情况的百分比

调查发现：在调查中，真正做到尊重知识产权并增强学生的知识产权意识的中学教师只有1 249位（占样本总数的55.6%），有796位中学教师（占样本总数的35.4%）尊重和维护知识产权，但在对学生进行这方面的教育上做得还不够好，而其他教师则没有做到这一点，具体情况有对知识产权不了解、认为没有必要对学生进行知识产权教育、认为知识产权是政府的事因而与学校无关等。

② 关于专业知识领域中平均得分最低的专业素质指标的特别分析

专业知识领域中平均得分最低的指标是指标22（了解我国教育发展的历史和现状），平均得分是3.71分。与此直接相关，问卷二的调查题目是第22题，该题及调查的具体情况如下。

题目22：您对中国教育发展的历史和现状的了解情况是？

A. 系统地学习过（选择人数为1 060人，占47.2%）

B. 在读书时学过一些教育史方面的课程（选择人数为993人，占44.2%）

C. 为了应付资格证书考试，读过几本（选择人数为99人，占4.4%）

D. 不了解（选择人数为78人，占3.5%）

E. 没必要了解（选择人数为16人，占0.7%）

该题的调查结果如图6-172和图6-173所示。

力的主观判断与他们的教学效果之间密切相关。人们把教师对自己影响学生学习行为和学习成绩能力的这种主观判断定义为教师的教学效能感。

教师的教学效能感是学生学习成绩好坏的重要预测变量，不同类型的教师具有不同的教学效能感；具有不同教学效能感的教师在教学监控能力上有不同的表现。只要教师对自己的教学能力充满信心，认为自己能对学生的发展起着重要影响作用，意识到自己对学生的发展负有责任，那么，在教学过程中，教师就会对教学活动进行有意识的计划、评价、反馈、监控、调节和控制。教师效能感就是教师对自己在特定情景中是否有能力完成某种行为的主观判断与期望。这种期望不仅是教师自身工作的动力，而且也是学生发展的重要因素。教师的教育效能感包括两个方面，一般教学效能感和个人教学效能感。所谓个人教学效能感是指教师对自己是否有能力完成教学任务、教好学生的信念，这显然是教师的个人教育信念。一般教学效能感反映了教师对教与学的关系、对教育在学生发展中的作用等问题的一般看法和判断。

作为对其教学活动的独特的主观判断，教师的教育效能感并不是先天形成的，而是在其教学活动中逐渐形成和发展起来的。教师效能感理论认为，有意识地帮助教师增加个人教学的效能感，有助于教师去尝试完成新任务，教师进行教学改革的意愿也会随之增加，且愿意花更多的时间与努力去完成教学任务、实现教学目标。通过对教师效能感的重塑，可以提升教师的素质从而提高教师的教育教学水平。所以，教师效能论对改善教师专业素质，提高教师的教育教学水平具有重要的理论指导意义。教师效能理论为教师教育信念、教师的职业价值观等内容的研究提供了理论依据。

3. 彰权益能论

"教师彰权益能"即彰显教师的专业权力，增进教师教学专业能力的教师专业发展理论。教师彰权益能论的基本内涵是，教师在执行个人业务或专业团体任务时，具有相当大的自主权；教师能在专业自主权范围内对自己的观点和行为负责。前者被认为是改进教师专业地位的途径，指教师能够获得所需的知识、技能及参与决定的过程；后者则指教师有信心展现自己的能力，并对教育工作产生影响。

教师权力分为外部权力和内部权力两部分，教师要同时具备外部权力与内部权力，通过主动参与与自我学习，增进自我效能及能力，并对个人与组织产生较大的影响，以提高教师的专业地位。洪孟华将教师彰权益能区分为"教师专业权力"和"教师专业能力"两部分。认为教师专业权力须奠基于教师专业能力，而教师专业能力的发挥也有赖于教师专业权力的伸展空间。

彰权益能更深层的意义在于强调教师自信地展现个人的专业能力；能共享专业权力，能与参与者彼此保持密切的互动关系，不但有能力考虑自己的行动，也能顾及别人的利益、思想、情感和经验，以建立权、能兼备的教师群体；能自主决定与教学有关的事务，能推进学校改革与教育创新。彰权益能理论的核心价值在于强调教师应该充分享有专业自主权，在教学工作和专业发展中发挥自身的主体性、能动性和积极性。显然，该理论抓住了教师专业发展的关键因素。

4. 教学反思论

反思是人类分析自己行为决策活动、实施过程及其行为结果的心智活动。人们通过反思分析自身活动的得失，提高对相应活动的自我感知水平，从而促进自身能力的发展。教学反思是教师对自身的教学理念及行为进行检视，以提升自身教学水平的心智活动。

反思教学的主张源于杜威"反思的行动"的主张。杜威认为，当人审慎地考察某个观念的基础及佐证信念的充分性时，"这个过程就被称作是反思；这个过程本身就具有真正的教育价值"，"对于任何信念或假定性的知识，主动地、持续地、仔细地考量它赖以成立的基础以及它所倾向的结论，就称其为反思"[①]。杜威认为反思的行动与常规性行为相对。常规性行为顺从传统和权威理论，用理所当然的方式来处理教育问题，教学上表现为呆板、静态、保守、照本宣科。反思的行动则是以开放的心灵、负责的态度，对任何教育信念与教学实践活动与结果进行审慎的思考。教学工作比较具有灵活性、动态化和创新性，要求教师能根据环境做出调整。

1987年，美国教育研究学会召开了"21世纪教学管理与教师教育：促进教师成为反思性实践者"的专题研讨会。舍恩在大会上作了题为"促进反思性教学"的报告，提出了"教师即反思性实践者"的口号。1989年，美国心理学家波斯纳基于大量的研究提出了一个著名的公式：教师成长＝经验＋反思。1992年，英国学者格里菲斯和坦恩揭示了反思的主要价值在于"反思性实践在个人理论和公共理论之间搭建了沟通的桥梁。"[②]

今天，反思教学已成为世界各国教师专业发展的重要策略和指导原则。根据教师专业发展的不同阶段，教师反思的内容是不同的，从教师专业素质构成要素方面可分为对教育教学观念的反思、专业知识的反思、教育教学技能的反思、教学方法的反思、教育教学能力的反思、师德方面的反思等。教师必须从教学过程中不断反思才能有助于改进教学。因此，教学反思论成为教师专业发展的立论基础之一。要求教师必须成为一个反思性实践者成为各国教师专业标准的一个重要要求。

5. 社会工程学理论

社会工程是关于社会关系实现形式和设计、实施、组织管理的社会实践活动。社会工程学理论认为，人类社会存在着一类与自然工程不同的工程——社会工程，它以制度、政策、法规体系、组织等形式出现，是开放式复杂子系统。社会工程学研究社会规则系统，是规划设计与实施管理的规律和方法的理论，它是对社会科学、人文科学、自然科学、工程科学等多学科、跨学科知识的综合运用。

从学理层面上看，社会工程学有其内在逻辑依据，它促成了社会科学知识体系走上了类似于自然科学理论体系中"自然科学——自然技术——自然工程"的完备知识发展形态，形成了"社会科学——社会技术——社会工程"的社会科学知识生产生态链。社会工程学的诞生是大科学大技术时代科学、技术、工程知识日益综合化、整体化、一体化发展

---

① 吕洪波. 教师反思的方法[M]. 北京：教育科学出版社，2006：1.
② 上海市教师成长档案袋研制与推广项目组. 教师智慧：教师成长档案袋[M]. 北京：教育科学出版社，2006：4.

趋势的反映,体现了人们对日益交叉、渗透、融合的人类各种知识体系进行重构和整合的学术自觉意识。

社会工程学的研究对象是社会规划与政策设计,其主要研究内容包括,第一,探索社会知识、自然知识与工程知识等各种知识与技术向制度、政策、体制、法规体系运用与转化的方法论问题,以求发现架设人类知识和制度政策体制结构之间桥梁的内在规律;第二,从社会关系的总体上把握社会结构的复杂性特征;第三,设计建构新的社会结构模式并促进社会发展。所以,社会工程学既是一种学术研究活动,又是一种社会建设的实践活动,其中心议题是规划、设计一种社会蓝图并力图实现它,以便使人类社会活动更加有利于人的全面发展和自由幸福。

教师专业素质研究,是运用多种知识、教育政策和教育体制,解决教育的现实问题。所以教师专业素质研制,是一种筹划,是一种教育制度设计,是整合多学科理论于教育实践,以提高教师教学效能的基础性应用研究。社会工程学理论为教师专业素质结构的研究提供了重要的学理支持。

(二) 教师专业素质的内容领域

1. 关于职业价值观与教育信念

职业价值观与教育信念是教师专业行为的心理基础和精神动力,它们直接支配了教师的教学活动与专业发展行为。如果教师缺乏从事教育工作的心理基础和精神动力,一切外在的要求和规则都是一纸空文。所以,价值观与教育信念无论是对于教师的教学行为,还是对于教师自身的专业发展,都具有十分重要的作用。

2005年6月,美国教育研究协会发布了《教师培育研究报告》[①],目的是给美国各教育学院的师资培训课程的改革提供参考。该报告指出,虽然目前有许多研究探讨了教师培育课程对教师的职业理念与教学态度的影响,但是与对教师专业知识及实际教学的效用的研究相比,美国教师教育部门对教师的教育信念的培养显得非常不足。该报告强烈要求各师资培养机构加强教师教育信念的培养。

研究编者掌握的教师专业标准,大多数标准有"职业理念"与"教育信念"的内容。有的标准将它们作为统领教师专业标准其他内容的核心条目。根据已有的教师专业标准的相关内容,结合编者对该部分内容价值的认识,编者认为"职业理念"应该是教师专业素质结构的首要领域。

在教师专业素质中,价值观居于核心位置,而教育信念又是和教育价值观紧密地结合在一起的。教育信念是教师从事教育教学工作的心理背景,是教师专业素质的重要组成部分之一(林崇德等,1996)。观念作为一种心理现象,具有动力性特征。任何教育行为都是不可能离开教育观念的,不管我们是否意识到,它都是实实在在的,并顽强地、无孔不入地渗透在我们的教育行为中(叶澜,1998)。教师的教育观念是教师从事教育工作的心理基础。

---

① Marilyn Cochran Smith, Boston College, Kenneth M. Zeichner. Studying Teacher Education the Report of the AERA Panel on Research and Teacher Education. Lawrence Erlbaum Associates, June, 2005.

马库斯等人通过研究指出，个人的教育信念对一个人的发展是非常重要的。高成就动机的教育信念激励个体不懈努力并获得将来的成功。相反，缺乏成就动机或拥有错误教育信念的人，会限制个人的努力及获得成功的可能性。出色的教师和学生一般都具有较高的成就动机和正确的教育信念，他们相信自己的人生能获得高成就，这种高成就必须通过自己的勤奋拼搏去获得，因而他们会竭尽全力去实现。专家型教师确信提高学习成绩的关键是勤奋，他们努力帮助学生成为优秀的学习者。所以各类教师专业标准，大多数都明确提出教师职业价值观和教育信念的要求。本研究中"职业理念"的指标都获得了较高的认同度，说明受访教师不同程度地认识到职业理念在专业实践中的价值。

2. 职业操守领域

教师的职业操守（或职业道德）是教师专业素质的重要领域，研究该领域的教师专业素质，必须对国内外有关教师道德标准领域的重要论述有清楚的了解。

1954年国际教师团体协商委员会第19次会议通过的《国际教师团体协商委员会教师宪章》规定各国教师都应遵循的师德规范[1]：①教师必须尊重学生的思想自由，并鼓励他们发展独立的判断力；②教师要致力于培养作为未来成人及公民的道德意识，并以民主、和平与民族友谊的精神教育儿童；③教师不能因性别、种族、肤色及个人信仰和见解的不同，将个人信仰和见解强加于儿童；④教师要在符合学生自尊心的范围内实施仁慈的纪律，不得采用强制和暴力。

1966年联合国教科文组织在《关于教师地位的建议书》中提出的师德理想[1]："应以人类个性的全面发展，以集体精神的、道德的、社会的、文化的和经济的进步，以及以对人权和基本自由极大尊重的谆谆告诫为目标，将最主要的注意力集中于教育对于和平及对于各民族、种族或宗教集团间的了解、宽容和友谊所做的贡献上。"而制定师德规范的指导原则是"将对学生的教育损失减少到最低限度"。这个建议书提出的具体师德规范如下：①教师不得以种族、肤色、性别、宗教、政治见解、民族、社会成分或经济状况为理由，以任何形式歧视学生；②教师要为每一个学生提供可能的、最充分的受教育的机会，应适当注意对教育活动有特殊要求的儿童；③教师应具有必要的德、智、体的品质，并且具有必要的专业知识和技能；④教师要尽一切可能与家长紧密合作，但也不能在教师专业职责等方面受到家长不公正和不应有的干涉；⑤教师要积极参加社会和公共生活；⑥为了学生、教育工作和全社会的利益，教师要力求与各行政主管部门充分合作；⑦教师应参加课程、教学方法和教学设备的改进工作；⑧教师要公正地评定学生的学业成绩；⑨教师应避免学生发生意外事故。

美国把教师职业道德称为教师职业伦理（professional ethics）。美国于1929年通过了《教学专业伦理规范》，1963年改名为《教育专业伦理规范》[1]。1975年对其结构和陈述作了重大修改，一直沿用至今。美国的师德规范大体包括三个方面的内容：一是师德理想，二是师德原则，三是师德规则。这是对教师三种不同层次的道德要求。其中，理想层次的要求是对教师专业行为的最高要求，原则层次的要求是中级要求，规则层次的要求属于最低要求或起码要求，是每个教师必须要达到的基本标准，违反了这些要求，教师就不称其

---

① 郑金洲，黄向阳. 联合国教科文组织、美、日、俄师德规范简介[J]. 教育参考，1997.

为教师了。三者之间是一个从抽象到具体的关系。师德理想是对师德原则的高度概括，师德原则又是对各种具体规则的一般概括，师德理想通过师德原则和师德规则得以体现，师德原则通过各种具体的师德规则得以落实。

美国的师德理想："相信每一个人的价值和尊严，追求真理，力争卓越，培养民主信念。"这是对教师提出的最高要求，它指明了教师应当努力的方向。美国的师德原则主要包括两个方面：第一，在对待学生方面，要力争帮助每个学生实现自身的潜能，使他们成为有价值而且有用的社会成员；第二，在对待自己所从事的教育专业上，要竭尽全力提高专业的水准，争取条件来吸引那些值得信赖的人从事教育工作，并且防止不合格的人从事教育专业。师德规则所占比重最大，它是从两个方面来讲的。一方面，在对待学生方面，要求教师不得无故压制学生求学中的独立活动。在学习过程中，要允许并鼓励学生独立地进行活动。如果教师要对这些活动加以阻止，就要提出适当的理由。不得无故阻止学生接触各种不同的观点。教学中传递的观点并不是唯一的观点，教师本人对某一问题的认识也不见得是正确无误的。因此，学生在学习与生活中，接触并接受与教材、教师不同的观点是正常的，这本身反映的是教学的民主性。另一方面，要求教师不得故意隐瞒或歪曲与学生进步有关的材料。对于成长中的中小学生，获知自己在学习等方面取得的任何进步尤为必要，这样的反馈对他们而言不仅能增强其成就感，激发他们进一步学习的热情，而且对于他们的身心健康也有着一定的促进作用。

我国的教师职业操守在以往称为教师道德行为规范。新中国成立以来我国主要制定过4个教师职业操守规范文本。1985年颁发了《中小学教师职业道德要求》（试行草案）；1991年又颁发了《中小学教师职业道德规范》；1997年国家教育委员会、全国教育工会重新颁发《中小学教师职业道德规范》。2008年9月1日，由教育部、中国教育工会修订的《中小学教师职业道德规范》（以下简称《规范》）正式发布。

新修订的《规范》共6条。研制者认为，《规范》的修订坚持了"以人为本"、继承与创新相结合、广泛性与先进性相结合、倡导性要求与禁行性规定相结合、他律与自律相结合。其基本内容继承了我国的优秀师德传统，反映了新形势下经济、社会和教育发展对中小学教师应有的道德品质和职业行为的基本要求。例如，新《规范》中写入"保护学生安全"，这是由中小学教师职业特点所决定的。中小学教师面对的是自我保护能力弱的儿童和少年。对于未成年人群体，教师应当负有保护的必要责任。

本研究中"职业操守"的许多内容，既是对我国传统优秀师德内容的继承，又是对我国《中小学教师职业道德规范》《教师法》等相关政策、法律法规条文的具体化，表述也有创新，具有广泛性、针对性和现实性。

3. 专业知识领域

教师的知识是教师从事教育教学工作的前提条件，也是构成教师专业素质的重要基础。人们普遍认为，教师知道什么及怎样表达他们的知识对学生的学习至关重要。研究表明，教师的知识和认知影响到教学活动的各个方面。北美全国教育研究会（NSSE）指出，通过研究来改进教育的主要途径之一就是研究教师的知识结构和表达。

(1) 教师知识类型

近20年来，国内外有关教师知识的研究成果很多，这里选取若干种观点做一个对比观察，以认识教师知识研究的基本脉络，见表7-1。

表7-1 有关教师知识的研究观点

研究者	教师知识类型
舒尔曼（1987）	教师知识基础（knowledge base）分为7类：①学科知识；②一般教学法知识；③课程知识；④学科教学法知识；⑤学习者及其特点的知识；⑥教育知识；⑦教育目标、目的和价值观及其哲学和历史背景的知识
吉尔伯特、赫斯特和克拉里（1987）	4个层次：第一层，学校作为机构的知识；第二层，关于学生的知识；第三层，教学知识；第四层，实际应用的知识
泰默（1988）	博雅知识、个人表现的知识、学科内容知识、一般性教学法知识、学科教学知识、教学的专业基础6种知识
伯利纳（1989）	教师的知识由3部分构成，学科知识、学科教学法知识、一般教学法知识
格劳斯曼（1989）	一般性教学法知识、学科知识、教学的内容知识、背景知识
博科、帕特南（1996）	一般教学法知识、教材内容知识、学科教学法知识
林崇德（1999）	教师的知识结构分为4部分，本体性知识、文化知识、实践性知识与条件性知识
傅道春（2001）	教师知识的结构分为3部分，学科知识、条件性知识与教育情境知识
刘捷（2003）	教师知识包含3部分，科学文化知识、学科专业知识与教育专业知识。教育专业知识包括3个方面：一般教育学知识、学科教学知识与教学情境知识

（2）教师专业标准中的知识要求

考察中外的教师专业标准，可以发现几乎每一个教师专业标准都有教师知识的专门要求，有的则体现在教师标准研制原则中。这里，以美国国家层面的教师为例，说明教师专业标准中，教师知识的推行情况。例如，美国州际新教师评价与支持联盟（INTASC）在研制教师标准时确立了10个原则。第一条原则是"教师要掌握学科知识的核心概念、知识结构及咨询所需要的工具手段，并为学生营造有意义学习的学习情境"。将教师要掌握的知识作为10条原则之首。第七条原则是"教师要基于学生、学科知识、学习团体和课程目标来制订教学计划"。

2001年，美国国家教师教育认证协会（National Council for the Ac-creditation of Teacher Education，NCATE）制定并颁发了教师专业发展学校（PDS）的标准：①提供一种既满足所有儿童学习需要，同时又支持实习生、在职教师专业发展的学习环境；②合作各方应该拥有关于教与学的共同的观点，这些共同的教学观源于大学教师的研究和中小学教师拥有的知识（Practitioner knowledge）；③为专业人员及学生的发展承担共同的责任，通过协调和统一合作各方拥有的专门知识与才能来实现共同的目标；④坚持以高标准、严要求促进学生的学习、实习生的专业准备和教师的在职发展，为此，合作各方将扮演新角色，承担新责任，构建新关系；⑤承诺为所有学生提供同等的学习机会，为实习生、在职教师满足不同学生群体的需要提供帮助。其中第二条标准要求大学和中学合作双方拥有教与学共同的观点和知识基础。也就是说，美国教师专业发展学校是基于共同的知识观而联合起来的。

全美专业教学标准委员会（NBPTS）5条核心建议中第二条"教师熟悉他们所教学科的内容，以及知道如何把这些学科内容教授给学生"是学科内容知识要求。NBPTS还将5个核心的建议具体细化成13个评估标准。其中第一条就是"知识运用"的能力要求。不仅如此，美国NBPTS教师专业标准对具体的学科教师专业标准知识内容的共同要求是了解学生、认识学科、了解课程内容、具有学科教学实践知识、具有综合课程的知识。

英国合格教师专业标准分为3部分内容，其中第二部分为"知识和理解"（Knowledge and Understanding），该部分分阶段对教师的学科知识作出规定，依次涉及了国家课程与指导、各阶段的进程、学生的发展如何影响学习、教师使用信息通信技术、特殊教育的需要、促进好的行为的发展等内容。英国其他教师专业标准，如入职教师专业标准、有经验教师专业标准、高级技能教师专业标准、都列有专门的部分对教师知识提出要求。

法国国民教育部1994年颁布了小学教师专业能力标准。该标准认为小学教师的专业能力包括4个方面，即掌握所教的学科知识，能组织、分析教学情境，能了解学生差异以及控制课堂行为，具有职业道德等。

德国的《教师教育标准》认为，教师在专业发展历程中面对3种不同知识：理论知识，来源于系统的理论学习；教师的职业知识（或实践知识）主要形成于实践活动，即来自学校、课堂等场所，通过对教学的准备、实施或者对教师经验的反思来获得；教师的教学行为知识。它们以理论知识与职业知识为基础，直接产生于教学过程，与其他因素相关联。这3种知识形态是相辅相成的，这些知识形态在教师专业发展过程中有着具体的表现。

澳大利亚教师专业标准在专业知识方面，要求教师应该知道并且理解自己所教授学科的基本概念、原则及学科结构。教师们应该能知道本学科和其他学科教学内容的相关联系，知道如何能够有效地教授学科内容。教师同样能够清楚地知道学生如何学习并且怎样促进学生的学习，能够了解不同学生的社会、文化及特殊的学习需要背景，并且知道自己该如何影响学生的学习。

我国教师知识论述，一般是在教育学、课程论、教学论、学科教育学教材中，虽然数量不少，但大多数观点显得主观色彩较强，分类的标准不一致，缺乏学理基础。在继承和借鉴国内外相关教师知识研究成果的基础上，我们大致可以把教师知识分为4类，即学科知识（subject knowledge）、条件性知识（conditional knowledge）、实践性知识（practical knowledge）与文化知识（cultural knowledge）。其基本定义为学科知识是教师任教学科的知识，包括该学科的基本概念、基本原理和结构、学习和研究方法等方面的知识。条件性知识是教师解决如何教好学生的知识系列的总称，它包括如何教与如何学的所有知识内容。具体而言，它包括教育学知识、教育心理学知识、学科教学法等知识，它是教师教好、学生学好的重要条件，故称之为条件性知识。实践性知识是教师在教育实践中产生的教育机智和教育智慧的总称，是教师个体教育创见和创新思维的反映。文化知识是指学科知识、条件知识和实践性知识以外的，作为学科教学背景出现的所有其他学科与非学科知识。教师文化知识的广博性和深刻性能够很好地树立教师的个人权威,赢得学生的爱戴,激发学生的求知欲,促进学生的全面发展。教师知识结构的这4个方面是相互补充、相互促进的。只有具备了完善的知识结构,教师才能够更好地履行自己的职责,达到社会的要求。

4. 专业能力领域

教师的专业能力也称为教育胜任力,是教师在教育工作中表现出来的教学行为品质。目前国内外关于教师专业能力的问题论述较多,下面择其要点做一些考察。

美国教育部于1987年增设了全国专业教学标准署。该署经过研究制定了美国中小学教师教学能力标准,包括①教师全身心致力于学生及其学习的能力;②熟练地将学科知识传授给学生的能力;③管理和监测学生学习的能力。

国际培训、绩效、教学标准专业委员会(The International Board of Standards for Training Performance and Instruction,IBSTPI)提出的教师能力结构(1993年初版,2004年修订)由专业基础、计划与准备、教学方法与策略、评估与评价、教学管理等5个部分组成。其中专业基础包括有效地交流沟通、更新和提高自己的专业知识和技能、遵守已有的道德规范和法律条文、树立和维护职业声誉;计划与准备包括设计教学方法和教学内容、教学准备;教学方法与策略包括激发并维持学习者的学习动机和学习投入、表现出有效的表达技巧、表现出有效的促学技巧、表现出有效的提问技能、提供阐释和反馈、促进知识和技能的巩固、促进知识和技能的迁移、使用媒体和技术来加强学习、改进绩效;评估与评价包括评估学习和绩效、评价教学效果;教学管理包括管理促进学习与改进绩效的环境、适当地使用技术管理教学过程。

日本学者西昭夫通过研究,在1981年曾提出教师应具备8种基本能力:①客观地把握学生个性,并能对其进行个别指导的能力;②深入探讨所教科目和教材,研究、充实教学指导的能力;③熟悉教育方法、技术和学习内容,应付各种教学情况的能力;④教育评价的能力;⑤正确处理学校管理、班级管理的能力;⑥建立良好的人际关系的能力;⑦帮助和督促学生自主解决生活问题的能力;⑧协助和指导学生升学就业的能力。

目前外国关于教师能力结构的问题,美国认为未来教师必须具备具体感受的能力、思维观察的能力、抽象概括的能力、积极实践的能力。前苏联学者彼得罗夫斯基提出教师必须具备6种能力:教学能力、创造能力、知学能力、表达能力、交际能力、组织能力。英国对教师能力的要求比较突出教师的应用技术能力和学习能力。日本认为教师该具备全球化的观念和网络生存的能力。许多国家提出,21世纪的教师必须具有较强的掌握信息的能力和知识更新的能力,也就是说要具有扩展能力。

中国香港特别行政区师训与师资咨询委员会制定的《教师专业能力理念架构》所描述的教师专业能力,包括教师能有效率地达到教育目标所需的能力、技巧、知识及态度。由多层次的范畴、领域、分项及阶段描述组成。主要包括4大范畴的专业能力:教与学、学生发展、学校发展、专业群体关系及服务。该架构认为,这4大能力范畴涵盖了一般教师所承担的主要职责。虽然教师在学校的工作以课堂教学为主,但教师亦须处理各式各样有关学生全人发展的重要工作,包括课外活动、品德、社会、公民教育及辅导服务。再者,教师属于学校群体的一分子,他们要为推动整个教师行业的专业发展贡献力量。

周建达、林崇德（1994）认为，教师的教学能力分为3个方面：教学认识能力、教学操作能力、教学监控能力。在整个能力结构中，教学认识能力是基础，教学操作能力是教学能力的集中体现，教学监控能力是关键。教学认识能力包括概念、类同、运算和理解；教学操作能力包括制定教学目标的策略、编制教学计划的策略、教学方法的选择及运用、教学材料和教学技术的选择设计、课堂管理策略、对学习和教学进行测试和评价的策略。

申继亮和辛涛（1995）认为，教学监控能力是教师教学能力结构中的高级形式，是其他教学能力和教学行为的调节中枢，它包括教学的计划性与准备性、课堂教学的组织性、教材呈现的水平与意识和沟通性、对学生进步的敏感性、对教学效果的反省性、职业发展性。

叶澜（1997）认为，教师专业能力首先是理解他人和与他人交往的能力。这是教师有效实现与学生的双向沟通所必需的，也是教师群体形成教育合力、教师与社会各界合作搞好学校教育，积极投入社区精神文明建设所必需的。教师不是独善其身者，在一定意义上需要具备社会活动家的能力，在教育日益社会化和社会日益教育化的现今时代更是如此。其次是组织管理能力。教师的教育工作，其对象是个体的个人，但又在班级等群体组织中开展，教师要善于发挥学生群体对个体的教育作用，使每一个学生在群体生活中得到施展才能、培养意志及适应全体生活等方面的锻炼，成为学生真正的良师益友，就需要有管理班级和组织、领导各种教育、教学活动的能力。再次是教育研究能力。具有科研意识与科研能力，是新型教师又一个重要特征，这是教师专业能力不断得到发展的重要保证，也是使教师工作富有创造精神和活力的必然要求。教师的研究工作大量结合自己和学校的各种实践活动开展，因此，善于从自己的工作实践中发现问题，对自己的教育行为、经验进行批判性反思，从事新的教育、教学活动的多方面探索和创造，是教师教育研究能力的最重要构成。

罗树华、李洪珍（1997）在《教师能力学》一书中，将教师的能力归纳为教师的基础能力、职业能力和自我完善能力3个部分。他们认为教师的基础能力是从事教师职业最起码、最基本的能力，主要包括教师的智慧能力、教师的表达能力和教师的审美能力等；教师的一般职业能力是指各科教师都必须具备的教书育人的职业能力，它主要包括教师的教育能力、班级管理能力和教学能力等；教师的自我完善能力是指当代教师应具备的使自己的思想、业务及人格不断趋于完善的能力，它包括以教师的自学能力、教育研究能力、撰写教学论文的能力、教学创造能力等为主要内容的扩展能力和正确处理人际关系的能力。

袁振国（1999）认为，教师应具有的技能包括了解学生情况、确定教学目标、制订教学计划与方案、设计教学进程、课堂教授与板书、演示与实验、课外活动组织，以及激发学生学习积极性、教会学生学习、评价教学效果等。

周奇（2002）认为，认识教师的能力结构，要从教师能力的特殊性出发。教师能力是以认识能力为基础，在具体教学活动中表现出来的一种特殊能力。首先，作为一种特殊的能力，教师能力可以区分为不同的层次，有一个从一般到特殊不断提升的层次性。其次，教学活动是多种因素共同作用的过程，这就需要教师能力具有多样性。再次，教学活动具有艺术性，需要教师创设情境，引导建构。他认为现代教师能力结构由4个层次构成，一是作为基本素质的基础能力（包括心理教育能力、人际交往能力、组织协调能力），二是体现职业特点的专业能力（包括教学设计能力、教学实施能力、教学监控能力），三是要求发展提高的扩展能力（包括终身学习能力、教学研究能力、媒体整合能力），四是适应教育实践的创新能力（包括创新精神、创新能力、培养学生创新素质的能力）。

以上各种关于教师专业能力构成的观点，基本上可以分为两类：一类是从教师需要完成的工作内容角度出发对教师专业能力分类，如国际培训、绩效、教学标准专业委员会的"5种能力"说，日本西昭夫的"8种基本能力"说，袁振国的10种能力，这些分类的基本依据是教师的日常工作任务或内容；另一类是从合格教师所需要具备的基本素养角度来分类的，如美国教育部的"3种能力"说，苏联学者彼得罗夫斯基的"6种能力"说，中国香港特别行政区师训与师资咨询委员会的"4大范畴的专业能力"说，周建达、林崇德、申继亮和辛涛的"3种能力"说，叶澜的"3种能力"说，罗树华、李洪珍的"3种能力"说，周奇的"4种能力"说。

《教师专业素质研究》课题在教师专业能力领域中拟定的若干指标，都处于"良"、"中"等级，说明受访教师对该领域指标的重要性程度有比较清醒的认识，但怎样将这种对教育能力的正确认知转化为对教学实践的追求，有效提升教师的教育教学能力，是教师专业能力研究的重要课题。

5. 身心健康领域

教育是教师以自身的知识、智慧、行为和心理教导学生、影响学生的职业。教师的心理健康往往超过其教学能力对学生产生的影响，所以身心健康对教师来说极为重要。健康的身体包括两个方面的内容：身体的（或生理的）的健康与心理的（或精神的）健康，我们总称为身心健康。生理健康重要，精神健康也很重要。100多年前（1859年），英国教育家斯宾塞在其名著《什么知识最有价值》（*What Knowledge Is Most Worth*）中，列举了5种最有价值的知识，在5种知识中，他认为最重要的知识是生理学、解剖学的知识。这些知识比获得生活必需品的几何、物理、机械学知识更重要。工作、就业的知识是间接保全自己生命的知识，而生理学、解剖学的知识是直接保全自己生命的知识，它可以使人知道身体的构造，掌握生命运动的规律，从而有效保护自己的生命。今天教师保持良好的身心健康状态已经远远超出了直接保全自己生命的意义，从而使青少年健康地生活，愉快地生活。

1989年联合国世界卫生组织提出："健康不仅是没有疾病，而且包括躯体健康、心理健康、社会适应良好和道德健康。"第三届国际心理卫生大会将心理健康定义为"所谓心理健康是指在身体、智能及情感上与他人的心理健康不相矛盾的范围内，将个人心境发展成最佳的状态"。世界心理卫生联合会关于心理健康的标准：①身体、智力、情绪十分调和；②适应环境，人际关系中彼此能谦让；③有幸福感；④在工作和职业中，能充分发挥自己的能力，过着有效率的生活。

据此，我们赞同把健康分为生理健康和心理健康的通行分类方法，并对心理健康做出如下理解：心理健康是指个人妥善地处理和适应人与人之间、人与社会环境之间的相互关系，能够充分发挥自己的最大潜能。或者说，心理健康指人具有完整的正常的心理状态及较高的社会适应能力，它包括情感特征与意志特征、正常的认识、良好的个性、健全的人格等方面的内容。心理健康包括两层含义：一是没有心理疾病，二是有一种积极发展的心理状态。没有心理疾病是心理健康的最基本条件。

作为教师来说，心理健康要求主要有教师层面和学生层面两个方面的要求。（1）从教师层面来看，教师应明确把握心理健康的特征，能根据其特征判断自身的心理健康状况，能适度做出调适。教师心理健康的基本特征是：第一，能进行正常的智力活动。表现在教师有较强的观察能力、认识能力、记忆能力、思维能力、想象能力和独立操作能力，能胜任教学工作。第二，情绪稳定，人格健全。情绪是反映心理健康与否的标志之一。合格教师善于控制自己的情绪，既不会让学生的情绪左右自己，也不会把自己不愉快的情绪带给学生，或者带给自己的家人。所以，判断教师心理是否健康，一个重要标志就是判断教师情绪是否稳定，心境是否乐观，是否善于调节自己的情绪。第三，能理解他人，受他人尊重。每个人都希望自己能得到别人的理解、信任和尊重。合格教师，既能理解他人，又能让别人了解自己，让他人悦纳。第四，能保持适当的焦虑程度，心态良好。第五，能控制紧张度，工作效率高。第六，抗挫折能力较强，能有效疏导心理压力。教师在工作中会遇到各种各样的困难，面对挫折情境的教师必然会形成一种强烈的心理压力。教师要有排解情绪的能力，自我安慰，并能面对现实，及时疏导，积极应付，不断提高挫折承受力。只有教师的心理调控好了，才能正确引导学生的心理问题。

（2）从学生层面来看，教师必须了解学生，认识当代社会学生心理健康的种种问题，并能做出恰当回应。近年来，通过对中小学生心理健康状况的调查研究发现：我国中小学生心理健康状况不容乐观。小学生有心理和行为问题的占总数的10%左右；初中生占15%左右；高中生约为19%。他们普遍存在着嫉妒、自卑、任性、孤僻、焦虑、逆反心理、情绪反常、神经衰弱、社交困难、学习不良、学校恐惧、吸烟酗酒，乃至自杀、犯罪等心理行为问题。中国健康教育研究所心理健康咨询中心在心理咨询热线设立之初，曾做过一次统计，前9个月打进热线的2700人中，146人曾尝试自杀或想自杀，其中80%多是中小学生。心理健康是中小学生德、智、体、美诸方面全面发展的基础和保证。没有健康的心理，很难形成良好的品德。健康的心理可以促进学生智力的协调发展，有助于提高学习效率。如果一个人长期处于不良的心理健康状态，如焦虑、抑郁、恐惧、愤怒等，往往会使人产生各种身体疾病。

长期以来，在我国中小学教育实践中，往往重视智力开发，忽视学生健康心理素质的培养，特别是忽视意志、兴趣、个性等非智力因素的培养，这对全面推进素质教育产生了负面效应。青少年学生的心理品质影响到他们的成长和发展，影响到他们未来的成功。提高青少年学生的心理素质，已成为社会和时代发展的需要和教师义不容辞的责任。所以一个合格的教师，必须掌握学生心理健康的知识，具有维护学生心理健康的能力。我们在对教师与学生的访谈、座谈中得到这样的反映：学校许多极端事件，根源都出在教师的身心健康方面。教师身心健康素质，是教师专业素质的重要组成部分。不少师生都强烈要求加大对教师身心健康问题的关注、研究，要求教育行政部门开设教师身心健康课程以提高教师专业素质。对于这个问题，本课题给予了高度重视。

二、结论

通过两个阶段的一系列研究，我们可以得出一些结论。需要说明的是，这些结论并不是绝对的，必然存在一定的局限性。

(一) 关于我国教师专业素质要求的结论

1. 关于我国幼儿园教师专业素质的结论

通过调查研究,关于我国幼儿园教师的专业素质,可做如下结论。

其一,我国幼儿园教师的专业素质可以划分为以下5个领域:职业理念、职业操守、专业知识、专业能力、身心健康。

其二,我国幼儿园教师的专业素质,可包括以下指标。

(1) 职业理念领域的9项指标

树立正确的儿童观,对幼儿的成长负责。

把握幼儿教育专业的特点,认识幼儿教育的价值、功能、地位和目标。

认识教师职业不仅能享受幼儿进步带来的快乐,也能感受到自我发展的快乐。

认识良好思维品质的重要性,尤其要培养幼儿的创造性思维品质。

理解与热爱中华民族文化,能用幼儿喜爱的形式传承优秀的传统文化。

在幼儿生活中贯彻社会公正的观念,使每一位幼儿拥有平等的学习机会。

有强烈的生命意识,珍爱生命,关爱自然。

具有同情心,关怀、同情他人的不幸与苦难,关怀残疾幼儿。

明确教师既是教育者也是学习者,树立持之以恒的学习信念。

(2) 职业操守领域的11项指标

熟知和掌握国家颁布的《教育法》《义务教育法》《幼儿园管理条例》《幼儿园规程》以及《中小学教师职业道德规范》等法规,能在教学实践中落实。

了解知识产权的基本含义,尊重和维护知识产权。

认识到教师是社会负责任的公民,自觉履行公民的责任和义务,以一个合格公民的标准规范自己的言行。

了解并尊重幼儿的差异,根据幼儿实际情况采取个性化教育手段。

以赏识的态度对待每一个幼儿的点滴进步,激发幼儿的学习兴趣,增强幼儿的自信心。

在教育过程中保持稳定的情绪,不对幼儿实施简单粗暴的教育,不进行言语上的侮辱和身体上的伤害。

尊重幼儿的隐私权,保护幼儿的隐私。

遵守与幼儿教育相关的、合法且合乎伦理的专业行为准则。

注意言行规范,举止文明,严于律己,做一名称职的班级管理者。

廉洁从教,反对利用职务之便牟取私利,抵制社会不良风气。

平等对待每一位家长/监护人,认识家长/监护人参与幼儿园教育工作的作用,认真听取家长/监护人的意见,采纳合理建议,改善自身的教育工作。

(3) 专业知识领域的17项指标

了解幼儿教师专业的特点,认识幼儿教师专业需要独特的知识和技能,具有不可替代的专业特征。

了解幼儿教师职业生涯规划和职业发展的知识。

掌握幼儿生理发展特点的知识。

掌握幼儿情感、态度、认知发展特征的知识。

掌握引导与调节幼儿心理健康的知识和方法。

通过对幼儿的观察、交流以及与家长的互动，了解幼儿个体生活情况、日常习惯、能力倾向和独特需要，以此来设计个性化的教学方案。

认识幼儿有自我发展的潜力，在可能的情况下幼儿可以实现适度超前发展。

掌握卫生保健的知识，帮助幼儿养成良好的个人卫生习惯。

具有自然环境的知识，能促进儿童认识四季特征、动植物基本特征及其他与环境有关的知识。

掌握基本的自然科学知识，能帮助儿童认识声、光、电、磁、力、弹性、天文等及其在人们生活中的作用。

掌握基本的数学原理，能帮助儿童认识数、量、形、时间、空间关系，发现生活中的数学，发展儿童的思维能力。

阅读一定量的故事、儿歌、散文等儿童文学作品，提高形象思维能力。

掌握音乐、舞蹈、美术和手工制作等基本知识。

掌握一种乐器的演奏方法。

能运用游戏、自由探究、有引导的发现、创造性的戏剧表演等多种教学方法培养和提高幼儿的学习兴趣。

具备幼儿园一日生活活动指导的知识。

具备设计、组织实施和评价幼儿园游戏、区域活动、领域活动的知识。

（4）专业能力领域的15项指标

认真细致地观察和记录幼儿活动，使观察、评估幼儿成为日常性的工作。

对每一个幼儿的具体情况进行判断与评价，据此确定每个幼儿的阶段性发展目标，制订符合每个幼儿实际状况的培育方案。

把评估的信息反馈给幼儿、家长以及其他专业工作者，知道何时需要适当地干预或支持、引导幼儿的行为。

运用各种物质条件创设有利于幼儿获得知识、发展感情和形成生活技能的物质环境。

通过自我与幼儿情绪的调控，为幼儿营造安全、平等、自信、友爱的心理环境。

具备一日活动中幼儿安全护理与健康护理的能力。

掌握摔伤、火灾、地震等意外事故的急救方法，具备处理突发事件的应变能力。

能科学设计、实施和评价幼儿健康、语言、科学、社会、艺术等活动。

认识游戏在幼儿认知发展和社会性发展中的核心作用，能科学设计、实施和评价幼儿园游戏和区域活动。

了解幼儿学习方式的多样性，创造机会和条件满足每一个幼儿的不同需要。

认识教育技术对促进幼儿学习的重要性，能恰当运用多种教育技术为幼儿的学习提供帮助。

发现并保护幼儿的好奇心，鼓励幼儿发现问题和提出问题。

能够客观公正地评价其他教师，通过有效的方式支持团队合作与发展。

通过各种方式促进自己对教育实践的反思。

了解幼儿发展和认知方面的最新研究成果。

(5) 身心健康领域的 3 项指标

养成积极、健康、合理的生活和工作习惯。

有基本的医药、保健知识，防治各种常见职业病。

有基本的心理健康知识，协调和控制不良情绪，有良好的心态。

其三，在幼儿教师 55 项专业素质指标中，重要性程度最高的 26 项指标依次如下。在制定幼儿园教师专业标准和开展教师教育的过程中，应该特别关注如下 26 项指标。

指标 13（了解并尊重幼儿的差异，根据幼儿实际情况采取个性化教育手段）。

指标 15（在教育过程中保持稳定的情绪，不对幼儿实施简单粗暴的教育，不进行言语上的侮辱和身体上的伤害）。

指标 12（认识到教师是社会负责任的公民，自觉履行公民的责任和义务，以一个合格公民的标准规范自己的言行）。

指标 18（注意言行规范，举止文明，严于律己，做一名称职的班级管理者）。

指标 19（廉洁从教，反对利用职务之便牟取私利，抵制社会不良风气）。

指标 20（平等对待每一位家长/监护人，认识家长/监护人参与幼儿园教育工作的作用，认真听取家长/监护人的意见，采纳合理建议，改善自身的教育工作）。

指标 23（掌握幼儿生理发展特点的知识）。

指标 24（掌握幼儿情感、态度、认知发展特征的知识），指标 36（具备幼儿园一日生活活动指导的知识）。

指标 36（具备幼儿园一日生活活动指导的知识）。

指标 42（通过自我与幼儿情绪的调控，为幼儿营造安全、平等、自信、友爱的心理环境）。

指标 1（树立正确的儿童观，对幼儿的成长负责）。

指标 6（在幼儿生活中贯彻社会公正的观念，使每一位幼儿拥有平等的学习机会）。

指标 7（有强烈的生命意识，珍爱生命，关爱自然）。

指标 8（具有同情心，关怀、同情他人的不幸与苦难，关怀残疾幼儿）。

指标 17（遵守与幼儿教育相关的、合法且合乎伦理的专业行为准则）。

指标 26（通过对幼儿的观察、交流以及与家长的互动，了解幼儿个体生活情况、日常习惯、能力倾向和独特需要，以此来设计个性化的教学方案）。

指标 49（发现并保护幼儿的好奇心，鼓励幼儿发现问题和提出问题）。

指标 9（明确教师既是教育者也是学习者，树立持之以恒的学习信念）。

指标 14（以赏识的态度对待每一个幼儿的点滴进步，激发幼儿的学习兴趣，增强幼儿的自信心）。

指标 16（尊重幼儿的隐私权，保护幼儿的隐私）。

指标 25（掌握引导与调节幼儿心理健康的知识和方法）。

指标 45（能科学设计、实施和评价幼儿健康、语言、科学、社会、艺术等活动）。

指标 46（认识游戏在幼儿认知发展和社会性发展中的核心作用，能科学设计、实施和评价幼儿园游戏和区域活动）。

指标 50（能够客观公正地评价其他教师，通过有效的方式支持团队合作与发展）。

指标 51（通过各种方式促进自己对教育实践的反思）。

指标53（养成积极、健康、合理的生活和工作习惯）。

其四，在55项指标中，重要性程度相对最低的13项指标如下。如果在制定教师专业标准时要精简指标数量，那么可以考虑从下列指标中选择部分加以删除，当然，在考虑实施删除时，还要做进一步的分析研究，之后再做是否删除的决定。

指标34（掌握一种乐器的演奏方法）。

指标11（了解知识产权的基本含义，尊重和维护知识产权）。

指标22（了解幼儿教师职业生涯规划和职业发展的知识）。

指标27（认识幼儿有自我发展的潜力，在可能的情况下幼儿可以实现适度超前发展）。

指标52（了解幼儿发展和认知方面的最新研究成果）。

指标30（掌握基本的自然科学知识，能帮助儿童认识声、光、电、磁、力、弹性、天文等及其在人们生活中的作用）。

指标33（掌握音乐、舞蹈、美术和手工制作等基本知识）。

指标31（掌握基本的数学原理，能帮助儿童认识数、量、形、时间、空间关系，发现生活中的数学，发展儿童的思维能力）。

指标39（对每一个幼儿的具体情况进行判断与评价，据此确定每个幼儿的阶段性发展目标，制订符合每个幼儿实际状况的培育方案）。

指标48（认识教育技术对促进幼儿学习的重要性，能恰当运用多种教育技术为幼儿的学习提供帮助）。

指标41（运用各种物质条件创设有利于幼儿获得知识、发展感情和形成生活技能的物质环境）。

指标54（有基本的医药、保健知识，防治各种常见职业病）。

指标40（把评估的信息反馈给幼儿、家长以及其他专业工作者，知道何时需要适当地干预或支持、引导幼儿的行为）。

2. 关于我国小学教师专业素质要求的结论

通过调查研究，关于我国小学教师的专业素质，可做如下结论。

其一，小学教师专业素质要求可以划分为5个大的领域，61项具体的专业素质指标。这5个领域是职业理念、职业操守、专业知识、专业能力、身心健康。

在这5大领域中，职业理念、职业操守、专业知识、专业能力等领域在各种专业素质要求分析框架中受到广泛的关注，而身心健康有时被忽视。我们的调研发现，身心健康领域也是很重要的，即在素质确认调查中得到的分数很高。这5个领域包括的指标分别如下。

（1）职业理念领域的9个指标

热爱教师职业，能体验到学生进步和自我发展带来的快乐。

以学生为本，提高学生的社会责任感、勇于探索的创新精神和善于解决问题的实践能力。

消除各种歧视，追求教育平等。

倡导教学民主。

具有强烈的生命意识，珍爱生命。

具有人文情怀，同情、关怀他人的不幸与苦难。

树立终身学习的理念，坚持学习。

有全球化的教育视野。

了解并热爱中华民族文化，树立批判继承的观点。

（2）职业操守领域的13个指标

学习、理解并遵守国家宪法，认识教师是社会负责任的公民，自觉履行公民的责任和义务。

了解并遵守国家颁布的《教育法》《义务教育法》《教师法》《中小学教师职业道德规范》和《未成年人保护法》等教育法规，清楚地知道教师的责任和权利，熟知学生的权利和义务，并在教育实践中加以落实。

了解《国家中长期教育改革和发展规划纲要（2010—2020年）》，明确教育改革的核心任务是提高教育质量。

了解知识产权的基本含义，尊重和维护知识产权，增强学生的知识产权意识。

热爱学生，以赏识的态度对待每一个学生的点滴进步。

在教育过程中，不实施简单粗暴的教育，不对学生进行言语上的侮辱和身体上的伤害。

尊重学生的隐私权，保护学生的隐私。

在道德行为和品质上为学生树立良好的榜样，为学生的发展创造良好的道德养成环境。

尊重家长/监护人，与家长有效沟通，积极发挥家长在学校教育工作中的作用。

尊重自己的同事，维护同事发表不同意见的权利，不把自己的意见强加于人，以宽容的态度对待他人。

正确认识自己在团队中的位置，团结互助，共同完成任务。

廉洁从教，抵制社会不良风气，反对利用职务之便牟取私利。

注重职业形象，言行、衣着得体，举止文明礼貌。

（3）专业知识领域的17个指标

了解我国教育发展的历史和现状。

了解教师专业的内涵，明确教师专业具有不可替代的特征。

了解教师职业生涯规划和职业发展的知识。

掌握不同年龄段学生的生理发展特点及相关知识。

掌握不同年龄段学生认知发展特点及相关知识。

掌握不同年龄段学生情感、意志、个性品质发展特点及相关知识。

了解学生个体的已有经验、学习方法、学习习惯与能力倾向。

掌握引导与调节学生心理健康的知识与方法。

了解处理意外伤害事故的相关知识。

了解本地常见的、多发的自然灾害种类及保护学生安全的基本方法。

了解学生家庭背景、社会环境及青少年文化等基本状况。

了解所教学科的历史、现状和发展趋势。

掌握所教学科的基本概念、原理及体系结构。

知道所教学科的学习方法和研究方法。

认真研读学科课程标准，掌握其基本内容。

理解教科书的体系、功能、编排方式和使用方法。

拓展阅读面，阅读一定数量的人文、社会和自然科学书刊，获得相关知识。

（4）专业能力领域的18项指标

能与学生进行有效沟通，并获得信任。

具有根据学生个体差异进行因材施教的能力，促进学生全面而有个性的发展。

认识良好思维品质的重要性，具有培养学生批判性思维和创新性思维的能力。

能营造有利于学生独立思考、自主探索的学习环境。

能有效管理班级，开展适合学生年龄特点的班级活动。

具有根据教学任务和实际条件进行教学设计的能力。

能激发学生兴趣，有效地组织和实施课堂教学活动。

能根据学生的学习情况，及时调整教学进程，改进教学方法。

能运用多种方法促进学生对知识的巩固和迁移，帮助学生开展自主学习。

能运用多种评价手段和方法，评价教学过程和教学结果。

能运用多种方法，针对学生个体的具体情况开展课后辅导。

能运用教学研讨、案例研究、课后小结等多种方法反思课堂教学。

能有效地运用教育技术进行课堂教学，鼓励学生借助正确的信息手段自主学习。

能根据教学需要开发学科课程资源。

具有较好的语言表达能力，能用标准普通话开展教学活动，了解科学发声的知识。

具有一定的艺术审美能力。

能使用规范汉字，写好"三笔字"（钢笔字、毛笔字、粉笔字），掌握汉字书写技能。

能指导学生科学地安排学习、生活和锻炼。

（5）身心健康领域的4项指标

有基本的医药、保健知识，能预防常见的教师职业病。

有积极、健康、合理的生活和工作习惯。

重视体育锻炼，能坚持有计划、有针对性地参加各种体育活动，提高身体素质。

有良好的心态，具有协调和控制情绪的能力。

其二，5个领域的重要性程度从高到低依次是：专业能力、身心健康、职业操守、专业知识、职业理念。特别需要注意的是我国小学教师对5个领域的专业素质的重要性程度的认同度，平均值都在4.60~4.67分（满分为5.00分），即都达到优等水平。

其三，在61项素质指标中，重要性程度的平均得分最高的10项指标如下，在教师教育中特别要注重这10项指标。

指标46（能激发学生兴趣，有效地组织和实施课堂教学活动），平均得分4.74分。

指标40（能与学生进行有效沟通，并获得信任），平均得分4.74分。

指标41（具有根据学生个体差异进行因材施教的能力，促进学生全面而有个性的发展），平均得分4.73分。

指标47（能根据学生的学习情况，及时调整教学进程，改进教学方法），平均得分4.73分。

指标 14（热爱学生，以赏识的态度对待每一个学生的点滴进步），平均得分 4.73 分。

指标 17（在道德行为和品质上为学生树立良好的榜样，为学生的发展创造良好的道德养成环境），平均得分 4.72 分。

指标 43（能营造有利于学生独立思考、自主探索的学习环境），平均得分 4.70 分。

指标 48（能运用多种方法促进学生对知识的巩固和迁移，帮助学生开展自主学习），平均得分 4.70 分。

指标 45（具有根据教学任务和实际条件进行教学设计的能力），平均得分 4.70 分。

指标 11（了解并遵守国家颁布的《教育法》《义务教育法》《教师法》《中小学教师职业道德规范》和《未成年人保护法》等教育法规，清楚地知道教师的责任和权利，熟知学生的权利和义务，并在教育实践中加以落实），平均得分 4.69 分。

注：满分为 5.00 分。

其四，61 项指标中重要性程度最低的 10 项指标如下，在制定小学教师专业标准时，如果要进一步精简，那么考虑问题的一个角度是可考虑删除这 10 项指标中的部分指标，当然，在考虑实施删除时，还要做进一步的分析研究，之后再做是否删除的决定。

指标 8（有全球化的教育视野），平均得分 4.46 分。

指标 13（了解知识产权的基本含义，尊重和维护知识产权，增强学生的知识产权意识），平均得分 4.46 分。

指标 25（了解教师职业生涯规划和职业发展的知识），平均得分 4.50 分。

指标 23（了解我国教育发展的历史和现状），平均得分 4.50 分。

指标 9（了解并热爱中华民族文化，树立批判继承的观点），平均得分 4.54 分。

指标 34（了解所教学科的历史、现状和发展趋势），平均得分 4.54 分。

指标 33（了解学生家庭背景、社会环境及青少年文化等基本状况），平均得分 4.54 分。

指标 55（具有一定的艺术审美能力），平均得分 4.55 分。

指标 4（倡导教学民主），平均得分 4.55 分。

指标 53（能根据教学需要开发学科课程资源），平均得分 4.56 分。

注：满分为 5.00 分。

3. 关于我国中学教师专业素质要求的结论

通过调查研究，关于我国中学教师的专业素质，可做如下结论。

其一，中学教师专业素质要求可以划分为 5 个大的领域，这 5 个领域是职业理念、职业操守、专业知识、专业能力、身心健康。

（1）职业理念领域的 9 个指标

热爱教师职业，能体验到学生进步和自我发展带来的快乐。

以学生为本，提高学生的社会责任感、勇于探索的创新精神和善于解决问题的实践能力。

消除各种歧视，追求教育平等。

倡导教学民主。

具有强烈的生命意识，珍爱生命。

具有人文情怀，同情、关怀他人的不幸与苦难。

树立终身学习的理念，坚持学习。

有全球化的教育视野。

了解并热爱中华民族文化，树立批判继承的观点。

（2）职业操守领域的 12 个指标

学习、理解并遵守国家宪法，认识教师是社会负责任的公民，自觉履行公民的责任和义务。

了解并遵守国家颁布的《教育法》《义务教育法》《教师法》《职业教育法》《中小学教师职业道德规范》和《未成年人保护法》等教育法规，清楚知道教师的责任和权利，熟知学生的权利和义务。

了解《国家中长期教育改革和发展规划纲要（2010—2020 年）》，明确教育改革的核心任务是提高教育质量。

了解知识产权的基本含义，尊重和维护知识产权，增强学生的知识产权意识。

热爱学生，以赏识的态度对待每一个学生的点滴进步。

在教育过程中，不实施简单粗暴的教育，不对学生进行言语上的侮辱和身体上的伤害。

尊重学生的隐私权，保护学生的隐私。

尊重家长/监护人，与家长有效沟通，积极发挥家长在学校教育工作中的作用。

尊重自己的同事，维护同事发表不同意见的权利，不把自己的意见强加于人，以宽容的态度对待他人。

正确认识自己在团队中的位置，团结互助，共同完成任务。

廉洁从教，抵制社会不良风气，反对利用职务之便牟取私利。

注重职业形象，言行、衣着得体，举止文明礼貌。

（3）专业知识领域的 12 个指标

了解我国教育发展的历史和现状。

了解教师专业的内涵，明确教师专业具有不可替代的特征。

了解教师职业生涯规划和职业发展的知识。

掌握学生情感、态度、认知发展特征的知识。

了解学生个体的学科知识基础、学习方法、学习习惯、能力倾向。

了解学生家庭背景、社会环境及青少年文化等基本状况。

了解所教学科的历史、现状和发展趋势。

掌握所教学科的基本概念、原理及体系结构。

知道所教学科的学习方法和研究方法。

认真研读学科课程标准，掌握其基本内容。

理解教科书的体系、功能、编排方式和使用方法。

拓展阅读面，阅读一定数量的人文、社会和自然科学书刊，获得相关知识。

（4）专业能力领域的 15 个指标

与学生进行有效沟通获得信任的能力。

了解学生个体差异，具有因材施教的能力，促进学生全面而有个性的发展。

认识良好思维品质的重要性，有培养学生批判性思维和创新性思维的能力。

能够有效管理班级，营造有利于学生独立思考、自由探索的学习环境。

具有根据教学任务和实际条件进行教学设计的能力。

激发学生学习兴趣，有效地组织和实施课堂教学活动。

注意学生学习的过程，及时了解学生反馈的信息，调节教学进程，修正教学方法。

注意知识的巩固和迁移，拓展思路和视野，促进学生创造性学习。

运用多种评价方法，评价教学过程和教学结果。

运用教学研讨、案例研究、课后小结等多种方法反思课堂教学。

有效地运用教育技术进行课堂教学，鼓励学生借助正确的信息手段自主学习。

能根据教学需要开发学科课程资源。

具备一定的艺术审美能力。

具有较好的语言表达能力，能用标准普通话开展教学活动，了解科学发声的知识。

使用规范汉字，写好"三笔字"（钢笔字、毛笔字、粉笔字），掌握汉字书写技能。

(5) 身心健康领域的 5 个指标

有基本的医药、保健知识，能预防常见的教师职业病。

有积极、健康、合理的生活和工作习惯，并能指导学生科学地安排学习、生活和锻炼。

重视体育锻炼，能坚持有计划、有针对性地参加各种体育活动，提高身体素质。

有良好的心态，具有协调和控制情绪的能力，能够帮助学生保持心理健康。

具有冷静、妥善处理各种意外事故和潜在危险的基本能力，培养学生具备基本的安全防范能力。

其二，5 个领域的重要性程度从高到低依次是身心健康、专业能力、职业操守、专业知识、职业理念。需要特别注意的是我国中学教师专业素质要求的 5 个领域，重要性程度的平均得分在 4.49～4.58 分（满分为 5.00 分），得分最低的领域即职业理念领域，也达到 4.49 分。

其三，在 53 个素质指标中，重要性程度平均得分最高的 10 项专业素质指标如下。在制定中学教师专业标准时，要特别重视这 10 项指标，尤其是在教师教育中，要特别重视、深入关注这 10 项指标。

指标 14（热爱学生，以赏识的态度对待每一个学生的点滴进步），平均得分为 4.62 分。

指标 34（与学生进行有效沟通获得信任的能力），平均得分为 4.62 分。

指标 39（激发学生学习兴趣，有效地组织和实施课堂教学活动），平均得分为 4.62 分。

指标 40（注意学生学习的过程，及时了解学生反馈的信息，调节教学进程，修正教学方法），平均得分为 4.62 分。

指标 53（具有冷静、妥善处理各种意外事故和潜在危险的基本能力，培养学生具备基本的安全防范能力），平均得分为 4.62 分。

指标 52（有良好的心态，具有协调和控制情绪的能力，能够帮助学生保持心理健康），平均得分为 4.61 分。

指标7（树立终身学习的理念，坚持学习），平均得分为4.61分。

指标5（具有强烈的生命意识，珍爱生命），平均得分为4.61分。

指标35（了解学生个体差异，具有因材施教的能力，促进学生全面而有个性的发展），平均得分为4.61分。

指标10（学习、理解并遵守国家宪法，认识教师是社会负责任的公民，自觉履行公民的责任和义务），平均得分为4.60分。

注：满分为5.00分。

其四，重要性程度平均得分相对最低的10项指标如下。在制定中学教师专业标准时，如果要进一步精简素质指标，那么可以考虑删除这10项指标中的部分指标，当然，在考虑实施删除时，还要做进一步的分析研究，之后再做是否删除的决定。

指标1（热爱教师职业，能体验到学生进步和自我发展带来的快乐），平均得分为4.32分。

指标13（了解知识产权的基本含义，尊重和维护知识产权，增强学生的知识产权意识），平均得分为4.34分。

指标8（有全球化的教育视野），平均得分为4.36分。

指标48［使用规范汉字，写好"三笔字"（钢笔字、毛笔字、粉笔字），掌握汉字书写技能］，平均得分为4.38分。

指标22（了解我国教育发展的历史和现状），平均得分为4.40分。

指标4（倡导教学民主），平均得分为4.40分。

指标46（具备一定的艺术审美能力），平均得分为4.40分。

指标24（了解教师职业生涯规划和职业发展的知识），平均得分为4.41分。

指标45（能根据教学需要开发学科课程资源），平均得分为4.43分。

指标27（了解学生家庭背景、社会环境及青少年文化等基本状况），平均得分为4.44分。

注：满分为5.00分。

4. 第一阶段研究与第二阶段研究的差异问题

本研究分两个阶段，第一阶段的研究范围包括幼儿园教师、小学教师和中学教师的专业素质，第二阶段的研究范围包括小学教师和中学教师的专业素质。就小学教师和中学教师的专业素质指标而言，第二阶段的素质指标与第一阶段的素质指标存在一些差异。其一，小学教师专业素质指标，第一阶段为55项，第二阶段为61项，即第二阶段增加6项；中学教师专业素质，第一阶段为58项，第二阶段为53项，即第二阶段减少5项。其二，部分专业素质指标的内涵和表述发生了变化。

第二阶段在专业素质指标上发生变化，主要是基于以下几点：其一，通过多次专家研讨会，根据研讨会的讨论意见，对各项指标进行修改；其二，研究组内部进行过多次讨论，通过讨论对各项素质的表述进行了一些修改；其三，根据第一阶段调研的结果，对素质指标进行了一些修改。这是研究上的一种精益求精的过程。

因此，幼儿园教师的专业素质指标，以第一阶段的研究为准；小学教师和中学教师的专业素质指标，以第二阶段的研究为准。

(二)关于我国中小学教师专业素质现状的结论

1. 关于我国小学教师专业素质现状的结论

通过调查研究,关于我国小学教师专业素质的现状,有如下结论。

其一,总体上说,我国小学教师专业素质水平较高,总均值为4.11分(满分为5.00分),即达到"良"的水平。

其二,在5个领域的61项素质指标中,各个指标的平均得分范围在3.67~4.55分,即在中等至优秀等级这个范围内。

其三,在职业理念、职业操守、专业知识、专业能力和身心健康这5个领域,我国小学教师专业素质的平均得分从高到低的领域依次是职业操守、专业能力、职业理念、专业知识、身心健康。职业理念、职业操守、专业知识、专业能力这4个领域中的专业素质的平均得分都处于"良"这一等级;在身心健康领域达到"中"的水平。因此,身心健康是问题最严重、最需要被关注的。虽然"身心健康"领域指标的重要性程度排序在其他领域之后,但是,该领域整体分值较高,说明被调研的小学教师对自身的身心健康问题还是很关注的。

其四,在61个素质指标中,平均得分最低的3项指标依次为以下3项,在教师专业发展和教师教育政策中,以下3项专业素质是特别需要关注的。

指标60(重视体育锻炼,能坚持有计划、有针对性地参加各种体育活动,提高身体素质),平均得分为3.67分。

指标8(有全球化的教育视野),平均得分3.68分。

指标58(有基本的医药、保健知识,能预防常见的教师职业病),平均得分3.70分。

其五,在61个素质指标中,平均得分最高的3项指标依次为以下3项。这3项指标是做得最成功的方面,这在以后的教师专业发展和相关政策中,值得总结和发扬。

指标22(注重职业形象,言行、衣着得体,举止文明礼貌),平均得分为4.55分。

指标21(廉洁从教,抵制社会不良风气,反对利用职务之便牟取私利),平均得分4.53分。

指标19(尊重自己的同事,维护同事发表不同意见的权利,不把自己的意见强加于人,以宽容的态度对待他人),平均得分4.46分。

其六,我国各类小学教师群体在专业素质上的差异情况:总体上讲,从年龄角度、教龄角度、性别角度、职称角度来看,不同年龄的小学教师的在5个领域的专业素质的总均值不存在显著性差异;就各个领域来讲,不同小学教师群体之间在部分领域存在差异。

2. 关于我国中学教师专业素质现状的结论

通过调查研究,关于我国中学教师专业素质的现状,可做如下结论。

其一,我国中学教师专业素质的总均值为3.93分(满分为5.00分),即为中等偏上。

其二,在53个素质指标中,我国中学教师的平均得分处于3.41~4.35分(满分为5.00分),即处于"良"和"中"这两个等级。

其三,就职业理念、职业操守、专业知识、专业能力和身心健康这5个领域而言,5个领域的平均值从高到低依次是职业操守、专业能力、专业知识、职业理念、身心健康;

职业操守这个领域的平均得分为"良",其他4个领域的平均得分为"中";平均得分最低的领域是身心健康领域,身心健康领域的素质情况令人担忧,这是在制定相关的政策和进行相关的实践时需要特别注意的。

其四,在53个素质指标中,平等得分最低的3项指标如下,这3项指标是目前我国中学教师做得最不足的方面,特别需要反思其问题,这也是相关政策和实践需要关注的重中之重。

指标8(有全球化的教育视野),平均得分为3.41分。

指标51(重视体育锻炼,能坚持有计划、有针对性地参加各种体育活动,提高身体素质),平均得分3.56分。

指标49(有基本的医药、保健知识,能预防常见的教师职业病),平均得分3.58分。

其五,53项指标中平均得分最高的3项指标如下,这是我国中学教师做最好的3项指标,特别值得总结其经验,也很值得关注。

指标20(廉洁从教,抵制社会不良风气,反对利用职务之便牟取私利),平均得分为4.35分。

指标21(注重职业形象,言行、衣着得体,举止文明礼貌),平均得分4.32分。

指标15(在教育过程中,不实施简单粗暴的教育,不对学生进行言语上的侮辱和身体上的伤害),平均得分4.28分。

其六,我国各类中学教师群体在专业素质上的差异情况:从年龄来看,在身心健康领域,不同年龄的中学教师之间不存在显著差异,而在其他4个领域的得分平均值和5个领域的得分总均值上,30岁以下的教师得分最低,这需要特别关注;从教龄来看,在身心健康领域,不同教龄段的中学教师之间不存在显著差异;而在职业理念、职业操守、专业知识、专业能力这4个领域中,以及在5个领域的得分总均值上,都是教龄为1~5年的中学教师得分最低,这个群体特别需要关注;从学校类别看,在5个领域的专业素质平均得分和各个领域得分的总均值上,都是一般中学的教师低于重点中学的教师,也就是说,无论从整体来看还是从各个领域来看,都是一般中学教师的专业素质相对较低,这也是需要特别关注的。

三、建议

根据对我国教师专业素质研究过程及其研究结论,特提出以下建议。

(一) 关于研制中小学教师专业标准的建议

1. 加强教师专业标准的理论与实践研究

教师专业标准的研究势在必行,作为国家教育法规的顶层设计,教师专业标准的研究应该经历理论研究、调查研究、教育政策研究、教育法规研究、比较教育研究等研究过程,注意教师专业标准的系统性、连续性和发展性,避免相关政策的相互抵牾与前后矛盾。

2. 教师专业标准应该具有可操作性

专业标准应该立足于解决教师专业发展过程中必须解决的问题，以调查研究为客观依据，以学术研究为学理支撑，以比较研究为借鉴参照，有针对性地设计相关指标。专业标准应该具有较强的可操作性，能够检测、评价（或评估），避免宏观、空洞、不切实际的要求，增强教师专业标准的实践价值。

3. 科学设计教师专业标准的结构系统

本课题研究把教师专业素质结构分为职业理念、职业操守、专业知识、专业能力、身心健康5个领域。调查研究表明，这5个领域都是很重要的，尤其是身心健康领域。传统教育对教师身心健康的重要性认识不足，需要对其重新审视和认识。本次调查表明，不少教师已经开始认识和反思教师身心健康对教学工作的重要性。而且现代社会的时代病严重影响到教师的身心健康。当代社会，一个身心不健康的人，无法胜任专业化的教育工作。所以，在制定教师专业标准时，应该全面考虑构成教师专业素质的各个组成部分。

4. 精心设计教师专业素质指标

发达国家的教师专业标准比较简约，一般包括30～50个素质指标。为了增强专业标准指标的可操作性，便于检测与评估，我国的教师专业标准指标可以适当细化。教师专业标准指标应该表意清楚，意义不交叉，无歧义。每个指标都有特定的要求，指向明确，能有效地指引中小学教师进行专业实践。

5. 专业标准的制定要充分考虑地区差异

我国经济发展不平衡，各地区之间的差异较大，这要求不同地区应该采用符合本地区实际情况的不同的教师专业标准。可做3种考虑：其一，可以按省（自治区、直辖市）市、县（区）制定本地区的教师专业标准；其二，可以按区域分为东部、中部、西部地区制定教师专业标准；其三，还可以在同一个教师专业标准中针对不同地区设计具有层级性的专业标准指标，以增强教师专业标准的适用性。

6. 分别制定不同学段的教师专业标准

幼儿园、小学和中学教师的教育教学要求之间有着显著不同，应该分别制定不同学段的教师专业标准。我们对不同学段的教师专业标准研制有3种意见：其一，可以分为幼儿教师专业标准、小学教师专业标准、中学教师专业标准；其二，可以分为幼儿教师专业标准、九年义务教育阶段教师专业标准、高中教师专业标准；其三，可以分为幼儿教师专业标准、小学教师专业标准、初中教师专业标准、高中教师专业标准。目前我们倾向于采用第一种意见。

尤其要注意幼儿教师专业标准的研制。学前教育是基础教育的起始阶段，对儿童未来的发展将产生重要的影响。目前，幼儿教育存在很多问题，迫切需要国家通过颁布幼儿教师专业标准，提高幼儿教师的专业素质。

7. 尽快制定和完善各类教师专业标准

不同学科的教师需要达到不同的专业素质要求，因此在中小学阶段，可以进一步制定各个主要学科的教师专业标准、班主任专业标准、教研组长专业标准、校长专业标准，从而构建中小学教师专业标准体系，使每个教师、每个教育工作者都清楚自己的职责和专业发展方向。通过教师专业标准的颁布，促进每位教师的专业发展。

（二）关于教师专业发展政策的建议

1. 根据教师专业标准制定相关教育标准

教师专业标准是其他教育标准的基础。教师专业标准颁布以后，应该以此为基础，制定教师教育课程标准、教师教育质量标准、教师教育机构资质标准、教师教育质量评价标准等标准体系，完善相关教育标准，通过多种标准的颁布，有效推进教师的专业发展，提升学校教育的质量。

2. 吸引一大批优秀青年从事教育工作

要提升教师队伍的专业素质，必须吸引大批优秀青年从事教育工作。首先，国家可以通过一系列奖励政策，鼓励优秀高中毕业生报考师范院校；其次，制定与颁布一系列政策吸引优秀大学毕业生从事教育工作。通过上述措施，为中小学奠定优秀的师资基础，保证中小学教师队伍是一个庞大的人才库，能为人民群众提供高质量的教育。

3. 进行教师资格制度的改革

我国现行的教师资格制度已经显得过时，需要以教师专业标准为依据，进行教师资格制度改革。这些改革主要有以教师专业标准为基础进行教师证书制度的改革，把不合格者阻挡在教师队伍之外；进行教师资格考试制度的改革，把优秀青年吸收进教师队伍；进行教师聘任制度的改革，使优秀青年进入合适的岗位，人尽其才；进行教师评价制度的改革，通过评价，有效提高教育教学质量；进行教师待遇制度的改革，真正实现教师工作的绩效与待遇（报酬）相匹配。

4. 特别关注年轻教师的专业发展

调查研究表明，年龄在30岁及其以下、教龄为1~5年的中小学教师的专业素质相对较薄弱，他们在职业理念、职业操守、专业知识、专业能力这4个领域的得分显著偏低，因此特别需要促进这个教师群体的专业素质的发展。

5. 特别关注一般中学的教师的专业发展

调查研究表明，一般中学教师与重点中学教师相比较，一般中学的教师在各个领域的专业素质，明显低于重点中学的教师，因此需要特别关注、促进一般中学的教师专业素质的发展，以实现中学教师专业素质的普遍提升，推进教育公平。

6. 显著地提高教师的待遇

应该显著地提高教师的待遇，包括工资收入。这是因为：第一，教师职业是需要高素质、强脑力劳动的职业，应该得到较高的待遇；第二，关于我国教师专业素质的现状调查表明，我国中小学教师的专业素质的水平较高，他们已有大量的智慧与劳动付出，因此广大教师应该获得较高的待遇；第三，要进一步提升教师的专业素质，要吸引大量的优秀人才加入教师队伍行列，就需要显著地提高教师的待遇；第四，访谈表明，相关人员都认为现在教师的待遇偏低，需要显著提高。

7. 提高教师队伍的质量，扩大教师队伍规模

第一，现代教育要提高个性化程度，要让教师有时间、有精力关注每个学生，促进每个学生的发展，就需要增加教师的数量，以减少每个教师负责的学生人数。本项调查研究表明，现在的幼儿园教师及中小学教师工作负担太重，需要从事教育教学工作的时间太长，因此他们没有充足的时间来学习和实现自己的专业发展，没有充足的时间用于促进身心健康，这些对教师们产生了较严重的不良影响，解决这一问题的根本途径是扩大教师队伍规模，以减少每个教师的基本工作量。应该显著地扩大教师队伍规模，减少班级学生人数，以利于因材施教。第二，当前社会生产力已达到相当高的发展水平，有条件通过扩大教师队伍的规模减少教师的工作量，提高教育质量。第三，通过减少班级人数，扩大教师队伍规模，还可以解决相当一部分师范大学毕业生的就业问题。

8. 关注教师生活并提供有效指导

调查表明，教师在生活上存在着一些困难和困惑，这些困难和困惑形成教师的职业倦怠情绪，不仅影响着教师的幸福感，而且影响着教师的工作积极性和工作潜力的发挥。例如，在问卷二的调查中，有些教师表示不热爱教师职业，原因就在于无法照顾家庭；有些教师之所以身心健康状况较差，原因之一就在于生活压力较大，无法充分顾及身心健康；还有些教师缺乏美好生活所需要的知识，因此需要对他们提供有效的指导。国家在制定教师政策和实施实际的教师教育、教师管理时，应该关注教师的整个生活，并为教师的生活提供有效的指导。

附录一 重要术语

1. 教师专业素质

教师专业素质（teacher professional quality）指教师作为一个专业工作者所应该或者实际所具备的素质。本报告把教师专业素质具体化为职业理念、职业操守、专业知识、专业能力、身心健康等5个领域。

2. 专业

《现代汉语词典》关于"专业"（profession）的解释：①高等学校的一个系里或中等专业学校里，根据科学分工或生产部门的分工把学业分成的门类；②产业部门中根据产品生产的不同过程而分成的各业务部门；③专门从事某种工作或职业的；④具有专业水平和知识。① "专业"一词最早是从拉丁语演化而来的，原始的意思是公开地表达自己的观点或信仰。德语中"专业"一词是指具备学术的、自由的、文明的特征的社会职业。凯尔·桑德斯认为，专业是指一群人在从事一种需要专门技术之职业，这种职业需要特殊的智力来培养和完成，其目的在于提供专门性的社会服务。② 根据上述解释，结合国内外相关研究，我们认为，专业即具有丰富的专门知识和复杂的从业技术，需要进行多年教育和训练，达到特定的从业标准的专门职业。

3. 专业标准

《辞海》将"专业标准"（professional standards）定义为"全国性各专业范围内的技术标准"③。据此，我们将专业标准定义为是一个专门职业的行业标准，是经过公认的权威机构或授权单位制定和颁布，作为该行业共同遵守的准则和依据。其基本内容是对从业人员的教育水平、职业道德、专业知识、专业能力等的规范要求。一般采用专门的技术分类体系，具有法律性和约束性，同时具有有效期。

4. 教师专业标准

教师专业标准（teacher professional standards）是教师作为一个合格的教师，在教育教学活动和自身发展方面应该达到的专业要求和水准。通过制定这样的标准，使每个教师对职业生涯中应该做什么、怎么做、怎么发展心中有数，目标明确。"教师专业标准是遴选教师的依据，是培训教师的指南，是评价教师的尺度，是引领教师自身成长的导向，还

---

① 中国社会科学院语言研究所词典编辑室. 现代汉语词典 [M]. 北京：商务印书馆，2012.
② 台湾师范教育学会主编：教师专业 [M]. 台北：台湾师大书苑，1992.
③ 辞海 [M]. 上海：上海辞书出版社，1999.

是提高整个教师队伍素质或水平的依据。"① 概言之，教师专业标准是教师从事教育工作应该遵循的行业规范，它规定了教师从业者应该具有的职业条件和行为准则，是推进教师专业化发展的制度设计，具有评估教师专业基本素质，引导教师专业发展的功能。

5. 教师专业发展

教师专业发展（teacher professional development）是指教师作为专业人员，在专业思想、专业知识、专业能力等方面不断发展和完善的过程，即是专业新手到专家型教师的过程。

6. 教师教育

教师教育（teachers education）是对教师培养和培训的统称，就是在终身教育思想的指导下，按照教师专业发展的不同阶段，对教师实施职前培养、入职培训和在职研修等连续的、可发展的、一体化的教育过程。从"师范教育"到"教师教育"并不是简单的概念替换，而是标志着教师培养进入到一个新的历史阶段，是教育发展的内在要求。"教师教育"相较于"师范教育"内涵更为丰富，更为适应于当今世界的科技知识的更新加速和教育普及程度的提高。由"师范教育"向"教师教育"的转变直接关系到我国基础教育师资培养的制度、模式、方法、标准、课程设置、权利责任，关系到我国基础教育的发展水平，是一项复杂而又意义重大的系统工程。

7. 终身学习

终身学习（lifelong learning）是指社会每个成员为适应社会发展和实现个体发展的需要，贯穿于人的一生的、持续的学习过程。这是不断发展变化的客观世界对人们提出的要求。人类从诞生之日起，学习就成为整个人类及其每一个个体的一项基本活动。不学习，一个人就无法认识和改造自然，无法认识和适应社会；不学习，人类就不可能有今天所达到的一切进步。学习的作用又不仅仅局限于对某些知识和技能的掌握，学习还使人聪慧文明，使人高尚完美，使人全面发展。正是基于这样的认识，人们始终把学习当做一个永恒的主题。终身学习强调人的一生必须不间断地接受教育和学习，以不断地更新知识，保持应变能力，其理念正好符合时代、社会及个人的需求，因此终身学习理念一经提出，就获得前所未有的重视。

8. 职业价值观

价值观是指一个人对周围的客观事物（包括人、事、物）的意义、重要性的总评价和总看法。教师的职业价值观（vocational values）指教师的教育信念、教育理想系统。教师的职业价值观往往和他的有关教育教学的认知相联系，是他的知识、能力和人生观等在头脑中的反映和积淀。教师的职业价值的信念、信仰和理想一旦形成，就会成为教师心目中用以衡量事物价值，权衡得失弃取的标准。人们就是用这样的标准去衡量、评判一切人和事物，从而得出自己的态度和选择。一个人的职业价值观则是他的人生和事业中最重要

---

① 李方，钟祖荣. 教师专业标准与发展机制：译文集 [M]. 北京：北京出版社，2004.

的精神追求、精神支柱和精神动力。

9. 职业理念

职业理念（vocational ideology）是指由职业人员形成和共有的观念和价值体系，是一种职业意识形态。职业理念是为保护和加强职业地位而起作用的精神力量，是在其职业内部运行的职业道德规范。树立正确的职业理念，将之作为教师职业生涯中的重要一环来对待，才能在一定的职业理念指导之下形成专业知识和专业能力，不断提高教师的专业素养。本书的职业理念主要是指对教师的教育观念、教育基本思想方面的专业素质要求。

10. 职业道德

职业道德（professional ethics）是职业品德、职业纪律、专业胜任能力及职业责任等的总称，属于自律范围，它通过公约、守则等对职业生活中的某些方面加以规范。是人们在职业生活中应遵循的基本道德，是一般社会道德在职业生活中的具体体现。它既是对职业人员在职业活动中行为的要求，同时又是本职业对社会所负的道德责任与义务。

11. 职业操守

职业操守（vocational rules）是指人们在从事职业活动中必须遵从的最低道德底线和行业规范。它是人们在职业活动中所遵守的行为规范的总和。它既是对从业人员在职业活动中的行为要求，又是对社会所承担的道德、责任和义务。任何职业，都必须具备良好的职业操守。职业操守具有基础性、制约性、引导性等特点，凡从业者必须做到。本书的职业操守主要指教师的职业道德、职业习惯方面的素质要求。

12. 专业知识

专业知识（professional knowledge）是人们从事某项专业工作所需要的知识的总称。教师的专业知识是对教师从事教育教学工作所具备的知识的要求。专业知识的分类标准不一，较多的学者认为，教师专业知识包括本体性知识、条件性知识、实践性知识和操作性知识。教师的本体性知识是指教师所具有的特定的学科知识；条件性知识是指教育学、心理学和教法等相关的教育心理方面的知识；实践性知识是指教师在面临实现有目的的行为中所具有的课堂情景知识及与之相关的知识，具体地说，这种知识是教师教学经验的积累。本书的专业知识，涵盖教师从事教育工作所需要的知识方面的素质要求。

13. 学科教学知识

学科教学知识（pedagogical content knowledge，简称 PCK）是美国舒尔曼提出的教师知识结构论。这一概念提出以来（1986），其内涵与结构不断演变。教师 PCK 是教师关于如何将自己所知道的学科内容，以学生易于理解的方式加工、转化给学生，帮助学生实现知识的内化。PCK 基于经验反思，与学科内容相关，具有实践性、个体性及情境性的特征。PCK 被认为是国际教师教育理论的重要成果。

14. 专业能力

专业能力是教师从事教学工作所需具备的专业能力（professional ability）。本书所说的教师专业能力是广义的，是教师出色承担教学工作所应该具有的教师专业素质的总称，内容涵盖与教学有关的认知、技能、情感及教育理念。教师专业能力是教师胜任教学工作，展现教师专业水平的外在表现及行为结果，包括教育能力、教学能力、教学管理能力、教学研究能力和反思能力。专业能力指教师从事教育工作所需要的能力方面的素质要求。

15. 心理健康

心理健康（mental health）是一个人智力和人格发展、潜能开发、道德品质形成、积极适应社会的前提，是一个人整体素质形成和发展的基础。心理健康是一个人心理各方面及和社会环境之间处于一种积极协调、统一的状态。心理健康的儿童，情绪愉悦稳定，生活态度积极，人际关系和谐，行为能自我控制。"健康"一词不单单指生理正常无病痛，还包括更为重要的心理健康。儿童具有吸收性心智，是形成健康的独立意识的关键时期。独立意识是在他们的成长过程中，与同伴、成人直接接触中感受最为真切、最为深刻的社会性行为。教师将教育理论和日常教育的经验结合起来，帮助儿童建立健康的心态，是专业化教师的一项重要社会责任。

16. 教师角色

教师角色（teachers' role）是教师在一定的社会环境中所承担的职业责任和行为。教师的角色包括两个方面：一是教师的实际角色，二是教师的被期望角色。教师的专业发展是教师根据个人、学生、社会的要求，逐渐转换自身的教师角色的过程。

17. 教学反思

教学反思（teaching reflection）是教师以自己的教学活动过程为思考对象，对自己做出的教学决策、教学行为及由此所产生的结果进行审视和分析，总结经验教训，进一步提高教育教学水平的过程。教学反思是教师对教育教学实践的再认识、再思考，是教师提高个人业务水平的一种有效手段。反思是理论和实践之间的对话，是它们两者之间相互沟通的桥梁。它主要通过提高参与者的自我觉察水平来促进教学能力的发展。

18. 心理环境

心理环境（mental environment）指环境对人的学习、工作、生活所形成的特定的心理状态。心理学理论认为，不管是人意识到的事件，还是没有意识到的事件，如果它们成为心理的实在，都可影响人的行为。良好的心理环境，是教学成功的重要条件。因此，优秀教师，一定要为学生学习创设良好的心理环境。让儿童感受到教师对他的关注、尊重，使他们有一种被重视感，感到自己为教师所关心、喜爱，从而得到一种安全的愉快的情绪体验。这种积极的情绪体验，有助于儿童保持活泼、开朗的情绪，形成良好个性，促进心智的发展。

19. 知识产权

知识产权（intellectual property rights）是关于人类在社会实践中创造的智力劳动成果的专有权利。各种智力创造，如发明、文学和艺术作品，以及在商业中使用的标志、名称、图像及外观设计，都可被认为是某一个人或组织所拥有的知识产权。随着科技的发展，为了更好保护产权人的利益，知识产权制度应运而生并不断完善。当前，侵犯专利权、著作权、商标权等侵犯知识产权的行为越来越多，表明知识产权与人们的生活息息相关，到处充满了知识产权。为了推进人类文明、进步，必须保护知识产权，通过学校教育，使学生树立知识产权意识。

20. 职业规划

职业规划（career planning）是人们对职业生涯乃至人生进行持续的系统的计划的过程。它包括职业定位、目标设定、通道设计3部分内容。职业规划是指个人发展与组织发展相结合，在对个人和内外环境因素进行分析的基础上，确定一个人的事业发展目标，并选择实现这一事业目标的职业或岗位，编制相应的工作、教育和培训行动的计划，对每一个步骤的时间、项目和措施做出合理的安排。

21. 多元文化

多元文化（multiculture）是指人类文化的多种性和多样性。多元本身是多个、多种的意思。在全球化的时代，各种文化的发展均面临不同的机遇和挑战，新的文化也将层出不穷。多元文化教育是指一个国家以本国的主要文化或主要民族文化为基础和主要内容，对少数民族或移民学生所进行的一种多文化教育，以使他们能更好地理解和适应主要文化，并保持文化的多样性和对"源文化"的继承。这里的"源文化"指的是在学习主要文化或主要民族文化的同时所要学习的本民族传统文化。我们在现代复杂的社会结构下，必然需要各种不同的文化服务于社会的发展，这就造就了文化的多元化，也就是复杂社会背景下的多元文化。

22. 全球化

全球化（globalization）是人类社会发展的一种过程。全球化指全球联系不断增强，世界日益成为一个不可分割的整体。地区与地区之间、民族语民族之间、国家与国家之间在政治、经济、文化、贸易上互相依存，互相联系。

23. 人文关怀

人文关怀（humanistic care）的主要含义是对人的生存状况的关注，对人的尊严和符合人性的生活条件的肯定。人文关怀体现为尊重人的本质，维护人的利益，满足人的需求，促进人的生命力和创造力的张扬。教育是人性化的事业，教育工作只有全面关注人的本性，特别是尊重并培养人的主体能动性，促进人的健康成长和全面发展，才能从根本上满足人性的发展需要。

24. 监护人

监护人（guardian）是对无民事行为能力和限制民事行为能力的人（如未成年人或精神病人）的人身、财产和其他合法权益负有监督和保护责任的人。监护人必须具有完全行为能力，并依法律规定产生。一般来说，未成年人、精神病患者及其他有严重精神障碍的人，都应设置监护人。我国《民法通则》规定的监护人有以下3种情况：监护人的近亲属，包括父母、成年子女、配偶、兄弟姐妹、祖父母、外祖父母、孙子女、外孙子女；关系密切的其他亲属和朋友；所在单位或者居委会、村委会或者民政部门。

25. 隐私权

隐私权（right of privacy）是指权利主体享有的私人生活安宁与私人信息秘密，并且依法受到保护，不被他人非法侵扰、知悉、收集、利用和公开的一种人格权利，而且权利主体对他人在何种程度上可以介入自己的私生活，对自己是否向他人公开隐私，以及公开的范围和程度等具有决定权。

26. 幼儿游戏

游戏是儿童在快乐中学会某种本领的活动。游戏是各种动物熟悉生存环境、彼此相互了解、练习技能，进而获得生存本领活动。所以，游戏是为了将来面对生活的一种准备活动。《辞海》将游戏定义为以直接获得快感为主要目的，且必须有主体参与互动的活动。所以，幼儿游戏（games for kids）是幼儿园教学的重要课程内容。

附录二 我国教师专业标准及专业素质要求的建议

一、我国发达地区合格教师专业标准建议

(一) 我国发达地区幼儿合格教师专业标准

1. 职业价值观

(1) 对幼儿教育的意义有充分的认识，努力追求幼儿教育的成功和完美

幼儿教师应该树立正确的儿童观，对幼儿的成长负责。

把握幼儿教育专业的特点，认识幼儿教育的价值、功能、地位、目标。

认识教育过程是教师、家长与幼儿共同追求成功的过程。

认识教师职业不仅能享受到幼儿进步带来的快乐，也能感受到自我发展带来的快乐。

(2) 有实事求是的态度，有独立的人格和良好的思维品质

有客观的自我认识和积极的自我态度。

认识良好思维品质的重要性，尤其要培养幼儿的创造性思维品质。

(3) 树立多元文化的价值观，追求教育公平

具有全球化的教育视野。

理解与热爱中华民族文化，能用幼儿喜爱的形式传承优秀的传统文化。

努力在幼儿生活中贯彻社会公正的观念，鼓励幼儿在交往中做到公正、公平、互相尊重。

消除各种歧视，使每一位幼儿都拥有平等的学习机会。

(4) 有强烈的人文情怀

有强烈的生命意识，珍爱生命，关爱自然。

具有同情心，关怀、同情他人的不幸与苦难，关怀残疾幼儿。

(5) 树立终身学习的理念

明确学习型社会的特点，认识终身学习的意义。

明确教师既是教育者也是学习者。

树立持之以恒的学习信念。

2. 职业操守

(1) 了解国家的政策、法规，清楚地知道教师的责任和权利，熟知幼儿的权利和义务

学习、理解并遵守国家宪法，了解并贯彻党和政府的政策方针。

熟知和掌握国家颁布的《教育法》《义务教育法》《教师法》《幼儿园管理条例》《幼儿

园规程》及《中小学教师职业道德规范》(含幼儿园教师)等法规,并在教学实践中加以落实。

熟知《未成年人保护法》《幼儿权利公约》等有关维护青少年权益的法规,清楚幼儿的权利和义务。

了解知识产权的基本含义,尊重和维护知识产权。

(2) 有强烈的公民意识,参与并引导幼儿积极认识社会

认识到教师是社会负责任的公民,自觉履行公民的责任和义务,以一个合格公民的标准来规范自己的言行。

对社会发展持积极态度,对生活充满信心。

(3) 尊重幼儿人格,关心每一个幼儿的进步与成长,注重幼儿全面和谐发展

了解并尊重幼儿的差异,根据幼儿的实际情况采取个性化的教育手段。

以赏识的态度对待每一个幼儿的点滴进步,激发幼儿的学习兴趣,增强幼儿的自信心。

在教育过程中保持稳定的情绪,不对幼儿实施简单粗暴的教育,不进行言语上的侮辱和身体上的伤害。

尊重幼儿的隐私权,保护幼儿的隐私。

遵守与幼儿教育相关的法律及合法且合乎伦理的专业行为准则。

(4) 在道德行为和品质上为幼儿树立良好的榜样,为幼儿的发展创造良好的道德养成环境

有明确的是非观,具有明辨是非的能力,培养幼儿的正义感。

注意言行的规范,举止文明礼貌,作风正派,严于律己,做一名称职的班级管理者。

廉洁从教,反对利用职务之便牟取私利;遵纪守法,抵制社会不良风气。

有育人意识,使幼儿从小养成良好的习惯,成长为有道德、有修养的社会公民。

(5) 尊重家长/监护人积极发挥家长/监护人在幼儿教育工作中的作用

认识家长/监护人参与幼儿教育工作的作用,认真听取家长/监护人的意见,采纳合理建议,改善自身的教育工作。

平等对待每一位家长/监护人,不因家长/监护人社会地位和文化背景的差异而区别对待,与幼儿家长/监护人建立良好的互信关系。

如实与家长/监护人沟通,及时交流幼儿的信息,共同为幼儿创设良好的发展空间。

3. 专业知识

(1) 关于幼儿教师职业的知识

了解幼儿教师专业的特点,认识幼儿教师专业需要独特的知识和技能,具有不可替代的专业特征。

了解幼儿教师职业生涯规划和职业发展的知识。

(2) 关于幼儿发展的知识

掌握幼儿生理发展特点的知识。

掌握幼儿情感、态度、认知发展特征的知识。

掌握引导与调节幼儿心理健康的知识和方法。

了解幼儿个体的生活情况、日常习惯、能力倾向等，通过对幼儿的观察、与幼儿的交流和家长的互动了解幼儿的潜能，设计个性化的教学方案。

了解当前关于幼儿发展和认知方面的研究成果和相关理论。

认识到幼儿有自我发展的潜力，在有一定的条件下幼儿可以实现适度超前发展。

（3）关于幼儿领域活动的知识

掌握卫生保健的知识，帮助幼儿养成良好的个人生活卫生习惯。

具有自然环境的知识，促进儿童认识四季特征、动植物基本特征及与环境的知识。

掌握基本的自然科学知识，能帮助儿童认识声、光、电、磁、力、弹性、天文、颜色的变化及其在人们生活中的作用。

掌握基本的数学原理，帮助儿童认识数、量、形、时间、空间关系，发现生活中的数学，发展儿童的思维能力。

阅读一定量的故事、儿歌、散文等儿童文学作品，帮助儿童提高阅读水平。

掌握音乐、舞蹈、美术和手工制作等基本知识，知道一种乐器的演奏方法。

（4）关于幼儿教育的知识

能通过开展游戏、自由探究、有引导的发现、创造性的戏剧表演等多种教学方法，为幼儿提供大量发展想象力的机会。

具备幼儿园一日生活活动指导的知识。

具备设计、组织实施和评价幼儿园的游戏和区域活动的知识。

具备幼儿园各领域活动设计、实施与评价的知识。

4. 专业能力

（1）具有观察、评估幼儿学习的能力

认真细致地观察幼儿的游戏与学习活动，使观察、评估幼儿成为日常性的工作。

对每一个幼儿的具体情况进行判断与评价，并据此确定每个幼儿的阶段性发展目标，制订符合每个幼儿实际状况的发展与学习计划。

经常把评估的信息反馈给幼儿、家长及其他专业工作者，并与他们进行交流。

（2）创设良好的学习环境的能力

运用各种物质条件创设有利于幼儿获得知识、发展感情和形成生活技能的物质环境。

通过自我与幼儿情绪的调控，为幼儿营造安全、平等、自信、友爱的心理环境的能力。

（3）具备设计、实施和评价教育活动的能力

能科学设计、实施和评价幼儿健康、语言、科学、社会、艺术等活动。

能科学设计、实施和评价幼儿园游戏和区域活动。

认识到教育技术对促进幼儿学习的重要性，能够适当地运用多种教育技术为幼儿的学习提供帮助。

鼓励幼儿发现问题，向周围世界质疑，学会用多种方法解决问题。

（4）沟通与合作的能力

善于与幼儿进行有效沟通并获得幼儿的信任。

能够和家长、教育专家等一起进行有效的合作，通过协商来解决教育教学中的一系列问题。

能够客观公正地评价其他教师，通过有效的方式支持合作团队的发展。
（5）组织管理与应变能力
对班级进行组织、管理和监督的能力。
具备一日活动中幼儿安全护理与健康护理的能力。
懂得幼儿的一般需要和特殊需要，知道何时需要适当的干预或支持、引导幼儿的行为。
掌握摔伤、火灾、触电、地震等意外事故的急救方法，具备处理突发事件的应变能力。
（6）专业发展能力
了解幼儿发展和认知方面的最新研究成果。
通过各种方式促进自己对教育实践的反思。

5. 身心健康

（1）具备基本的身心健康知识
有基本的医药、保健知识，预防传染病，防治常见职业病。
能适应变化的环境，善于处理人际关系。
具有协调和控制情绪的能力，有良好的心态。
正确面对困难和挫折。
（2）具有合理的物质需要和精神文化需要
通过自身的劳动获得衣、食、住、行的基本物质需求。
认识追求物质利益不是生活的唯一目标。
积极参加各种文化活动，扩展生活领域，提高自身的文化修养。
努力营造和谐温馨的家庭氛围。
（3）养成积极、健康、合理的生活和工作习惯
科学安排生活，工作有规律，劳逸结合。
根据自身的身体状况选择适当的运动方式，坚持必要的体育锻炼，保持身体健康。

（二）我国发达地区小学合格教师专业标准建议

1. 职业价值观

（1）对教育的意义有充分的认识，努力追求教育的成功和完美
认识教育的价值、功能、地位、目标。
认识小学教师的职业特点，明确教师的职业责任。
认识教育过程是师生共同追求成功的过程，不断追求教学的成功和完美。
认识教师职业不仅能享受到学生进步带来的快乐，也能感受到自我发展带来的快乐。
（2）有实事求是的态度，有独立的人格和良好的思维品质
实事求是，坚持实践是检验真理的唯一标准。
不唯上、不唯书，尊重客观事实，崇尚科学精神，勇于追求科学真理。
有客观的自我认识和积极的自我态度。
认识良好思维品质的重要性，培养批判性思维和创新性思维品质。

(3) 树立多元文化的价值观，追求教育公平

具有全球化的教育视野。

热爱中华民族文化，树立批判继承的观点，传承优秀的传统文化。

认识不同民族的文化构成了人类文化的丰富性，尊重各民族不同的文化。

认识意识形态的差异对教育的影响。

消除各种歧视，追求教育平等。

(4) 树立终身学习的理念

明确学习型社会的特点，认识终身学习的意义。

明确教师既是教育者也是学习者。

树立持之以恒的学习信念。

(5) 有强烈的人文情怀

有强烈的生命意识，珍爱生命。

具有强烈的环保意识，关爱自然。

关注人类的和平、生存与发展。

具有同情心，关怀、同情他人的不幸与苦难。

关怀残疾儿童。

2. 职业操守

(1) 了解国家的政策、法规，清楚地知道教师的责任和权利，熟知学生的权利和义务

学习、理解并遵守国家宪法，了解并贯彻党和政府的政策方针。

熟知和掌握国家颁布的《教育法》《义务教育法》《教师法》《职业教育法》及《中小学教师职业道德规范》等法规，并在教学实践中加以落实。

熟知《未成年人保护法》等有关维护青少年权益的法规，清楚学生的权利和义务。

了解知识产权的基本含义，严守学术规范，尊重和维护知识产权，增强学生的知识产权意识。

(2) 有强烈的公民意识，能正确认识社会，参与并引导学生积极建设社会公正与和谐

认识教师是社会负责任的公民，自觉履行公民的责任和义务，以一个合格公民的标准来规范自己的言行。

主动维护社会的团结与稳定，引导学生增强大局观念。

对社会发展持积极态度，对改进社会弊端充满信心。

在教学中倡导民主精神，努力将社会公正的观念贯彻在课堂教学和日常工作中。

热心参加公益事业和社会活动。

(3) 尊重学生人格，关心每一个学生的进步与成长，注重学生全面和谐发展

了解并尊重学生的差异，根据学生的实际情况采取个性化的教育手段。

以赏识的态度对待每一个学生的点滴进步，激发学生的学习兴趣，增强学生的自信心。

在教育过程中保持情绪稳定，不实施简单粗暴的教育，不对学生进行言语上的侮辱和身体上的伤害。

尊重学生的隐私权，保护学生的隐私。

（4）在道德行为和品质上为学生树立良好的榜样，为学生的发展创造良好的道德养成环境

有明确的是非观，具有明辨是非的能力，培养学生的正义感。

注意言行的规范，举止文明礼貌，作风正派，严于律己，做一名称职的班级管理者。

廉洁从教，反对利用职务之便牟取私利；遵纪守法，抵制社会不良风气。

积极参与学校的德育工作，使学生成长为有道德、有修养的社会公民。

（5）尊重家长/监护人，积极发挥家长/监护人在学校教育工作中的作用

认识家长/监护人参与学校教育工作的作用，认真听取家长/监护人的意见，采纳合理建议，改善自身的教育工作。

平等对待每一位家长/监护人，不因家长/监护人社会地位和文化背景的差异而区别对待。与学生家长/监护人建立良好的互信关系。

如实与家长/监护人沟通，及时交流学生的信息，共同为学生创设良好的发展空间。

（6）认识团队精神在教育工作中的独特价值，积极开展合作与交流

真诚对待自己的同事，善于发现他人的长处，维护同事发表不同意见的权利。

客观认识自己的长处与不足，虚心向同事学习，不把自己的意见强加于人。

正确认识自己在团队中的位置，团结互助，共同完成任务。

以宽容的态度对待他人的错误，善于化解矛盾。

（7）热心参加公益事业和社区活动

积极参加各类慈善活动、志愿者活动等公益活动。

以积极的行动支持对经济欠发达地区的支教助学活动。

关注并支持所在社区的建设与发展。

3. 专业知识

（1）关于小学教师职业的知识

了解小学教师专业的内涵、专业特征，明确小学教师专业所需要的独特知识和技能。

了解教师职业生涯规划和职业发展的知识。

（2）关于学生的知识

掌握小学阶段低、中、高不同学段学生的生理发展特点和相关知识。

掌握小学阶段低、中、高不同学段学生的心理发展特点和相关知识。

掌握引导与调节小学生心理健康的知识和方法。

掌握小学生已有的经验和相关学科学习心理的知识。

了解与小学生有关的医疗、保健、传染病预防等卫生知识。

了解处理小学生意外伤害事故的相关知识，以及面临自然灾害时，保护学生的方法。

（3）关于学科的知识

掌握所教学科的体系结构、基本概念和基本原理。

掌握所教学科的基本的学习和研究方法。

了解所教学科的历史、现状和发展趋势，以及相关的文化背景知识。

了解相关学科的知识及所教学科在整个知识体系中的地位和作用。

(4) 关于教学的知识

掌握所教学科课程标准的基本内容。

掌握所教学科教材的体系、功能、呈现方式和使用方法。

掌握所教学科课程资源开发的途径和方法。

掌握综合课程开发所需要的知识。

掌握学生基本的学习方式和主要的教学方法。

掌握课堂管理、组织教学的基本知识。

掌握基本的课程评价和教学评价的相关知识。

掌握创设学生学习环境的途径和方法。

(5) 关于社会文化、科学的知识

了解人类社会历史文化发展的基本常识及儿童所关注的社会文化问题。

了解自然科学的基本常识及儿童关注的科学问题。

了解当今人类社会发展所面临的主要问题。

具备一定的音乐、美术素养和审美知识。

4. 专业能力

(1) 认识学生的能力

能运用各种研究方法分析学生的思想品德状况。

能运用各种研究方法分析学生的个性特点和兴趣爱好。

能运用各种研究方法判断学生的学习准备情况。

能运用各种研究方法判断学生的学习风格。

(2) 交流和沟通能力

能运用多种方法与学生进行有效沟通。

能运用多种方法与同事进行有效合作。

能运用多种方法与家长进行有效协作。

能运用多种方法与社区、社会团体联络,获取有益的教育资源。

(3) 教学基础能力

能写规范的"三笔字"(钢笔字、毛笔字、粉笔字),掌握汉字书写技能。

能用标准普通话清晰而有条理地陈述教学内容,开展教学活动。

掌握常用工具书的使用方法,能使用工具书解决专业知识和疑难问题。

能制作简单的教具、学具。

(4) 教学实施能力

能根据课程要求和学生实际进行有效的教学设计。

能根据学生的兴趣和年龄特点有效地组织课堂教学。

能根据学生的学习情况及时调整教学进程,改进教学方法。

能运用多种方法促进学生对知识的巩固和迁移,帮助学生开展自主学习。

能运用各种评价手段,及时评价教学过程和教学结果。

能运用多种方法对学生个体开展课后辅导。

能运用教学研讨、案例研究、课后小结等多种方法反思课堂教学。

(5) 班队管理能力

能运用多种教育方法组织和培育班集体。

能运用多种途径和方法组织开展各类班、队活动。

能针对学生问题行为进行有效的指导。

能有效地进行家庭与学校的合作。

(6) 现代教育技术的运用能力

掌握各类教育技术操作方法。

能利用网络收集学科教学资源。

能制作多媒体课件。

能根据课程、学生、教师特点正确有效地运用教育技术。

5. 身心健康

(1) 生理健康

了解人体的生理结构和特点。

了解基本的医药与自我保健的知识和方法。

掌握预防教师职业病的相关知识和方法。

(2) 心理健康

能适应环境的变化，善于处理人际关系。

具有良好的心态及调整和控制情绪的能力。

掌握基本的排解心理压力的方法。

(3) 生活和工作方式

科学安排学习、工作与生活，注意劳逸结合。

坚持必要的体育锻炼，保持身体健康。

(三) 我国发达地区中学合格教师专业标准建议

1. 职业价值观

(1) 对教育的意义有充分的认识，努力追求教育的成功和完美

认识教育的价值、功能、地位、目标。

认识教师的职业特点，明确教师的职业责任。

认识教育过程是师生共同追求成功的过程，不断追求教学的成功和完美。

认识教师职业不仅能享受到学生进步带来的快乐，也能感受到自我发展带来的快乐。

(2) 有实事求是的态度，有独立的人格和良好的思维品质

实事求是，坚持实践是检验真理的唯一标准。

不唯上、不唯书，尊重客观事实，崇尚科学精神，勇于追求科学真理。

有客观的自我认识和积极的自我态度。

认识良好思维品质的重要性，培养批判性思维和创新性思维品质。

(3) 树立多元文化的价值观，追求教育公平

具有全球化的教育视野。

热爱中华民族文化，树立批判继承的观点，传承优秀的传统文化。

认识不同民族的文化构成了人类文化的丰富性，尊重各民族不同的文化。

认识意识形态的差异对教育的影响。

消除各种歧视，追求教育平等。

（4）树立终身学习的理念

明确学习型社会的特点，认识终身学习的意义。

明确教师既是教育者也是学习者。

树立持之以恒的学习信念。

（5）有强烈的人文情怀

有强烈的生命意识，珍爱生命。

具有强烈的环保意识，关爱自然。

关注人类的和平、生存与发展。

具有同情心，关怀、同情他人的不幸与苦难。

关怀残疾儿童。

2. 职业操守

（1）了解国家的政策、法规，清楚地知道教师的责任和权利，熟知学生的权利和义务

学习、理解并遵守国家宪法，了解并贯彻党和政府的政策方针。

熟知和掌握国家颁布的《教育法》《义务教育法》《教师法》《职业教育法》及《中小学教师职业道德规范》等法规，并在教学实践中加以落实。

熟知《未成年人保护法》等有关维护青少年权益的法规，清楚学生的权利和义务。

了解知识产权的基本含义，严守学术规范，尊重和维护知识产权，增强学生的知识产权意识。

（2）有强烈的公民意识，能正确认识社会，参与并引导学生，积极建设社会公正与和谐

认识教师是社会负责任的公民，自觉履行公民的责任和义务，以一个合格公民的标准来规范自己的言行。

主动维护社会的团结与稳定，引导学生增强大局观念。

对社会发展持积极态度，对改进社会弊端充满信心。

在教学中倡导民主精神，努力将社会公正的观念贯彻在课堂教学和日常工作中。

热心参加公益事业和社会活动。

（3）尊重学生人格，关心每一个学生的进步与成长，注重学生全面和谐发展

了解并尊重学生的差异，根据学生的实际情况采取个性化的教育手段。

以赏识的态度对待每一个学生的点滴进步，激发学生的学习兴趣，增强学生的自信心。

在教育过程中保持情绪稳定，不实施简单粗暴的教育，不对学生进行言语上的侮辱和身体上的伤害。

尊重学生的隐私权，保护学生的隐私。

(4) 在道德行为和品质上为学生树立良好的榜样，为学生的发展创造良好的道德养成环境

有明确的是非观，具有明辨是非的能力，培养学生的正义感。

注意言行的规范，举止文明礼貌，作风正派，严于律己，做一名称职的班级管理者。

廉洁从教，反对利用职务之便牟取私利。遵纪守法，抵制社会不良风气。

积极参与学校的德育工作，使学生成长为有道德、有修养的社会公民。

(5) 尊重家长/监护人，积极发挥家长/监护人在学校教育工作中的作用

认识家长/监护人参与学校教育工作的作用，认真听取家长/监护人的意见，采纳合理建议，改善自身的教育工作。

平等对待每一位家长/监护人，不因家长/监护人社会地位和文化背景的差异而区别对待。与学生家长/监护人建立良好的互信关系。

如实与家长/监护人沟通，及时交流学生的信息，共同为学生创设良好的发展空间。

(6) 认识团队精神在教育工作中的独特价值，积极开展合作与交流

真诚对待自己的同事，善于发现他人的长处，维护同事发表不同意见的权利。

客观认识自己的长处与不足，虚心向同事学习，不把自己的意见强加于人。

正确认识自己在团队中的位置，团结互助，共同完成任务。

以宽容的态度对待他人的错误，善于化解矛盾。

(7) 热心参加公益事业和社区活动

积极参加各类慈善活动、志愿者活动等公益活动。

以积极的行动支持对经济欠发达地区的支教助学活动。

关注并支持所在社区的建设与发展。

3. 专业知识

(1) 关于教师职业的知识

了解教师专业的内涵，明确教师专业需要独特的知识和技能，具有不可替代的专业特征。

了解教师职业生涯规划和职业发展的知识。

(2) 关于学生的知识

掌握学生生理发展特点的知识。

掌握学生情感、态度、认知发展特征的知识。

掌握学生心理健康引导与调节的知识。

了解学生个体的学科知识基础、学习方法、学习习惯、能力倾向等。

了解学生家庭背景、社会环境及青少年文化等基本状况。

(3) 关于学科的知识

掌握所教学科的基本概念、原理及体系结构。

熟知所教学科学习和研究的方法。

了解所教学科的历史、现状和发展趋势。

了解相关学科的知识及本学科在整体知识体系中的地位和作用。

(4) 关于教学的知识

认真研读学科课程标准，掌握其基本内容，并能据此进行教学。

理解学科教材的体系、功能、编排方式和使用方法。

了解学科课程资源开发的基本知识。

知道自主、探究、合作等基本的学习方式，并能在教学过程中有针对性地、灵活地运用。

掌握课堂管理、组织教学的基本知识。

掌握基本的学科课程评价方式的知识。

(5) 关于社会文化背景的知识

了解中国历史文化发展的基本常识。

了解学科创造和发展过程中的社会文化背景知识。

了解当今世界发展的主题和面临的主要问题。

具备一定的艺术审美知识。

拓展阅读面，阅读一定数量的人文、社会和自然科学书籍。

4. 专业能力

(1) 了解学生

利用观察、座谈、调查等方法收集学生的有效信息并进行分析判断的能力。

了解学生个体差异和不同需要因材施教帮助学生成长的能力。

(2) 交流和沟通能力

与学生进行有效沟通获得信任的能力。

与同事协商合作解决疑难问题的能力。

与家长加强交流建立互信的能力。

与社会交往获取教育资源的能力。

(3) 教学能力

根据教学目标、教学内容和学生实际进行教学设计的能力。

把握知识呈现方式，激发学生兴趣，有效地组织课堂教学。

注意学生学习的过程，及时了解学生反馈的信息，调节教学进程，修正教学方法。

注意知识的巩固和迁移，拓展思路和视野，促进学生创造性学习。

运用基本的评价方法，全面评价教学过程和教学结果。

运用教学研讨、案例研究、课后小结等多种方法反思课堂教学。

(4) 组织管理能力

对班级进行有效管理的能力。

组织学生开展校内外综合性学习的能力。

有效组织集体活动的能力。

(5) 现代教育技术的运用能力

把握各类教育技术的基本功能和操作方法。

根据课程、学生、教师特点正确有效地运用教育技术的能力。

制作多媒体课件的能力。

(6) 教学基础能力

写好"三笔字"(钢笔字、毛笔字、粉笔字),熟练掌握汉字书写技能。

能用标准普通话清晰而有条理地陈述教学内容,开展教学活动。

了解科学发声的知识,掌握科学的发声方法,在教学活动中能正确发声。

掌握常用工具书的使用方法,并能使用工具书解决专业知识和疑难字词问题。

利用网络收集学科教学资源的能力。

5. 身心健康

(1) 具备基本的生理卫生知识

知道人体的基本结构和主要器官的基本功能。

掌握溺水、失火、触电等意外事故的急救方法。

有基本的医药、保健知识,预防传染病,防治常见职业病。

(2) 养成积极、健康、合理的生活和工作习惯

科学安排生活,工作有规律,劳逸结合。

根据自身的身体状况选择适当的运动方式,坚持必要的体育锻炼,保持身体健康。

(3) 有基本的心理健康知识

能适应变化的环境,善于处理人际关系。

具有协调和控制情绪的能力,有良好的心态。

正确面对困难和挫折。

(4) 合理的物质需要和精神文化需要

通过自身的劳动获得衣、食、住、行的基本物质需求。

认识追求物质利益不是生活的唯一目标。

积极参加各种文化活动,扩展生活领域,提高自身的文化修养。

努力营造和谐温馨的家庭氛围。

二、我国教师专业素质要求建议

(一) 我国小学教师专业素质要求

1. 职业理念

热爱教师职业,能体验到学生进步和自我发展带来的快乐。

以学生为本,提高学生的社会责任感、勇于探索的创新精神和善于解决问题的实践能力。

消除各种歧视,追求教育平等。

倡导教学民主。

具有强烈的生命意识,珍爱生命。

具有人文情怀,同情、关心他人的不幸与苦难。

树立终身学习的理念,坚持学习。

有全球化的教育视野。

了解并热爱中华民族文化，树立批判继承的观点。

2. 职业操守

学习、理解并遵守国家宪法，认识教师是社会负责任的公民，自觉履行公民的责任和义务。

了解并遵守国家颁布的《教育法》《义务教育法》《教师法》《中小学教师职业道德规范》和《未成年人保护法》等教育法规，清楚地知道教师的责任和权利，熟知学生的权利和义务，并在教育实践中加以落实。

了解《纲要》，明确教育改革的核心任务是提高教育质量。

了解知识产权的基本含义，尊重和维护知识产权，增强学生的知识产权意识。

热爱学生，以赏识的态度对待每一个学生的点滴进步。

在教育过程中，不实施简单粗暴的教育，不对学生进行言语上的侮辱和身体上的伤害。

尊重学生的隐私权，保护学生的隐私。

在道德行为和品质上为学生树立良好的榜样，为学生的发展创造良好的道德养成环境。

尊重家长/监护人，与家长/监护人有效沟通，积极发挥家长/监护人在学校教育工作中的作用。

尊重自己的同事，维护同事发表不同意见的权利，不把自己的意见强加于人，以宽容的态度对待他人。

正确认识自己在团队中的位置，团结互助，共同完成任务。

廉洁从教，抵制社会不良风气，反对利用职务之便牟取私利。

注重职业形象，言行、衣着得体，举止文明礼貌。

3. 专业知识

了解我国教育发展的历史和现状。

了解教师专业的内涵，明确教师专业具有不可替代的特征。

了解教师职业生涯规划和职业发展的知识。

掌握不同年段学生的生理发展特点及相关知识。

掌握不同年段学生认知发展特点及相关知识。

掌握不同年段学生情感、意志、个性品质发展特点及相关知识。

了解学生个体的已有经验、学习方法、学习习惯与能力倾向。

掌握引导与调节学生心理健康的知识与方法。

了解处理意外伤害事故的相关知识。

了解本地常见的、多发的自然灾害种类及保护学生安全的基本方法。

了解学生家庭背景、社会环境及青少年文化等基本状况。

了解所教学科的历史、现状和发展趋势。

掌握所教学科的基本概念、原理及体系结构。

掌握所教学科的学习方法和基本研究方法。

掌握学科课程标准的基本内容。

理解教科书的体系、功能、编排方式和使用方法。

拓展阅读面，阅读一定数量的人文、社会和自然科学书刊，获得相关知识。

4. 专业能力

能与学生进行有效沟通，并获得信任。

具有根据学生个体差异进行因材施教的能力，促进学生全面而有个性发展。

认识良好思维品质的重要性，具有培养学生批判性思维和创新性思维能力。

能营造有利于学生独立思考、自主探索的学习环境。

能有效管理班级，开展适合学生年龄特点的班级活动。

具有根据教学任务和实际条件进行教学设计的能力。

能激发学生兴趣，有效地组织和实施课堂教学活动。

能根据学生的学习情况，及时调整教学进程，改进教学方法。

能运用多种方法促进学生对知识的巩固与迁移，帮助学生开展自主学习。

运用多种评价手段和方法，评价教学过程和教学结果。

能运用多种方法，针对学生个体的具体情况开展课后辅导。

能运用教学研讨、案例研究、课后小结等多种方法反思课堂教学。

能有效运用教育技术进行课堂教学，鼓励学生借助正确的信息手段自主学习。

能根据教学需要开发学科课程资源。

具有较好的语言表达能力，能用标准普通话开展教学活动，了解科学发声的知识。

具备一定的艺术审美能力。

能使用规范汉字，写好"三笔字"（钢笔字、毛笔字、粉笔字），熟练掌握汉字书写技能。

能指导学生科学地安排学习、生活和锻炼。

5. 身心健康

有基本的医药、保健知识，能预防常见的教师职业病。

有积极、健康、合理的生活和工作习惯。

重视体育锻炼，能坚持有计划、有针对性地参加各种体育活动，提高身体素质。

有良好的心态，具有协调和控制情绪的能力。

(二) 我国中学教师专业素质要求

1. 职业理念

热爱教师职业，能体验到学生进步和自我发展带来的快乐。

以学生为本，提高学生的社会责任感、勇于探索的创新精神和善于解决问题的实践能力。

消除各种歧视，追求教育平等。

倡导教学民主。

具有强烈的生命意识，珍爱生命。

具有人文情怀，同情、关心他人的不幸与苦难。
树立终身学习的理念，坚持学习。
有全球化的教育视野。
了解并热爱中华民族文化，树立批判继承的观点。

2. 职业操守

学习、理解并遵守国家宪法，认识教师是社会负责任的公民，自觉履行公民的责任和义务。
了解并遵守国家颁布的《教育法》《义务教育法》《教师法》《职业教育法》《中小学教师职业道德规范》和《未成年人保护法》等教育法规，清楚地知道教师的责任和权利，熟知学生的权利和义务。
了解《纲要》，明确教育改革的核心任务是提高教育质量。
了解知识产权的基本含义，尊重和维护知识产权，增强学生的知识产权意识。
热爱学生，以赏识的态度对待每一个学生的点滴进步。
在教育过程中，不实施简单粗暴的教育，不对学生进行言语上的侮辱和身体上的伤害。
尊重学生的隐私权，保护学生的隐私。
尊重家长/监护人，与家长/监护人有效沟通，积极发挥家长/监护人在学校教育工作中的作用。
尊重自己的同事，维护同事发表不同意见的权利，不把自己的意见强加于人，以宽容的态度对待他人。
正确认识自己在团队中的位置，团结互助，共同完成任务。
廉洁从教，抵制社会不良风气，反对利用职务之便牟取私利。
注重职业形象，言行、衣着得体，举止文明礼貌。

3. 专业知识

了解我国教育发展的历史和现状。
了解教师专业的内涵，明确教师专业具有不可替代的特征。
了解教师职业生涯规划和职业发展的知识。
熟知学生情感、态度、认知发展特征的知识。
了解学生个体的学科知识基础、学习方法、学习习惯、能力倾向。
了解学生家庭背景、社会环境及青少年文化等基本状况。
了解所教学科的历史、现状和发展趋势。
掌握所教学科的基本概念、原理及体系结构。
掌握所教学科的学习方法和基本研究方法。
掌握学科课程标准的基本内容。
理解教科书的体系、功能、编排方式和使用方法。
拓展阅读面，阅读一定数量的人文、社会和自然科学书刊，获得相关知识。

4. 专业能力

与学生进行有效沟通获得信任的能力。
了解学生个体差异，具有因材施教的能力，促进学生全面而有个性地发展。
认识良好思维品质的重要性，培养学生具有批判性思维和创新性思维的能力。
能够有效管理班级，营造有利于学生独立思考、自由探索的学习环境。
具有根据教学任务和实际条件进行教学设计的能力。
激发学生兴趣，有效地组织和实施课堂教学活动。
注意学生学习的过程，及时了解学生反馈的信息，调节教学进程，修正教学方法。
注意知识的巩固和迁移，拓展思路和视野，促进学生创造性学习。
运用多种评价方法，评价教学过程和教学结果。
运用教学研讨、案例研究、课后小结等多种方法反思课堂教学。
有效地运用教育技术进行课堂教学，鼓励学生借助正确的信息手段自主学习。
能根据教学需要开发学科课程资源。
具备一定的艺术审美能力。
具有较好的语言表达能力，能用标准普通话开展教学活动，了解科学发声的知识。
使用规范汉字，写好"三笔字"（钢笔字、毛笔字、粉笔字），熟练掌握汉字书写技能。

5. 身心健康

有基本的医药、保健知识，能预防常见的教师职业病。
有积极、健康、合理的生活和工作习惯，并能指导学生科学地安排学习、生活和锻炼。
重视体育锻炼，能坚持有计划、有针对性地参加各种体育活动，提高身体素质。
有良好的心态，具有协调和控制情绪的能力，能够帮助学生保持心理健康。
具有冷静、妥善处理各种意外事故和潜在危险的基本能力，培养学生具备基本的安全防范能力。

附录三 调研访谈报告

教师专业标准是确立和提升教师专业地位的重要前提，是评价教师教学质量的必要依据；建立客观、科学的教师专业标准是教学成为一门专业的基本标志；教师专业标准还是建立教师教育标准体系的核心内容。自20世纪80年代以来，教师专业标准研究与开发日益受到全世界的关注，并成为世界教师教育改革与教师专业发展领域的一大热点。我国学界真正关注教师专业标准问题始于2003年在华东师范大学召开的联合国教科文组织亚太地区"教师专业标准研制专家会议"，之后通过年度性的"国际教师教育论坛"这一高端国际教师教育创新平台的推动，日益引起政府、学界及广大一线教育实践者的关注。因此，有必要构建我国科学的教师专业标准体系。

2010年，我国政府在《纲要》中明确提出了对未来10年教师队伍高素质、专业化的要求。因此，调研中小学、幼儿教师的专业素质状况，研究中小学、幼儿教师专业素质结构，不仅能了解当前教师的专业素质状况，而且为研制我国教师标准提供重要的依据。本访谈报告是国家教育部师范司委托上海师范大学实施的《我国教师专业素质研究》课题的组成部分，也是对课题组大规模问卷调查的必要补充。配合前期问卷调查，访谈旨在进一步了解当前我国中小学、幼儿教师的素质状况，为研制我国教师实际的教师专业标准提供参照。

课题组在2010年12月对我国东部、西部和中部3大地理分区的5个省份的中小学教师及部分教育行政人员进行了深度访谈。访谈旨在了解基础教育阶段教师专业素质现状，了解教育界及社会各界对教师专业的要求。本章的基本结构安排如下：①各地访谈实施的基本情况，各地访谈的个别报告与汇总分析；②针对访谈结果的反思与建议；③课题组选取了两个典型案例，希望读者能够从中体会如何理解教师标准的现实价值。

一、各地访谈实施的基本情况

本次访谈涉及范围包括我国东部、中部及西部地区的5个省份，分别是东部地区的福建省，中部地区的山东省与河南省，以及西部地区的四川省与贵州省。

根据研究需要分别对初任职教师、有经验的教师和教育行政官员编写了深度访谈的提纲。并且在各个省份，课题组设计和采用了一致的访谈计划，以便于最后的总结、分析与提炼。具体细节如下。

初任职教师访谈提纲：①您从事教学工作有多长的时间了？有哪些感受？②您认为一位合格教师应该具备哪些基本的素质？目前青年教师最欠缺的是哪些素质？为什么？③请您结合你们学校的优秀教师，谈谈他们在专业知识、专业能力等方面有哪些具体的表现？④您认为目前基础教育教师队伍素质状况怎样？

有经验教师（含特级教师）访谈提纲：①请您结合自己的教学经验，谈谈一名优秀的教师应具备哪些最基本的素质？这些方面是如何得到发展的？②请您从教学工作的切身感受出发，对我国当前基础教育教师队伍素质状况做一个实事求是的评价。③您认为我们应该通过怎样的方式大面积提升教师专业素质？

教育行政官员访谈提纲：①介绍贵省（市、县）教师队伍的基本状况及其存在的主要问题，针对这些现状，你们采取了哪些措施促进教师的专业发展？②贵省（市、县）每年聘用新教师是否有一个标准？这个标准的重点是什么？能否解决师资质量问题？③你们每年从综合性大学招聘新教师的比例有多大？综合性大学的学生与师范生相比，他们各自有哪些优势与不足？

（一）福建省部分教师访谈摘录

2010年12月4日至6日，福建小组选取了福州、泉州和厦门3个福建有特点的城市进行了集体座谈和个别深度访谈。

1. 访谈对象

福州，共访谈教师5人（有经验教师2人，行政官员2人，初任职教师1人）；泉州，共访谈教师4人（行政官员1人，有经验教师2人，初任职教师1人）；厦门，访谈教师15人（行政官员4人，有经验教师9人，初任职教师2人）。每个城市的访谈教师都是来自不同的幼儿园、小学、中学或高中，共访谈十几所学校22人次。在这十几所学校中，有市区的、城乡结合部的、郊区的中学；也有公办的、民办的中学，还有农村学校。无论是从学校还是教师个体的角度来看，访谈涵盖面还是比较广的，具有一定的代表性。

2. 访谈结果概述

访谈小组对在福建省的访谈进行了总结性汇报，其内容概括为以下几个方面。
（1）地区差异导致教师专业素质水平不同

福建各个地区之间，无论是经济还是教育（如硬件设施、教学环境、教师水平和生源质量等）的差异都比较大，这也就意味着教师的专业素质也是参差不齐。在访谈福州市教育局人事处处长时，他向课题组反映，在农村地区，教师的引入量很少，农村教师队伍出现老化问题；同时，生源大多是来自农村地区的孩子，其家长对孩子的教育不是十分重视，这也就加大了教师流动或引入的难度，让不少青年教师争到城区去，留下的都是些老教师。除此之外，农村教师的要求相对较低，其专业素质也就相应偏低；不仅如此，农村的教育硬件配置是十分不完善的，有部分学校甚至连像样的教室也没有。

（2）师范生（包括幼儿师范生）的培养不能满足现实需求

福建的一些学校对当前正在实习的师范生不是很满意。这可能源于师范生的培养不能满足学校的需求。福建教师们认为，当前高校培养的师范生不具备教师必备的基础技能，他们的基本功需要加强，如粉笔字、说课技能和良好的沟通技能等。随着社会的发展和进步，以及高等院校的扩招，导致学生生源的素质下降，这批学生在基础能力方面很薄弱，同时比较注重个性化，比起以前的教师缺乏一定的责任感。他们认为师范生的生源应当严格把关，当前的师范生的生源越来越差，师范生在学校所学的不能和实践教学相融合，不能满足现实的需求。

这种情况在幼儿教师中也存在，尤其是农村的幼儿教师。

(3) 教师培训模块不健全

培训，作为教师在职提升自身能力及教学水平是一种很好的方式，但是，福建的教师普遍反映现在的教师培训不到位。首先，培训的效果不明显。主要原因在于现在组织的培训针对性不强，所有不同学科、不同年级的老师在一起培训，不能涉及学科领域，对于课堂内的教学实录无法深入到位，因此就停留在很宽泛的主题之上。其次，培训太多，毕竟老师的精力是有限的，有很多教务教学工作，再加上培训，而且是层出不穷的培训，老师有点应接不暇，更有甚者会产生逆反心理。因此，在培训上应多注意，努力提高其质量，让教师们对各种培训产生好感，从而有所收获。

(4) 教师入职门槛低

在任的福建教师表示对于新进老师普遍不是很满意，其中最根本的原因就在于教师入职门槛太低，导致一部分不符合教师行业标准的人员进入教师队伍。教师门槛低，从一个方面反映了取得教师资格证太容易，只要教育学、心理学、普通话考试合格就可选择加入教师队伍。其实，做教师远远不止这些，那些师范专业的学生用 4 年时间学习如何做一名合格的教师，然而，他们却只需要花短短的时间考好这 3 门课程就可以，这中间的落差有多少？因此，教师入职门槛低导致了教师队伍总体的质量一般。

(5) 教师的压力过大

如今，一个很流行的词汇充斥着各行各业——幸福感，那么，作为教师，他们的幸福感如何？访谈下来，福建教师反应做教师太累、压力过大，因此，幸福感很低。这里所说的"太累"指老师琐碎的事情很多，除了完成所教科目的教学工作之外，还有很多其他事情，如学校评级、班主任事务等，导致老师没有时间做自己想做的事（其中包括教师自身想要得到提升，没有时间看书）；"压力过大"指现在的学生都是家长十分重视的，有一点差错就容易导致家长的误解，更令人担忧的是，孩子自身抗压能力不足，会选择"逃避"，这些都是老师不愿意看到的，因此教师的压力来自于很多方面，有社会的、学校的、家长的、学生的，方方面面。

(二) 河南省部分教师访谈摘录

2010 年 12 月 6 日至 13 日，河南小组赴郑州、许昌、驻马店 3 市开展调研。课题组在每个城市都召开了教师座谈会、学生座谈会、家长座谈会。并对具有多年教学经验的老教师、青年教师和行政领导干部进行深度访谈，了解当前教师素质、专业发展的真实情况，征求他们对制定教师专业标准的意见，希望他们献计献策，将这个关系到自身专业发展的标准制定好。

1. 访谈对象

在郑州，课题组共访谈教师 3 人（特级教师 1 人，行政官员 1 人，初任职教师 1 人）；在许昌，共访谈教师 2 人（有经验教师 1 人，初任职教师 1 人）；在驻马店，访谈教师 3 人（行政官员 1 人，有经验教师 2 人）。每位接受访谈的教师和教育行政官员都具有不同的背景，来自不同的学校，具有独特的教育感受和经验。无论是从学校还是教师个体的角度来看，访谈涵盖面还是比较广的，具有一定的代表性。

2. 访谈结果概述

根据对访谈结果的分析发现，河南省中小学、幼儿园教师的整体素质存在一些有待改善的地方。

（1）提高教师待遇

教师普遍感到当前教师工资待遇太低，和教师所承担的责任不相匹配。多数教师认为如果要进一步提高教师素质，促进教师专业发展，吸引更多优秀人才从事教育工作，就必须增加教育投入，大力提高教师待遇和社会地位。

（2）提高教师入职门槛

教师普遍感到当前教师的入职门槛过低。调查中，许多教师坦言当前教师素质良莠不齐，教师队伍混入了许多不适合做教师或素质太低的人，其中一个原因就是教师的入职门槛——教师资格证书制度不够严格，使得很多人混进教师队伍，滥竽充数，损害了教师队伍的整体形象。因此，他们希望课题组的教师专业标准制定的再高一点，吸引更多的优秀人才终身从教。

（3）教师压力过大

许多教师感到职业压力过大，已严重影响到教师的身心健康。近年来，上级教育部门的检查愈来愈频繁，家长和学生对教师的要求越来越高，应试教育的竞争越来越激烈，这些不断地压在教师的肩上，使教师的身心难以承受。因此，教师患身体疾病和心理疾病的越来越多，这严重损害了教师的健康，阻碍了教师的专业发展，亟待社会和教育部门更多的关注。

（4）培养教师的沟通能力和技巧

教师普遍认为沟通能力在教师工作中极为重要。教师工作很复杂，原因就是他们要面对各种各样、不同年龄段的人，包括学生、家长、同事、领导等。和任何一方的沟通出现障碍，都不利于教师教育教学工作的开展。因此，能否和他人进行有效的沟通、交流，获得他们的支持和理解，非常重要。这就需要重视并大力培养教师的沟通能力和技巧。

（5）教师应重视阅读

许多具有多年经验的老教师认为，在教师专业发展中，读书学习至关重要。他们结合自身的专业成长的经历，感到是阅读给了他们宝贵的滋养，阅读是不断提高专业知识和技能，更新教育理念，增强职业认同感的重要"法宝"。因此，他们呼吁教师要多读书，读好书。

（6）加强对教师的培训

学生、家长对教师的要求越来越高，不但在职业道德上，而且在专业能力上，要求教师不断提高自己。因此，他们要求教育部门加强对教师的培训。

（7）改善教师培训体系

许多教育领导干部感到当前的教师培训过于简单、粗糙，效果太差。因此，他们建议应设计一个更为科学的培训体系，使教师的培训更精致，提高教师参加培训的愿望和培训效果。

（8）重视教师的职业热情

大部分参加座谈和访谈的人员都感到教师的职业热情非常重要。因此，在招聘教师时，应特别注重对教师职业热情的考量，看应聘者是否真的愿意从事教育事业。这样的人走上教师岗位，才能不断地创新、奉献。

（三）山东省部分教师访谈摘录

受教育部师范司《我国教师专业素质研究》课题组的委托，山东调研小组一行4人于2010年12月4日启程赴山东，开始了为期1周的调研活动。在教育部师范司及山东省教育厅有关领导的支持及当地教育行政部门的配合下，此次调研获得了较为满意的成果。

1. 访谈对象

此次调研共选取了3个城市及其覆盖的农村，分别是济南、聊城、青岛。这3个城市分别代表山东地域的东、西、中部，经济上的发达与欠发达，民俗习惯的沿海与内地，发放问卷6000多份、调研学校20多所、走访教育行政部门4个：山东省教育厅、济南市教育局、聊城市教育局、青岛市教育局，访谈教育行政部门官员与一线教师15人（行政官员3人、校长2人、特级教师3人、初任教师2人、其他教师5人）。

此外，此次调研还开了教师座谈会12场、学生座谈会3场。本次调研座谈会每个地方均分5组进行，即中学组教师、小学组教师、幼儿教师组、家长组、学生组。每组20人左右。此次调研座谈中，各当地教育局均预先做出了妥善安排，教师组中，教师均分布于不同学校：城市与农村、重点与非重点、男性与女性。学生组中主要选取了某所初中学校的初三学生，家长组中选取对象大多数为城镇学生父母，有一定的文化背景，对教师职业有一定了解，这为调研带来很大收获。

2. 访谈成果概述

济南作为山东省省会城市，集中了全省中小学、幼儿园的优秀教师，因此整体素质较高，就课题组主要调研集中地——济微中学、实验幼儿园实地观察，也能体现出这些学校的教师精神风貌及他们的专业素质状况。但是，济南地区，还有他们自己的特点。济南教师整体学科知识较强，但是教学方式方法等比较重于应试教育范畴。

聊城是山东欠发达地区，这样的经济状况决定了聊城整体师资状况不容乐观，一是整体待遇不高；二是教师流动、流失率较高；三是教师整体素质特别是专业素质方面差异较大，老教师与新教师之间、在编教师与不在编教师之间、重点学校与非重点学校教师之间等方面差异比较明显。

青岛是山东沿海城市，素有"小上海"之称，教师整体素质相对济南市来说丝毫不差，但是也各有千秋。教师的开放意识、自省意识、新观念、新理念的接纳程度等方面相对济南较强，而济南相对较为保守一些。但从另一方面来看，济南教师的学科知识及其整体知识框架等方面较强，这从他们对学生要求与课堂效果可以得到反映。

（1）教师素质差别性较大

无论是从学历状况任职资格等硬性指标还是从他们的爱岗敬业、教师职业荣誉感及其专业发展态度等软性标准来看，这3个地区表现极为不平衡，发达地区与落后地区之间、同一地区不同学校之间、农村与城市之间、均存在明显差别，素质较高的教师主要集中在发达地区的好的学校，农村、落后、偏远学校的教师学历状况、年龄状况、敬业精神等方面均相对差一些。特别地,幼儿教师的整体状况不容乐观,年龄结构方面,老少两极化现象特别严重,没有人才梯队;知识结构方面,年龄大些的教师尽管敬业但是知识不系统、老化,年轻的教师专业态度、专业素质又不够。

(2) 教师流动性较大

3个地区的教师流动性特点主要体现在一是地区间、学校间流动,"人往高处走,水往低处流",好的教师留不住,无论是济南还是聊城都有这种现象,聊城这种状况更为严重一些;二是跨行业流动现象,特别是幼儿教师,由于幼儿教师普遍没有编制,因此幼儿教师把之作为临时工作的现象尤为突出,只要有了更为合适的工作即刻"走人"的现象特别严重。

(3) 教师整体的政治素质、人格素质等方面均体现出地方特色

尽管在学历构成、年龄、性别等方面差异较大,但是从普遍来说,山东教师的政治素质相对较高,性格特征也遵循了山东人的朴实特点,无论是教学中还是在学校管理活动中均能明显反映此特点。在课题组进行面对面座谈或访谈的过程中,教师能正确对待当前教师队伍素质中存在的问题,不回避不争吵,而且相当多教师给出积极建议,部分教师甚至给调研组提出了书面意见。

(4) 教师队伍在职进修、梯队补给方面也存在着许多差别

济南、青岛在师范生的进补等方面相对较好,这与当地教师待遇较好相关,但是在在职进修方面由于经费限制及学校教学任务重等方面原因还是相对不足。在职进修的相对滞后制约了教师素质(特别是专业素质)的有效提高。

(四) 贵州省部分教师访谈摘录

2010年12月6日至14日,贵州小组选取了贵阳市、遵义市、安顺市及普定县4个具有代表性的县市进行了集体座谈和个别深度访谈。

1. 访谈对象

具体的访谈单位包括①贵阳市第六中学、贵阳市第十八中学、贵阳市省府路小学、贵阳市第一幼儿园、贵州省教育厅;②遵义市第一中学、遵义市第二中学、遵义市第一小学、遵义市红花岗区文化小学、遵义市乌江镇乌江中学、遵义市红花岗区幼儿园;③安顺市第二中学、安顺市实验学校、安顺市第八小学、安顺市第一幼儿园;④普定县第二中学、龙场镇中学、化处镇中学、普定县实验小学、普定县幼儿园。

2. 访谈结果概述

贵州小组就在当地3市1县的访谈进行了总结分析。在座谈访谈中,座谈访谈对象基本上一致认为,作为一名合格教师,要具备各方面的知识和能力,教师职业是个要求不断学习、终身学习的职业,尤其强调了在专业知识、专业能力、交往沟通能力、不断学习能力、课堂组织教学能力、综合素质、喜欢本职业、爱心、责任心等方面的重要性。教师们一致认为有提高专业素质的必要性。但就目前的教师队伍而言,存在以下主要问题。

(1) 在贵州省中小学、幼儿园教师数量上还存在着一个很大的缺口

33万多名中小学、幼儿园教师中还有近万名代课教师,办学条件差,师资不足,直

接导致班额过大,最大的班级人数达到100多人,50~60人的班级也很常见。普遍的大班化使教师感到负担很重,自己的专业素质无暇提升,也很难顾及每个学生,因材施教根本不可能做到。

(2) 贵州省中小学、幼儿园教师质量参差不齐

目前贵州省中小学、幼儿园教师专业素质基本上能满足教学的需要,不足之处主要表现在以下几个方面。

① 地域分布不均,优质教师大多在优质学校。好的学校教师专业素质一般都比较好,差的学校往往教师专业素质比较差。总体趋势是大城市教师专业素质优于中等城市,中等城市好于小城市,小城市好于乡镇,乡镇好于农村。

② 教师队伍来源庞杂,入职起点高低错落。年轻的教师几乎都来自师范院校或综合性大学,来自综合性大学的教师比例较小。中老年教师中,有正规中等师范学校或大专院校毕业的,有民办教师转正为公办教师的,有通过自考、电大(广播电视大学)等各种途径获得学历取得任教资格的,有所谓"五大生"(指电大、职大、夜大、函大、成人教育或国家教育行政部门认可的其他类型教育取得国家承认大专以上学历的非在职毕业生)的,等等。幼儿园教师中,幼儿教师专业毕业的教师主要集中在公办幼儿园,私立幼儿园有许多教师不是幼儿教师专业的,有的仅仅是高中或初中毕业。此外,还存在学历达标,教育教学能力不达标的现象。教师来源于各种层次,质量参差不齐。

③ 教师课业负担过重,压力大,没有时间和精力提升自己。师资不足,班额大,老师一般都是超负荷运转。加上"一考定终身",家长、学校、教师一直都绷紧一根弦,教师备课,批改作业,批阅大考小考的试卷不停歇。还要应付学校、上级这样那样的检查,写这样那样与教学关系不大的东西。所以,老师负担沉重,压力很大,没工夫提升自己。

④ 职业倦怠感比较普遍,思想观念落后。许多教师都有职业倦怠感,尤其是已经取得了较高职称的中老年教师,在校资格较老,人际关系网已经建立牢固,利益往往不会被触动。他们固守昔日教学经验,思想保守,观念陈旧,对课改培训等要求和安排仅仅当成形式应付而已,并不感兴趣。有相当一部分教师,没有设计过自己的发展方向,没有自觉提升自己专业素质的意识,对课改的认识也是模糊的,认为国家说的是一套,地方上做的又是一套,素质教育解决不了学校按照考试成绩考核教师的问题。大部分老师不看书学习,也没有工夫去搞教学研究,备课抄教案,离开教参就上不了讲台。至于常规的培训、远程教育等,大都在搞形式,走过场。地方教育行政部门往往是用行政命令强迫老师参加培训,要求"不参加培训就要扣工资,扣考核分数",结果,培训往往达不到预期的效果。

⑤ 经济条件制约着教师素质的进一步提高。许多年轻教师承受着巨大的房贷等经济压力,无暇继续深造自己。广大农村教师工作条件和生活条件都很差,他们往往一个人承担着养活一家人的生活重担,微薄的工资收入仅仅够养家糊口,大多数教师只把教师职业作为养家糊口的工作。由于工资待遇比较低,吸引不到大量优秀的人才到教师队伍里面来。教师队伍里有条件干第二职业的教师一边教书一边做第二职业,大多数教师都想着干点别的工作以增加经济收入,把全部精力都投入到教育教学中去的老师极少,所以,整个教师队伍的专业素质令人担忧。

⑥ 评价考核制度没有促进教师专业素质的进一步发展。有的学校的校长或教育行政领导还没有真正转变应试教育观念,对教师的奖惩依据学生在学期考试的成绩或中考、高

考中的分数。一个学期下来，各个班级按照考试成绩评比，倒数的惩罚，正数的奖励。教师唯一担心的就是害怕自己班级的学生考不好。因为，考不好不仅影响评职称，损失经济收入，还可能会被分派到条件更差的学校去，甚至被待岗、下岗。整体上给人的感觉就是大部分教师都在为分数、为生活疲于奔命。大部分教师不但没有素质教育的理念，而且应试教育反倒变本加厉了。教师们为了完成工作任务，整天忙于备课、批改作业、应付检查，无暇从质上去考虑自己行为的效度。

（五）四川省部分教师访谈摘录

2010年12月7日至12日，四川小组赴四川成都、绵阳和南充3个地区对教师、学生和家长进行了不同层面的座谈，并对初任教师、中老年教师和教育行政人员进行了深度访谈。

1. 访谈对象

成都共访谈教师3人（有经验教师1人，行政官员1人，初任职教师1人）；绵阳共访谈教师3人（行政官员1人，有经验教师1人，初任职教师1人）；南充共访谈教师3人（行政人员1人，有经验教师1人，初任职教师1人）。每个城市的访谈教师都是来自于不同的幼儿园、小学、中学或高中，共座谈十几所学校。在这十几所学校中，有市区的、城乡结合部的、郊区的、农村的中学；也有公办的、民办的中学。无论是从学校还是教师个体的角度来看，访谈涵盖面还是较广的，具有一定的代表性。

2. 访谈结果概述

根据对访谈结果的分析发现，四川省中小学、幼儿园教师的整体素质存在一些严重的问题。

突出表现为①教师自身对教师专业化重要性的认识还不到位，教师专业化尚处于低级阶段；②教师的知识结构不合理，专业训练不够；③教师继续教育中存在与实践脱节、培养与培训倒挂的现象，教师教育专业能力的发展和提升受到影响；④部分教师职业道德意识淡漠，与社会对教师的道德期待和要求有一定距离；⑤教育观念陈旧落后，创新意识和研究能力不强；⑥教师心理压力过重等。这些问题和不足，严重地阻碍了教师的专业发展和专业化水平的提高。

（1）教师的职业道德意识比较淡漠

目前，绝大多数教师都能做到爱国守法和爱岗敬业，认真贯彻落实好国家和地方的教育方针。自觉遵守教育法律法规，依法履行教师的职责和权利，热爱教育事业，乐于奉献。对工作负责，认真备课上课，认真批改作业，认真辅导学生。能够承担好其作为教师角色的教书育人的基本工作：遵循教育规律，循循善诱，因材施教，培养学生良好品行，激发学生创新精神，促进学生全面发展。

不少教师的职业道德意识淡漠，主要体现为①教师仍然以分数来评价学生，对素质教育置之不理；②大多数教师能够发挥其为人师表的表率作用，做到以身作则、衣着得体、语言规范、举止文明、关心集体、团结协作、尊重同事、尊重家长、作风正派、廉洁奉公，但依然有不少教师利用课余时间有偿为学生补课；③在关爱学生方面，很多教师不能够做到关心爱护全体学生，尊重学生人格，平等公正对待学生，保护学生安全，关心学生健康，维护学生权益，有些教师不能平等地对待差生，甚至歧视、体罚差生。

通过这次对教师、学生、家长和教育行政人员的综合访谈与座谈，大家普遍认为，教师缺乏一种"大爱"意识和精神，教师应该是道德的模范。而这正是很多教师所或缺的。教师应该有"爱"，包括对祖国的热爱，对职业的热爱，对学生的热爱。教师具有人格魅力很重要，教师的人格魅力更多地体现在教师高尚的道德品质和良好的行为习惯中，因为教师的一言一行都会对学生产生潜移默化的影响。教师应该有责任心，关心学生的生活、成长与学习，真正在教与学的学校与课堂实践中体现"以学生发展"为本的理念。这一理念包括热爱学生、平等对待每个学生，经常和学生、家长交流，对待学生要宽容，注意自己对学生思想、行为的影响与良好行为品质的塑造。

（2）教师的知识与能力结构有待优化

调查发现，教师的专业知识结构不合理，有待优化，包括扎实的学科知识，教育学、心理学知识，心理辅导知识，综合知识对教师是很重要的。特别地，能力结构也有待改进和发展。第一，教师应该具有与学生及家长进行充分沟通并进行心理辅导、疏导的能力。第二，在教学方面，教师应该具有落实课程标准的精神，驾驭教材、组织课堂的能力。第三，教师应具备运用现代教学技术的能力。第四，教师应该具有终身学习的能力等。

采访对象普遍认为，目前中小学、幼儿园教师的学历已经达标，基本是本科学历，还有许多研究生学历，学科专业素质都比较高，知识相对成系统。但应该更加注重对学生的健康心理素养的培养，关注学生的心理健康。

（3）教师的身心压力过大，经济收入偏低

目前，教师的身心健康状况不容乐观，很多教师反映心理压力比较大。家长、学校、学生甚至教育部门给教师施加太多的压力。一方面，家长希望自己的孩子在学校里、在教师的指导下，能学到更多的知识，甚至包括许多课外知识。同时，学校又希望学生在学校里的情况一切良好，尽量不要有意外事件发生，给予教师繁重的教学指标和教学任务。另一方面，教师的待遇总体而言不是很好，可以说只能满足家庭的温饱，采访对象中大部分教师对自己的工资待遇都不是很满意，这也是教师压力的来源之一。因此，有人建议，减少教师的工作量，适当提高教师待遇，给予教师宽松的教学环境，关心教师的心理健康，在学校、家长和教师之间建立沟通交流的平台，让教师有更多的精力去关心每一个学生。

二、关于访谈的反思与建议

通过对我国东、中、西3个地区5省的教师、教育行政人员及学生的访谈，课题组对这些地区当前中小学、幼儿园教师的整体素质状况有了较深刻的认识和理解。根据对各地教师素质状况的访谈分析，目前存在的问题主要表现在以下四个方面。第一，教师素质地区差异较大，良莠不齐。第二，现有教师的知识与能力结构不尽合理，主要表现在科学素质知识有待提高，心理教育素质亟待改进。这包括教师自身的心理发展存在问题，以及不能在日常的教育实践中科学运用心理学知识与规律引导和教育自己的学生。第三，教师的职业发展空间不足。第四，教师职业发展目标不甚明确，进而导致教师队伍稳定性不够，这尤其表现在经济欠发达地区和小学乃至幼儿园教师队伍中。

针对以上反映出来的问题，课题组提出以下思考，以期改进与提高教师素质。

1. 增加教育投入

以上教师素质问题的出现很大程度上起源于国家对基础教育的经济投入不能满足国家教育发展的要求，从而造成了恶性循环。编者认为在国民经济已经很好发展的今天，作为一个为我国的百年发展负责任有担当的政府，应该快速地、大力地增加教育投入，改善教育整体状况。国家应在大力增加基础教育投入的基础上，大幅度增加教师收入，大力扩大教师队伍，从而扩大师生比例，在全国范围内实行小班化教育。

这样一来，教师经济收入的增长，将有利于稳定教师队伍，同时吸引更多的优秀人才尤其是大学毕业生投身祖国的教育事业。优秀人才的加入必将会极大地推进教师整体素质的改进。这样也必将导致一个优胜劣汰的良性循环机制，将不具备教师基本素质的现有人员淘汰出教师队伍。因此，国家对基础教育的大幅度经济投入是改善教师队伍素质的根本出路。优秀人才加入到教师队伍中，加上小班化教育的实施，将极大地提高教师的教学水准和学生的学业在各方面的发展。学生作为教育经济投入的副产品，如果能够迅速扩大教师队伍，亦将有力缓解我国目前的大学生就业困境。此外，只有教师收入的稳步提高，才是稳定一支高素质教师队伍的根本出路。

2. 给教师充分的思考与发展空间

我们说教师是"人类灵魂的工程师"，就是说，本质上，教师职业是一种精神性的创造性的劳动。大量心理学的研究成果和人类文明的发展史证明，精神的创造几乎不可能在肉体的疲劳和精神的压抑中完成。因此，要提高教师队伍的素质，除了在经济投入的基础上吸引大量优秀人才加入之外，如果要提高教师队伍的创造性及他们培养创造性学生与人才的能力，我们就必须给教师一个宽松自由的思考与发展空间，这包括精神的自由与物质的基本宽裕。具体来说，通过小班化教育的普遍实施，可以极大地把教师从繁重的日常教学任务中解放出来，使他们有时间有空间充实自己，发展自己。显然，只有如此，教师的素质才有提高的希望。从访谈中看到，我国的教师不但不能获得比较好的物质待遇（如工资收入），同时还承受着巨大的精神压力，这些压力来自多个方面，如升学率、教育行政、学生家长、社会大众。总之，如果不能从精神上给教师以自由与空间，如果不能让教师的物质待遇有较好地满足，提高教师的素质，发展教师的潜力都是空谈。

3. 完善教师的准入制度

教师是学校教育的直接执行者，承担着人才培养的重任，教师的素质直接影响着教育的质量及人才发展的水平。通过调研，无论是教师、家长，还是学生，普遍希望建立一个教师标准，从各个方面对教师的基本素质进行规定，作为教师的准入要求及后期培养和发展的规范。

教师的准入标准不能仅仅停留在申请教师资格证时对教育学、心理学基本知识及教学基本能力等几个方面的基本测试。教师的准入标准应该注重从以下4个方面进行规定：

① 教师的人格特征、思想道德素质、心理素质等；
② 专业知识、教育学心理学基本知识以及其他综合知识；

③ 教育教学基本技能；
④ 身体素质。

通过以上几个方面的严格把关，将符合教师标准的人员选入教师队伍，提升教师队伍的整体素质，从而推动教育的发展。

事实上，教师准入制度的完善同我们建议的增加教育投入相辅相成。只有增加教育投入，才有可能吸引优秀的人才从事教育事业；只有大量优秀人才有了投身教育的意愿，准入制度的完善才有实际意义。

4. 构建教师的评价体系

教师的工作具有时效性，及时反馈教师的工作情况，是满足教师需求、激励教师工作积极性的必要前提，因而必须建立科学的评价机制。有学者提出："对于'什么样的老师是一个好教师'、'怎样的教学是高质量的教学'没有一致的、明确的评价标准，这是教师对评价感到困惑和不满的重要原因。""一项研究发现，在对教师的评价中，同事评价、领导评价和学生成绩之间的相关性非常低"，所以，现有的评价教师的方法往往会使教师感到无所适从，因而挫伤教师的工作积极性。我们目前的教师评价是以能力为核心、以知识为本位的评价。建立科学的评价机制，必须考虑情感、个性等多因素结合，缺乏人格规范的能力有时会形成与自身工作相悖的异己力量。同时考虑定量和定性相结合的原则，实现评价的鉴定和激励的双重功能，科学有效的教师评价对于规范教学工作，推动教师队伍的建设，促进教师个人的发展起到十分重要的作用。对于教师的评价，应关注以下几个方面：

① 对教师的评价要把关注教学工作和促进教师个人的成长结合起来；
② 对教师的评价要把规范教学和促进学生学习进步结合起来；
③ 对教师的评价要注重把教师自我评价、领导评价、学生评价结合起来。

通过建立多元的教师评价，进一步规范教学工作，提升学生学习效果，并促进教师个人的全面发展。

5. 制定教师的激励措施

现代管理思想都在深入研究如何通过物质、精神、信息等激励因素来调动人的积极性、主动性、创造性和自我实现精神，使人们积极主动、充满热情和活力地投入工作，从而达到最佳的工作效果。教师的职业特点及其文化修养等主客观因素决定了教师对自尊的需求具有迫切性，对荣誉和成就的需求具有强烈性，对自我发展的需求具有持久稳定性。所以在教师管理中，物质激励是基础，精神激励是根本。精神激励包括给教师相应的情感待遇、地位待遇和服务待遇；包括给教师提供自我发展所需要的进修机会等；包括宽松的教学、科研环境的营造，为教师实现自我价值提供机会和条件；同时加大对教学及学术成果的奖励力度，对教师所取得的成绩，学校要及时地给予认同与肯定。

采取行之有效的激励措施，一方面激发现有教师的热情和激情，使他们全身心地投入到教育教学工作中去。另一方面，也能吸引更多更优秀的人员加入到教师队伍中来，推动整个教育工作的发展。具体来说，有效的激励措施包括以下几个方面：

① 提高社会地位，增强教师职业的社会认同感；

② 增加教师的收入，提高教师的待遇；
③ 给予教师一定的物质条件，促进教师开展教学科研活动；
④ 关注教师的发展，为教师的成长发展创造条件；
⑤ 设置合理的奖惩措施。

三、典型案例

案例1：

引领师生走向完美的守望者

——访郑州特级教师、郑州三中校长于老师

名师是教师与学生的守望者，名师能把教师和学生从不完美的人引领走向完美。

——于老师

1. 教师成长经历介绍

于老师，1990年河南省信阳师范学院毕业，全国模范教师代表、教师教育专家、郑州市名师、学科带头人。2010年成为在一线工作的教学校长，在20多年研究学习与教学实践中不断寻找课堂上的幸福感，实现其年轻的生命价值。

2. 不可思议的"工作狂"

于老师是教育界里典型的工作狂，她常年早上6点半出门，晚上12点多休息。白天到校后就有无数检查在等着她，卫生、纪律等事她都要亲力亲为；她的教务性工作众多，除去常规的批改卷子、备课外，她每年听课、评课多达200多节；她对事务性的工作也很用心，教研活动全程陪同，晚上还要总结整理教务管理，评估汇报材料及重点课题、名师课题等。于是，大家所见到的是于老师来去匆匆、来回穿梭在学校各教学楼间的身影。

能够承受如此超负荷工作，很大程度上归功于于老师非常健康的体质和科学的自我调整能力。2002年前，于老师专攻学科教学，现在精力多放在学校、教师培训上，但她所带的班级课堂效率非常高，平均分高出其他班级好几分。于老师的理想是做专家型教师，她准备将以前所写的材料整理成书，供更多教师学习使用。

3. 如何做好优秀教师

于老师认为优秀的教师要热爱教育事业、忠诚从教、爱岗敬业、师德高尚。百年大计，教育为本，于老师最让人印象深刻的一句话就是："教师教学生5年，考虑学生50年，考虑国家500年！"

如何成为一位拥有专业理想的名师是教师们一直在思考的问题，也是广大教师不断探索的方向。于老师认为，作为名师要了解教师的地位、状态。

首先，教师要不断学习，在研究状态下工作学习，反思才能成为名师。教师科研能力需要在日常教学中不断提炼，不断升华。学科大课题、子课题、校本研究都是很好的平台。反思是教师与学生心灵的交流。教师静下心来的反思是一种很好的习惯。于老师常要求自己学校的教师撰写教案反思和教学札记。她认为，教案反思是为了二次备课，是一个温故而知新的过程；教学札记则是记录自我对教育的理解，是教师成长过程中智慧的结晶。教师做智慧的教师，营造生命课堂，对教师成长很有帮助。

其次，教师要有专业精神。专业精神包括专业态度、专业知识、专业能力。只要有饱满的工作热情、积极的态度、愿意与人合作的精神，才能发挥教研作用。脑中有课标，手中有教材，眼中有学生，心中有教法的"四有教师"才能更好地在课堂上实施教学改革。课前会议的准备、课中观察的实施、课后评价的反思这类多元评价体系是"木桶原理"在教学中的有效迁移。

最后，对于教师自身，还要有近期和长期的规划，要有终身学习的理念。分门别类计划好，有目的、有规划地去生活、去工作才能更好地追求卓越。根据"马太效应"的"读书越少越嫌多，读书越多越嫌少"的原理，教师要明白读好书，读书好，好读书。学习永无止境，过去的教师是一桶水和一杯水的理论，现在的教师则是奔涌不息的河流，因此教师是终身学习者。

4. 当前基础教育状况

众所周知，教师行业存在相当大的压力，这些压力来源于学校、家长和课改。学生成绩、学校评优是很大一部分压力，与此同时，课改的过程和教育行政部门的检查成了另一部分的负担。其中课改的辅导源于"教师理念问题"，教师理念不更新，就无法与时俱进，因此课改的推出就成了一种变相负担。对应教师的真实写照就是"两眼一睁，忙到熄灯"，而学生则是"两眼一睁，开始竞争"。

从教师自身角度来看，教师的身体健康和心理健康也成为另一种忧患。教师职业适应性、职业自豪感和自信心的缺失，自身情绪品位的低落，自我人格缺陷，人际关系紧张，如焦虑症、强迫症、职业倦怠症都是比较普遍的问题。不少教师入行没几年就产生了职业倦怠，有些年轻教师对于教师这个职业的倦怠时间甚至缩短到几个月。那么如何克服职业倦怠？于老师认为，应该从不同的发展阶段入手，由组织层面与个体层面双向把握，减少教师的压力源。学校方面需创设"以人为本"、有人文关怀的和谐环境，如开放心理咨询室，创设各类交流场所，或者开展各类活动，如乒乓球、羽毛球、体操等活动；教育主管方面有计划地促进教师的专业成长、师德水平的提高。如此教师的专业理想、专业情操、良好的人际关系可以得到培养，让教师在休闲的时候有一个好的精神状态。

此外，教师也需要自由地呼吸，也需要面对天空发呆的时间。人必须学会倾听，认清教育本质，静静思考，享受教育幸福。

拥有专业理想的名师也是从不完美的人到完美的人，有了这些名师的指导，将会引领更多的师生走向完美。

案例2：

抱怨不等于放弃

——许昌一中教师座谈会案例研究

全国教师专业素质的调研中，许昌是河南调研之行的第二站。这个城市没有郑州的繁华，也没有贫穷之说，是一个中等发展水平的城市。在这个城市里，教师的心声可能才是我们寻觅的答案。

1. 你一言，我一语——教师的心声

（1）教师的专业素质——知识、能力、岗位

——知识。①要有过硬的专业知识，善于积累、进修。②还需要其他知识，尤其是科学素养。③人文素养也不可缺少。

——能力。①沟通能力：与家长、同事和学生的沟通。②共存的能力：要站在孩子的立场上的考虑问题，搞好师生关系。③反省的能力。④心理学作为支持，需要专业的心理学培训。

——岗位。要热爱学习，不断反思：①有一个好的情绪；②均衡的饮食；③充足的睡眠；④适当的运动。当教师的门槛要高一些：①职称评定规范化；②对教师的要求不要太苛刻；③教师是教书育人的，但不是万能的，对教师不能神化；④此外，教师职业是孤独的职业，不能与其他职业团结协作。

（2）知识和能力

①教育能力，教学能力。②与家长沟通时，目的要一致；与孩子沟通时，从孩子的角度想；教师注意观察学生；适当批评学生。③应变能力。④教会学生做人，再让学生学习，即先"育人"再"教书"。

（3）教师的境遇

①教师们超负荷的工作，使身体和心理都很痛苦，教师同样也需要阳光和健康；教师职称评定是一个枷锁。②教师是教书育人的，但不是万能的，对教师不能神化。

2. 探究

一个中原大省，中等的面积养育了1亿人，那么受教育的人群的基数也是很庞大的。所以在河南的座谈会中，很多教师会谈及教师的压力，教师的责任，还有教师的待遇。谈得最多的是教师们的压力和待遇，因为每个老师所带的班级超过100人，甚至达到200人，这种状况下很多教师都在尽力地撑着，用自己的肩膀撑起孩子学习的天空。可是教师的近况却不尽如人意。

提及教师的专业素养和能力，很多教师都能头头是道地分析出很多，包括教师专业知识的储备、沟通的能力，还有教师的职业道德……每一位教师不仅很清楚自己责任，而且丝毫不敢松懈自己紧绷的弦，把自己的身心都扑在孩子身上。但在座谈中我们听到的最多的一句话："教师也是普通的人。"就是这么简单的一句话道出了教师们的"苦"。

在这个案例中，教师们的言语呈现在眼前。从这些话语中，不难发现教师的素质在提升，理论层面的认识已达到一个高度，每一个教师在专业化素养方面已经能很深入地谈论了。但是理论始终是要运用到实践中的，由于环境和社会的瓶颈，教师的理论无法全部运用到实践，使现实和理想有了很大的差别。教师的定位确实是一个难题。首先是定位者不同，所产生的教师标准不同，这样就导致了教师与社会的某种不可调和的矛盾。其次是教师地位，教师职业很崇高，几乎到了神化的程度，赋予教师的责任过多、过重，教师们被压得喘不上气来。再次是教师的职称评定，这无形之中给教师增加了很多的压力，除了学生的学业，还有自身的发展，对河南的教师来说确实是一个负担，因为他们教的学生数量要比平常的教师多很多。在这3个方面的原因下，教师越发感觉到身心的不平衡，越来

越感觉到不公平，那么教育的质量就会有所影响，尽管他们熟知那些教育理论。

在调研中，每个教师都背负着自己的责任，明确地完成自己的任务，其中不乏一些出类拔萃的教师。但同时也有抱怨，这个社会对教师的不公平。课题组在研究之时，不能仅仅关注课题组所想要了解的问题，问题会衍生出问题。教师的种种抱怨会帮助我们从另一个层次去理解教师的专业素养、专业能力等。

附录四 课题组成员名单

一、领导小组

组　长：李　进（上海师范大学教授　博士生导师
　　　　　　　　教育部高等学校小学教师培养教学指导委员会副主任）
副组长（常务）：陶本一（教授　上海师范大学教授　博士生导师
　　　　　　　　教育部教师教育专家委员会成员）
副组长：丛玉豪（博士　教授　上海师范大学副校长）

二、学术顾问组

顾问：顾明远（教授　中国教育学会会长　北京师范大学博士生导师）
　　　于　漪（上海市语文特级教师　上海杨浦高级中学名誉校长　上海市教师研究
　　　　　　会会长）

三、课题核心小组

陈元辉（博士　副教授　四川师范大学硕士生导师，语文教育研究室主任）
　　　（核心小组副组长，兼负责中学组及第一阶段统稿）
丁念金（博士　教授　上海师范大学博士生导师）
　　　（核心小组副组长，兼负责第二阶段统稿）
惠　中（教授　上海师范大学教育学院副院长　博士生导师
　　　　　　教育部高等学校小学教师培养教学指导委员会委员）
　　　（核心小组副组长，兼负责小学组）
秦金亮（博士　教授　浙江师范大学杭州幼儿师范学院院长
　　　　　　教育部高等学校幼儿园教师培养教学指导委员会秘书长）
　　　（核心小组副组长，兼负责幼儿园组）
刘家春（硕士　副教授　上海师范大学教育学院硕士生导师）
刘宏福（上海师范大学教育学院比较教育专业硕士研究生）
陈隆升（博士　副教授　浙江台州学院教师）
乐中保（博士　华东政法大学人文学院讲师）
范为桥（博士　副教授　上海师范大学教育学院硕士生导师）

四、研究报告执笔人

陶本一、丁念金、陈元辉、刘家春、刘宏福

五、秘书组

刘宏福（上海师范大学教育学院比较教育专业硕士研究生）
李　磊（上海师范大学马克思主义学院课程与教学论专业硕士研究生）
陈　辉（上海师范大学马克思主义学院课程与教学论专业硕士研究生）

六、调研组

(一) 第一阶段（2006.9—2010.4）

1. 第一组

调研省份：上海、江苏
组长：乐中保（时为上海师范大学教育学院课程与教学论专业博士研究生）
组员：陆　平（时为上海师范大学教育学院课程与教学论专业博士研究生）
　　　沈向荣（时为上海师范大学人文学院现代汉语专业博士研究生）
　　　孙凤丽（时为上海师范大学人文学院课程与教学论专业博士研究生）
　　　赵晓雯（时为上海师范大学法政学院课程与教学论专业硕士研究生）

2. 第二组

调研省份：北京、天津、重庆、辽宁、山东
组长：陈元辉（时为上海师范大学教育学院课程与教学论专业博士研究生）
组员：李玉宝（时为上海师范大学人文学院课程与教学论专业博士研究生）
　　　石贤玮（时为四川师范大学文学院副研究员）
　　　王春丽（时为上海师范大学教育学院课程与教学论专业硕士研究生）
　　　王　瑞（时为上海师范大学教育学院课程与教学论专业硕士研究生）

3. 第三组

调研省份：浙江、广东
组长：陈隆升（时为上海师范大学教育学院课程与教学论专业博士研究生）
组员：高晶（时为上海师范大学教育学院课程与教学论专业博士研究生）
　　　柳林英（时为上海师范大学教育学院课程与教学论专业硕士研究生）
　　　张红洋（时为上海师范大学教育学院课程与教学论专业硕士研究生）

(二) 第二阶段 (2010.5—2011.6)

1. 第一组

调研省份：山东

组长：王彬（上海师范大学教育学院课程与教学论专业博士研究生）

组员：苏燕　范蓉　卢洁州（均为上海师范大学教育学院课程与教学论专业硕士生）

2. 第二组

调研省份：福建

组长：陈勇（上海师范大学教育学院讲师、课程与教学论专业博士研究生）

组员：李磊　沈琳　石静娟（均为上海师范大学教育学院课程与教学论专业硕士生）

3. 第三组

调研省份：贵州

组长：周周（上海师范大学教育学院课程与教学论专业博士研究生）

组员：徐燕　骆云青　郝旭东（均为上海师范大学教育学院课程与教学论专业硕士生）

4. 第四组

调研省份：河南

组长：高光（上海师范大学教育学院课程与教学论专业博士研究生）

组员：赵烨　陈亮　庄晶（均为上海师范大学教育学院课程与教学论专业硕士生）

5. 第五组

调研省份：四川

组长：吴　艳（上海师范大学教育学院讲师、课程与教学论专业博士研究生）

组员：王建军（上海师范大学教育学院课程与教学论专业博士研究生）
　　　陈　辉（上海师范大学马克思主义学院课程与教学论专业硕士生）
　　　王　佳（上海师范大学教育学院课程与教学论专业硕士生）

参 考 文 献

[1] 郭文安, 王道俊. 试论有关小青年学生素质的几个问题 [J]. 教育研究, 1994 (4).

[2] 甄德山, 白益民. 有关教师素质研究中的几个问题 [J]. 教育改革, 1994 (1).

[3] 林崇德. 教师素质构成及其培养途径 [J]. 中国教育学刊, 1996 (6).

[4] 叶澜. 创建上海中小学新型师资队伍决策性研究总报告 [J]. 华东师大学报 (教科版), 1997 (5).

[5] 张焰. 教师素质研究范式及其发展趋势 [J]. 教育理论与实践, 2006 (1).

[6] 陈向明. 教师专业发展的知识基础 [J]. 北京大学教育评论, 2003 (1).

[7] 王惠来, 江波. 教师素质结构优化研究 [J]. 天津教科院学报, 2000 (4).

[8] 周志川. 中学教师素质现状调查报告 [J]. 烟台师范学院学报 (哲学社会科学版), 2001 (18).

[9] 杨高全. 论教师专业素质结构 [J]. 黑龙江教育学院学报, 2007 (3).

[10] 教育部师范司. 教师教育标准汇报研讨会内部材料, 2010 (12).

[11] 熊建辉. 教师专业标准研究: 基于国际案例的视角 [D]. 华东师范大学博士学位论文, 2008.

[12] 经柏龙. 教师专业素质的形成与发展研究 [D]. 东北师范大学博士学位论文, 2008.

[13] 李一媛. 新课程改革背景下中小学教师素质研究 [D]. 广西师范大学硕士研究生学位论文, 2005.

[14] 陈德明. 国际视野下的教师专业标准述要 [J]. 教育科学研究, 2010 (8).

[15] 王强. 国外教师专业标准体系构建的经验与启示 [J]. 全球教育展望, 2008 (7).

[16] 檀传宝. 建立教师专业标准应当考虑的三个问题 [J]. 教育科学, 2004 (4).

[17] 胡定荣. 教师专业标准的反思 [J]. 高等师范教育研究, 2003 (1).

[18] 施克灿. 国际教师专业标准的三种模式及启示 [J]. 比较教育研究, 2004 (12).

[19] 施克灿. 中国古代教育家理想中的教师标准探究 [J]. 教师教育研究, 2005 (1).

[20] 王晓宇. 试论英国教师专业发展理念的形成 [J]. 外国中小学教育, 2005 (6).

[21] 汪凌. 法国中小学教师专业能力标准述评 [J]. 全球教育展望, 2006 (2).

[22] 胡定荣. 教师专业发展标准的反思 [J]. 高等师范教育研究, 2003 (1).

[23] 夏惠贤. 论英国合格教师专业标准与教师职前培训要求 [J]. 外国教育研究, 2006 (3).

[24] 王艳玲. 英国"一体化"教师专业标准框架评析 [J]. 比较教育研究, 2007 (9).

[25] 张文军, 朱艳. 澳大利亚全国教师专业标准评析 [J]. 全球教育展望, 2007 (4).

[26] 袁利平, 陈时见. 苏格兰特许教师标准述评 [J]. 全球教育展望, 2007 (10).

[27] 〔美〕帕梅拉·基廷. 为明日的学生重新设计教师标准 [J]. 熊建辉, 译. 全球教育展望, 2007 (10).

[28] 吴卫东. 德国教师教育的新标准及启示 [J]. 外国教育研究, 2006 (9): 24.

[29] 王立波. 越南小学教师专业标准的研制及启示 [J]. 外国教育研究, 2009 (1).

[30] 张治国. 美国四大全国性教师专业标准的比较及其对我国的借鉴意义 [J]. 外国教育研究, 2009 (10).

[31] 朱新卓. "教师专业发展观"批判 [J]. 教育理论与实践, 2002 (8).

[32] 戚业国, 陈玉琨. 学校发展与教师的专业发展 [J]. 教育理论与实践, 2002 (8).

[33] 鲍嵘. 论教师教学实践知识及其养成 [J]. 高等师范教育研究, 2002 (3).

[34] 王卓, 杨建云. 教师专业素质内涵新诠释 [J]. 教育科学, 2004 (5).

[35] 卢雄, 杨志俊. 基础教育课程改革中教师素质调查及分析 [J]. 四川教育学院学报, 2003 (9).

[36] 蒋亦华. 当代中国教师标准问题之研究 [J]. 教师教育研究, 2007 (7).

[37] 齐平, 吴金昌. 教师教育专业发展标准初探 [J]. 河北师范大学学报（教育科学版）, 2008 (10).

[38] 范笑仙. 当前教师素质存在的主要问题及其原因分析 [J]. 山西高等学校社会科学学报, 2000 (10).

[39] 王长纯. 教师专业化发展：对教师的重新发现 [J]. 教育研究, 2001 (11).

[40] 施克灿. 国际教师专业标准的三种模式及启示 [J]. 比较教育研究, 2004 (12).

[41] 赵中建. 美国 80 年代以来教师教育发展政策述评 [J]. 全球教育展望, 2001 (9)：72.

[42] 朱旭东, 周钧. 美国教师质量观及其保障的机制、管理和价值分析 [J]. 比较教育研究, 2006 (5).

[43] 傅道春. 教师的成长与发展 [M]. 北京：教育科学出版社, 2001.

[44] 钟启泉, 等. 教师教育课程标准比较研究（内部资料）[R]. 上海：华东师范大学课程与教学研究所, 2006.

[45] 教育部师范司. 教师专业化的理论与实践 [M]. 北京：人民教育出版社, 2003.

[46] 陶本一. 学科教育学 [M]. 北京：人民教育出版社, 2002.

[47] 林崇德, 申继亮. 教师素质论纲 [M]. 北京：华艺出版社, 1999.

[48] 叶澜, 等. 教师角色与教师教育发展初探 [M]. 北京：教育科学出版社, 2001.

[49] 朱宁波. 中小学教师专业发展的理论与实践 [M]. 长春：吉林人民出版社, 2002.

[50] 顾松麒. 教师专业发展与新课程 [M]. 长沙：中南大学出版社, 2006.

[51] 朱慕菊. 走进新课程：与课程实施者对话 [M]. 北京：北京师范大学出版社, 2004.

[52] 〔美〕阿哈, 霍利, 等. 教师行动研究 [M]. 黄宇, 译. 北京：中国轻工业出版社, 2002.

[53] 陈永明. 教师教育研究 [M]. 上海：华东师范大学出版社, 2003.

[54] 陈永明. 现代教师论 [M]. 上海：上海教育出版社, 1999.

[55] 佐藤学. 教师：两难问题 [M]. 东京：世织书房, 1997.

[56] 佐藤学. 课程与教师 [M]. 钟启泉, 译. 北京：教育科学出版社, 2003.

[57] 陈桂生. 到中小学去研究："教育行动研究"的尝试 [M]. 上海：华东师范大学出版社, 2000.

[58] 程方平. 中国教育问题的报告 [M]. 北京：中国社会科学出版社, 2002.

[59] 蔡克勇. 21 世纪中国教育的走向 [M]. 广州：广东高等教育出版社, 2004.

[60] 刁培曹, 吴也显. 智慧型教师专业素质探新 [M]. 北京：教育科学出版社, 2005.

[61] 丹尼尔·贝尔. 后工业社会的来临 [M]. 高钻, 译. 北京：商务印书馆, 1984.

[62] 傅维利. 教师职业道德教育指南 [M]. 北京：高等教育出版社, 2002.

[63] 过伟瑜. 教师专业学习及发展 [M]. 赵中建, 译. 海口：海南出版社, 2000.

[64] 周南照. 教师教育改革与教师专业发展 [M]. 上海：华东师范大学出版社, 2007.

[65] 中央教育科学所. 中国基础教育发展研究报告 [M]. 北京：教育科学出版社, 2004.

[66] 钟祖荣. 现代教师学导论：教师专业发展指导 [M]. 北京：中国广播电视大学出版社, 2001.

[67] 张民生, 金宝成. 现代教师：走进教育科研 [M]. 北京：教育科学出版社, 2002.

[68] 于漪. 新世纪教师素养专题 [M]. 长春：东北师范大学出版社, 2003.

[69] 于漪. 现代教师学概论 [M]. 上海：上海教育出版社, 2001.

[70] 吴卫东. 教师专业发展与培训 [M]. 杭州：浙江大学出版社, 2005.

[71] 王少非. 新课程背景下的教师专业发展 [M]. 上海：华东师范大学出版社, 2005.

[72] 孟宪乐. 教师专业化发展与策略 [M]. 北京：中国文史出版社, 2005.

[73] 赵国忠. 教师最需要什么：中外教育家给教师最有价值的建议［M］. 南京：江苏人民出版社，2008.

[74] 赵国忠. 中国教师的奇迹［M］. 南京：江苏人民出版社，2010.

[75] Linda Darling—Hammond. 有力的教师教育：来自杰出项目的经验［M］. 鞠玉翠等，译. 上海：华东师范大学出版社，2009.

[76] 朱旭东. 教师专业发展理论研究［M］. 北京：北京师范大学出版社，2011.

[77] Shulman, LS. Those Who Understand: Knowledge Growth in Teaching［J］. Educational Researcher，1986(7)：4-14.

[78] Latham I Nancy, Crumpler P Thomas, Moss R Kay. The Assessment of Professional Development School Interns：a Model for Reform［J］. The Clearing House，2005，78(4).

[79] Gansevoort L G, Amrein-Beardsley A, Berliner D C. National Board Certified Teachers and Their Students' Achievement［J］. Educational Policy Analysis Archives，2004(12).

[80] American Council on Education. To Touch the Future: Transforming the Way Teachers Are Taught. An Action Agenda or College and University Fresidents. 1999.

[81] Darling-Hammond Linda. Teacher Quality and Student Achievement: A Review of 49. State Policy. University of Washington. P. S.

[82] Polanyi M. The Tacit Dimension. London: Routledge & Kegan Paul, (04).

[83] Reichardt Rober. Toward a Comprehensive Approach to Teacher Quality. Policy Brief MCREL, November, 2001.

[84] Green Howard. Professional Standards for Teachers and School Leaders: A Key to School Improvement. London and NewYork: Routledge Falmer, 2006.

[85] Combs A W. The Professional Education of Teachers. Allyn & Bacon Inc, 1965.

[86] Reichardt Rober. Toward a Comprehensive Approach to Teacher Quality. Policy Brief. MCREL, November, 2001.

[87] Quality in Teaching. Paris: Center for Education Research and Innovation OECD,1994.

[88] Elbaz, FL. Teaching Thinking: A Study of Practical Knowledge［M］. New York: Nichols, 1983.

[89] Shulman, LS. Paradigms and Research Programs in the Study of Teaching: A Contemporary Perspective In Wittrock M C (Ed.), Handbook of Research on Teaching［Z］. New York: Macmillan, 1986.

[90] Shinkfied. A. T., Stufflebeam D. Teacher Evaluation: Guide to Effective Practice. Boston: Kluwer Academic Publishers, 1995.

[91] Munby H, etc. Teachers Knowledge and How It Develops. In Richardson V (Ed), Handbook of Research on Teaching (4th Edition)［Z］. Washington D C: American Educarlonal Research Association, 2001.

[92] Training and Development Agency for School. Professional Standards for Teachers: Why Sit Still in Your Career［EB/OL］. http://www.tda.gov.uk/teachers/professionalstandards.pdf. 2010-5-16

[93] Ministerial Council on Education, Employment, Training and Youth Affairs(MCEETYA). Teacher Quality and Educational Leadership Taskforce: A National Framework for Processional Standards for Teaching［S］. Canberra: MCEETYA, 2003.

[94] New Zealand Teachers Council. Graduating Teacher Standards: Aotearoa New Zealand. http://www.teacherscouncil.govt.nz/education/gts/gts-poster.rtf. 2010-5-16

[95] National Council for Accreditation of Teacher Education［EB/OL］. http://www.ncate.org/Public/AboutNCATE/tabid/179/Default.aspx, 2010-5-16

[96] Council of Chief State School Officers[EB/OL]. http://www.education.byu.edu/INTASC_standards.html,2010-5-16

[97] National Board for Professional Teaching Standards[EB/OL]. http://www.nbpts.org/about_us, http://www.nbpts.org/about_us/mission_and_history/the_five_core_proposition. 2010-5-16

[98] American Board for Certification of Teacher Excellence, ABCTE [EB/OL]. http://www.abcte.org/about-abcte,2010-5-16